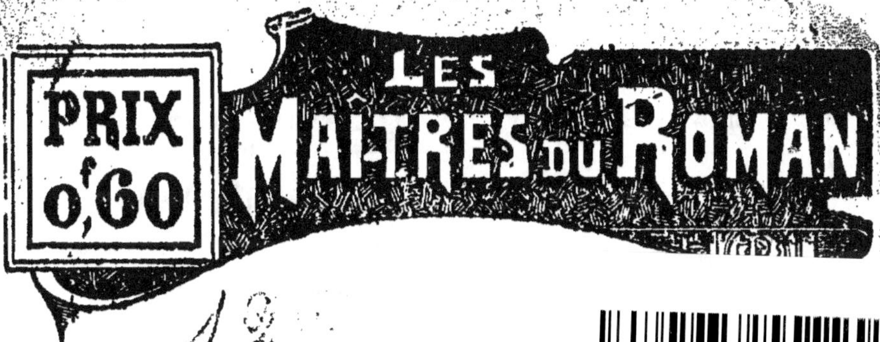

LA Vicomtesse Alice

PAR

ALBÉRIC SECOND

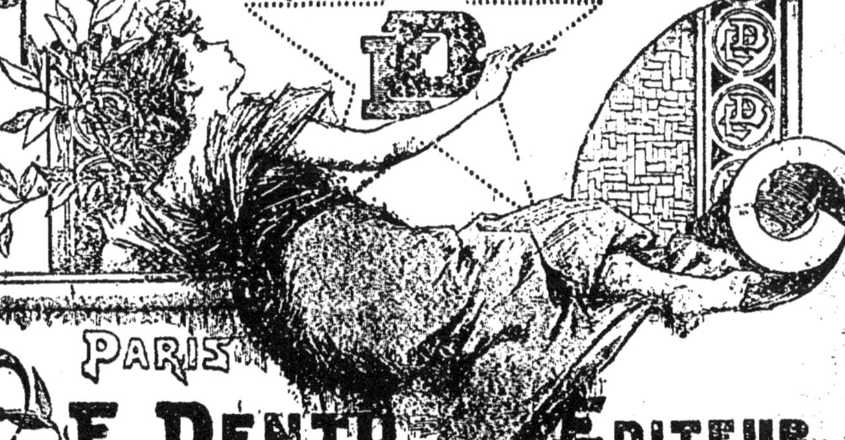

PARIS

E. DENTU ÉDITEUR

78, Boulevard Saint-Michel

PARIS. — IMPRIMERIE NOIZETTE

LA

VICOMTESSE ALICE

Saint-Amand (Cher). — Imprimerie DESTENAY

LA

VICOMTESSE ALICE

PAR

ALBÉRIC SECOND

PARIS

E, DENTU ÉDITEUR

3 ET 5, PLACE DE VALOIS (PALAIS-ROYAL)

LA VICOMTESSE ALICE

I

De temps immémorial Paris s'est passionné pour un petit groupe de femmes privilégiées qu'il caresse d'un regard amoureux, dont il se montre aussi fier, aussi jaloux que des plus beaux tableaux de ses musées et des plus belles statues de ses jardins. Il s'inquiète des moindres événements de leur existence publique ; il se préoccupe des épisodes les plus minces de leur vie privée. Avide de savoir tout ce qui les intéresse, Paris réclame impérieusement qu'on ne lui taise rien de ce qui les concerne de près ou de loin. Quel costume allégorique ont-elles porté au dernier bal travesti? Pourquoi n'ont-elles pas assisté à la solennité chorégraphique donnée hier à l'Opéra? Les verra-t-on au steeple-chase de demain? Est-ce à Trouville, à Ostende ou à Brighton que pendant le mois d'août elles seront visibles à l'œil, — nues? Dans quel château de Touraine ou de Normandie feront-elles l'ouverture de la chasse en septembre? A quel moment de la journée leur huit-ressorts montera-t-il l'avenue des Champs-Elysées ? A quelles heures et à quelle paroisse font-elles leurs dévotions? Qui donc les coiffe, les chausse et les habille? Où se fournissent-elles de parfums, de dentelles et de bijoux? Quels sont les prédicateurs et les pâtissiers qu'elles honorent de leur confiance et dont elles se montrent les clientes assidues? Dans quelle rue est situé leur hôtel? Comment est-il meublé? Ont-elles déjà troué leur contrat de mariage avec le canif de l'adultère? Et toutes sortes d'autres questions non moins indiscrètes auxquelles la chronique se charge de répondre, aussi bien la chronique parlée des clubs et des salons que la chronique imprimée des journaux et des revues.

Elles sont d'ailleurs assez rares celles que Paris admet dans cette phalange d'élite. Le sultan blasé ne prodigue pas ses mouchoirs et il ne suffit pas de gratter aux portes de son harem pour qu'il les ouvre à deux battants. Celles qui aspirent à lui plaire, celles qui ont l'ambition de le garder longtemps captif sont tenues à des conditions multiples de naissance, de fortune, d'esprit, d'élégance et de charme qui constituent un programme malaisé à remplir. Sous le Directoire, pour ne pas remonter plus haut, les sultanes favorites de Paris-Pacha s'appelaient « les merveilleuses. » Les merveilleuses se transformèrent en « lionnes. » Hier, encore, elles étaient baptisées « cocodettes. »

Parmi les *lionnes* dont la radieuse silhouette se découpe encore aujourd'hui d'une façon nette et lumineuse dans la mémoire des navigateurs parisiens qui ont doublé le cap de la cinquantaine, la première place revient sans contredit à la vicomtesse Alice de Morignac. Quelles louanges enthousiastes lui furent décernées par Eugène Guinot dans ses articles hebdomadaires du *Siècle!* Que d'alinéas délicatement et spirituellement aimables Delphine de Girardin lui consacra dans ses courriers de *la Presse!* L'un et l'autre racontèrent par le menu la cérémonie de son mariage célébré à minuit, au milieu des neiges d'un hiver extra-rigoureux. Bravant une de ces températures polaires qui, selon la plaisante métaphore de Mürger, « font éclore des ours blancs, » le *tout Paris* que vous savez bien, ne se coucha pas de bonne heure cette nuit-là, et l'on se bouscula aux portes assiégées de Saint-Thomas d'Aquin. On disait que les soli de la messe nuptiale seraient chantés par les premiers artistes de l'Académie royale de musique, et c'était Liszt, assurait-on, qui devait faire courir sur le clavier du grand orgue ses mains fougueuses et inspirées.

Deux ans écoulés, lorsqu'on procéda aux funérailles du vicomte Elzéar-Symphorien de Morignac, la foule ne se montra pas moins empressée et le concert funèbre ne fut pas moins beau.

Ce mari, il faut en faire l'aveu pénible, n'était point de ceux qui inspirent à leurs veuves inconsolables l'âcre désir de monter sur un bûcher. Ridiculement plus âgé que sa femme, d'humeur jalouse et acariâtre, tourmenté par la goutte, affligé d'une laideur repoussante, sa disparition fut bien moins une catastrophe qu'une délivrance. Ne demandez ni comment ni pourquoi une telle union s'était accomplie, ne cherchez pas à deviner par quelle aventure ce limaçon avait bavé sur cette fleur... Le défunt était riche, colossalement riche... et, n'en déplaise aux professeurs de géométrie, le chemin le plus court d'un point à un autre ne fut jamais la ligne droite : ce sera toujours la ligne d'or.

Le vicomte Elzéar-Symphorien de Morignac reposait depuis près de quatre ans dans sa splendide et dernière demeure du Père-Lachaise, où l'avaient conduit six chevaux pompeusement panachés, magnifiquement caparaçonnés, et sa veuve entrait dans sa vingt-cinquième année, au moment où commence cette histoire. Il y avait déjà grand temps que Mme de Morignac, — ou mieux la vicomtesse Alice, ainsi qu'on la désignait généralement dans le monde et dans les chroniques, — ne portait plus les crêpes et les voiles d'Artémise. Si l'on se dispense d'ajouter qu'il y avait beau temps que ses yeux étaient secs, c'est qu'il n'est pas démontré clairement qu'ils aient été mouillés à cette occasion, pas même le jour où les pompes funèbres, auxquelles on avait donné carte blanche et lâché la bride sur le cou, transformèrent la cour de son hôtel en une somptueuse chapelle ardente et firent flamber de nombreux petits punchs dans ces lampadaires argentés qui ne sortent du magasin d'accessoires que dans les grandes occasions. En fait de larmes, M. de Morignac dut se contenter des grosses virgules blanches plaquées sur les tentures noires dont Saint-Thomas-

d'Aquin fut tapissé depuis les dalles jusqu'à la voûte. Pour tout résumer brièvement, il ressemblait à ces personnages officiels qui « emportent tous les regrets, » au dire des panégyristes de cimetière, ce qui explique pourquoi ils en laissent si peu après eux.

Être veuve à vingt-cinq ans, lorsqu'on est souverainement riche et souverainement jolie, n'est-ce pas remplir toutes les conditions d'une félicité idéale? Il est permis de penser que nos lectrices ne seront pas d'un avis contraire. Quant aux lecteurs, s'ils s'inscrivaient en faux contre cette opinion, il ne faudrait pas trop s'en étonner. Le veuvage de la femme impliquant fatalement le décès du mari, n'est-il pas tout simple et très naturel que les hommes aient la fatuité de considérer leur trépas à l'égal d'un désastre et d'estimer le veuvage la pire des conditions sociales?

« Heureuse comme la vicomtesse Alice, » était donc une formule fréquemment usitée au temps où Louis-Philippe Ier régnait sur la France que M. Thiers et M. Guizot gouvernaient à tour de rôle. A cette occasion, ainsi qu'il arrive dans beaucoup d'autres circonstances, la voix du peuple ne chantait pas parfaitement d'accord avec la voix de Dieu. Il y avait un pli dans chacune des feuilles de rose sur lesquelles la vicomtesse reposait son beau corps alangui. En réalité, elle se mourait d'ennui. Quelle douce consolation c'eût été pour les envieux de son bonheur et de ses richesses, s'ils avaient pénétré avec elle dans l'inaccessible boudoir où, libre de toute contrainte, elle se dépouillait de sa gaieté de commande et de ses sourires d'apparat !

Le boudoir de la vicomtesse Alice ressemblait à ces réduits où les acteurs s'habillent et se déshabillent ; où, la pièce terminée, le comédien dépose, en même temps que son costume de théâtre, la physionomie dramatique ou burlesque du personnage qu'il vient de représenter. Cette brave mère de famille qui recoud soigneusement les boutons d'une tunique de lycéen, allez donc la reconnaître ! Elle était hier la Célimène de Molière ; elle sera demain la Silvia de Marivaux. C'est Mascarille, ce Monsieur grave qui discute gravement la grave question de l'impôt sur les matières premières ; et voici Polyeucte en personne qui, tout en payant sa demi-tasse, murmure à l'oreille rougissante de la dame de comptoir des gaudrioles un peu bien salées.

La transformation qui s'opérait, chez la vicomtesse Alice, lorsqu'elle était seule avec elle-même, n'était ni moins surprenante, ni moins rapide. Il lui arrivait parfois de fermer sa porte à ses nombreux visiteurs afin de s'ennuyer à loisir, « pour son argent, » disait-elle. Ces jours-là, elle eût donné une part de sa fortune en échange d'une sensation imprévue. Certes, elle était assez riche pour réaliser ses moins réalisables fantaisies ; le malheur est qu'elle les avait toutes réalisées.

Mme. de Balbans, une vieille parente qui l'avait élevée et qui gardait son franc parler avec elle, se plaisait à lui répéter, quand elle la surprenait donnant audience à ses diables bleus et à ses papillons noirs :

— Alice, vous devriez vous remarier. La solitude est mauvaise à votre âge. Pourquoi ne vous remariez-vous pas, ma mignonne?

Mme de Morignac connaissait c refrain, et quand il sonnait à son oreille, elle ne manquait pas de répondre :

— Je préfère m'ennuyer veuve, autrement dit sans motif raisonnable, que de m'ennuyer mariée, c'est-à-dire avec une raison légitime de m'ennuyer... Et voilà, ma bonne tante, pourquoi votre nièce ne se remarie pas.

Alors Mme de Balbans de hausser les épaules et de riposter, tout en bourrant ses narines d'une forte pincée de tabac d'Espagne :

— En ce cas, ma chère, distinguez quelqu'un, si c'est votre bon plaisir; mais pour l'amour de moi jetez vos mélancolies par-dessus les moulins. Voici que vous en arriverez à ressembler d'une terrible façon à ces poétiques et ridicules personnes qui contemplent bêtement les étoiles sur le frontispice des romances nouvelles.

Après quatre ans de veuvage, la vicomtesse Alice n'avait encore distingué personne et déjà il ne lui restait qu'un seul mari en perspective. Tous les autres prétendants s'étaient éloignés à la file, découragés par son indifférence, désarçonnés par ses refus. Attendu qu'il faut se garder de tomber dans l'exagération, on ne dira point que ce fût la retraite « des dix mille. » La vérité nue, c'est qu'il y eut bien une douzaine de soupirants couchés sur le carreau, ce qui constitue un chiffre raisonnable. Ce peu de mots donnera-t-il la juste mesure de l'extraordinaire ardeur et de l'invincible patience du seul et unique candidat resté inébranlable sur la brèche, toujours amoureux et patient, toujours ardent et résigné ? Nous l'espérons sincèrement.

Il s'appellait Gaston de l'Oseraie, il était marquis et venait d'enjamber la quarantaine. Peu de jours avant la révolution de 1830, il avait hérité de son père un siége au palais du Luxembourg et une magnifique fortune qu'il avait éparpillée sur tous les champs de courses de France et d'Angleterre. Ascott, Epsom et Newmarket ne l'enrichissaient pas plus que la Marche, le Champ de Mars et la croix de Berny. « Jamais couronnés autre part qu'aux genoux, les coursiers du pauvre l'Oseraie ! » ricanait la vieille de Balbans qui, en souvenir de M. de Bièvre, ne méprisait pas les calembours. Tant d'échecs successifs, tant de défaites accumulées n'avaient pourtant pas ralenti le zèle du marquis, et sa monomanie chevaline lui coûtait, bon an, mal an, des sommes considérables. Le métier d'éleveur n'a jamais été très profitable à ceux-là mêmes qui l'exercent avec quelque succès. Les autres tariraient le Pactole ; aussi M. de l'Oseraie avait-il mis à sec le Pactole paternel. De là, sans doute, on peut le supposer avec une ombre de vraisemblance, la patience magnanime et la résignation admirable qu'il apportait dans ses relations quotidiennes avec la vicomtesse Alice.

Certain jour qu'il avait fait preuve d'une soumission et d'une douceur véritablement exemplaires, la jeune femme lui dit d'une voix caressante où vibraient les sonorités les plus tendres:

— Savez-vous que je finirai par croire que vous m'aimez sincèrement, mon cher marquis?

M. de l'Oseraie eut un mouvement de dépit aussitôt contenu.

Il dit avec une douce mélancolie :

— Me feriez-vous donc l'injure d'en douter, Madame?

— Si l'on en croit les philosophes, le doute serait le commencement de la sagesse.

— Laissons les philosophes et causons sérieusement. Doutez-vous que la terre tourne?

— A parler franc, je ne la vois pas tourner.

— Et cependant elle tourne! affirma-t-il avec énergie.

— Galilée vous eût envié ce geste et ce mouvement ; vrai, vous avez frisé le sublime. Ainsi c'est chose convenue, acceptée : vous m'adorez : vous me faites ce grand honneur.

— Si je vous adore? J'en prends le ciel à témoin! soupira-t-il en portant la main sur son cœur et en fixant des regards passionnés sur les petits amours bouffis qui lui souriaient du haut du plafond.

— D'où je suis logiquement autorisée à conclure que vous êtes disposé à devenir mon mari? reprit Mme de Morignac d'un ton ingénu. Le souhaitez-vous donc réellement?

M. de l'Oseraie ploya le genou devant son idole et de sa bouche coula cette période enflammée, ainsi qu'un flot de lave coule du cratère d'un volcan :

— Vous demandez si je le souhaite? Mais c'est mon vœu le plus cher, mon plus ardent désir, mon unique ambition, ma pensée de chaque jour, mon rêve de chaque nuit !

— On n'est pas plus galant... Et dans quel but secret désirez-vous ainsi que je sois votre femme? Répondez, *if you please, my dear*.

— Cruelle ! fit-il en se relevant non sans quelque effort ; jouerez-vous donc avec mon cœur jusqu'au jour où vous l'aurez broyé sous vos pieds ?

Mme de Morignac poursuivit après un silence embarrassant, qu'elle prit un malin plaisir à prolonger :

— Vous n'avez pas répondu à ma question ; mais peu importe. D'autres ont parlé pour vous et je sais sur ce point tout ce que j'ai intérêt à connaître.

— Quelle médisance vous a-t-on contée? demanda M. de l'Oseraie avec une nuance d'inquiétude qu'il fut inhabile à dissimuler tout à fait.

— Souhaitez-vous sincèrement que je parle ? dit-elle en jouant négligemment avec la cordelière de son peignoir.

— Parlez, je vous en supplie.

— Soit ; mais j'ai la charité de vous prévenir qu'elle n'est ni très flatteuse pour moi, ni très aimable pour vous, l'explication que vous me mettez dans l'obligation de fournir.

Le marquis dit avec un peu d'étranglement dans le gosier, accompagné d'une légère quinte de toux :

— Raison de plus, chère Madame, pour que vous ne m'en fassiez pas mystère plus longtemps.

— Soyez donc satisfait. On prétend, on assure même que si vous aspirez à ma main, c'est tout bonnement pour employer mes pauvres petits millions à repaver votre écurie.

— Vous devez comprendre que je ne saurais en entendre davantage. Adieu, Madame ; vous ne me reverrez plus, dit le pair de France dont le visage se teignit de pourpre, et qui s'éloigna avec une lenteur majestueuse, dans l'espoir. sans doute, qu'on le retiendrait ; mais on ne le retint pas.

— Pareil au héros grec, il se retira sous sa tente, où il bouda trois grands jours. O fragilité humaine ! Le quatrième jour, on l'eût vu se diriger comme devant vers la rue de l'Université. En homme qui sait son monde, qui n'ignore et ne néglige aucune ressource de la stratégie amoureuse, M. de l'Oseraie avait passé deux heures à sa toilette. La coupe de sa redingote était victorieuse, la forme de son gilet irrésisble, le nœud de sa cravate triomphant. Des senteurs exquises se dégageaient de son linge et de sa personne. C'était, au demeurant, un fort bel homme encore, malgré de fâcheuses propensions vers l'embonpoint sévèrement combattues. Des amis intimes insinuaient qu'il portait un corset ; mais nul n'ignore quelle peste c'est que les amis intimes, et tout ce qu'il y a à rabattre de leurs méchants propos.

Malheureusement pour le succes de cette entrevue à laquelle M. de l'Oseraie attribuait une importance capitale, il se trouva qu'il avait choisi pour opérer sa rentrée une après-midi où la jeune femme subissait un accès de spleen.

Rien n'avait pu la consoler ni la distraire, pas plus les gentillesses de son King's Charles, que les gambades de sa chatte angora et la lecture du roman de Balzac mis en vente le matin. On était à la fin d'octobre, et déjà novembre se montrait à l'horizon de l'almanach, novembre, un vilain mois qui porte à la tristesse tout autant qu'avril pousse à la gaieté. Le soleil n'envoyait à la terre durcie que des rayons ternes et blafards, semblables à ces fugitives étincelles que la flamme des lustres et des bougies fait jaillir des diamants, étincelles qui s'allument et s'éteignent sans répandre un atome de chaleur. Une aigre bise courait dans l'atmosphère, dépouillant les branches des arbres de leurs dernières feuilles et jonchant le sol de valseuses éperdues.

La vicomtesse avait donné l'ordre de tenir sa porte rigoureusement close et elle était descendue au jardin où l'attendait un spectacle peu fait pour récréer sa mélancolie, Ainsi que l'attelage d'Hippolyte, tel que Théramène le dépeint à Thésée dans un récit célèbre, ses plantes rares et précieuses « semblaient se conformer à sa triste pensée. » Tordues et brisées par les premiers baisers de l'hiver, leur pâle fiancé, elles s'inclinaient sur leurs tiges, inanimées et mourantes.

— Tout à coup la jeune femme entendit crier le sable derrière elle.

— Qui est là ! dit-elle sans retourner la tête. Ne saurait-on me laisser en repos? Que me veut-on?

Un solennel valet de chambre répondit avec l'accent du plus profond respect :

— Que Madame la vicomtesse daigne me pardonner si j'ai pris la liberté de la déranger. M. le marquis de l'Oseraie demande si Madame la vicomtesse consent à le recevoir.

— Je n'y suis pas, dit-elle séchement ; je n'y suis pour personne.

— Je prendrai la liberté de faire observer à Madame qu'on a déjà prévenu M. le marquis que Madame était chez elle.

— La jeune femme se retourna tout d'une pièce.

— Qui a commis cette sottise ? s'écria-t-elle avec colère. Qui donc s'est permis d'enfreindre mes ordres ? Est-ce vous, Dominique ?

Le vieux serviteur eut un geste éloquent.

— C'est le nouveau valet de pied, dit-il d'une voix dédaigneuse.

— Qu'on fasse le compte de cet imbécile et qu'il sorte de l'hôtel aujourd'hui même. Priez M. de l'Oseraie de m'attendre un instant.

— Ce fut dans ces gracieuses dispositions d'esprit qu'elle se diriga lentement vers le salon. Elle surprit son adorateur campé devant une glace où il se mirait avec complaisance, tout en perfectionnant le nœud de sa cravate.

— Madame, dit-il après l'échange de quelques banales politesses, je viens vous prier de m'accorder une faveur à laquelle j'attache le plus grand prix.

Elle s'écria avec un froncement de sourcils de fâcheux présage :

— Ah ! mon Dieu ! est-ce un nouvel accès de monomanie conjugale qui vous prend ?

— Non, Madame ; bannissez toute crainte.

Dieu me garde d'aborder un sujet qui a le triste privilège de vous déplaire, dit-il avec une amertume contenue.

— En ce cas, parlez, mon cher marquis, dit-elle rassérénée par la déclaration catégorique de son *patito*.

— J'ose solliciter une place dans votre loge au Théâtre-Italien.

— Quand ?

— Ce soir.

— Quel opéra l'affiche nous promet-elle ?

—*Lucie*.

— Qui chante ?

— L'élite de la troupe.

— En ce cas, ce sera moi qui réclamerai une grâce à laquelle, comme vous, j'attache un très grand prix.

— Ordonnez, s'écria-t-il ; ne suis-je pas le plus soumis de vos serviteurs ?

— Est-ce à dire que vous m'obéirez ?

— Je le jure. Que vous plaît-il de commander à votre esclave ? Doit-il appeler un géant en champ clos, le combattre, le pourfendre, le scalper et déposer sa chevelure à vos petits pieds ? Doit-il ?...

– Ne vous mettez pas l'esprit à la torture, interrompit-elle ; ce que j'exige de vous est beaucoup plus facile et comporte une exécution bien moins périlleuse.

— Que m'ordonnez-vous donc, Madame ?

— Je souhaite que vous vous absteniez d'entrer ce soir dans ma loge. Je veux être seule.

— Est-il permis de connaître la cause d'un si dur caprice ?

— Votre présence distrairait mon attention, elle génerait mon plaisir.

— Je serai muet et immobile comme une statue ; j'en prends l'engagement formel.

— Le club a une avant-scène et vous y avez votre place ; occupez-la, vous y serez fort bien.

M. de l'Oseraie se mordit les lèvres jusqu'au sang. Il se leva, arpenta le salon en long et en large, revint devant Mme de Morignac et hasarda timidement :

— Quoi ? Pas même dans les entr'actes !

Elle dit d'une voix brève :

— Ni avant, ni pendant, ni après. Je veux être seule. Est-ce clair ?

— Vous attendez quelqu'un ? Sans doute un plus heureux que moi sera honoré de la faveur qui m'est refusée...

— Vous rêvez, je n'attends personne.

— Il fut assez mal inspiré pour ajouter :

— Je tiendrais si peu de place !

— Par quel miracle ! dit-elle en lui éclatant de rire au nez.

Quand elle en eut fini avec son hilarité impertinente, elle reprit d'un ton sérieux :

— Avez-vous remarqué dans le jardin des Tuileries une certaine statue de Spartacus ? L'artiste, c'est Foyatier, je crois, nous montre le gladiateur au moment où il a brisé sa chaîne et où il arme son bras vengeur. Il vous plaît de me persuader que vous êtes mon esclave... un esclave qui débuterait volontiers dans l'emploi des révoltés... Allons, convenez-en, mon cher Spartacus.

— Le marquis était un échantillon très réussi

de la graine précieuse autant que rare qui produit les diplomates et les hommes d'Etat. En fort bons termes, il s'excusa de son insistance et se retira le sourire aux lèvres, sans rien laisser paraître du violent orage qui grondait sourdement dans sa tête et dans son cœur.

Presque aussitôt, Mme de Balbans, forçant les portes et violant la consigne, entrait chez sa nièce avec les façons de tourbillon exaspéré qui lui étaient particulières. De sa voix claire et sonore comme un timbre de cristal, la vieille dame s'écria en se laissant tomber sur un pouf :

— Eh bien ! mignonne, quel mélodrame se passe-t-il chez vous ? Je viens de me croiser avec cet infortuné l'Oseraie et je lui ai trouvé l'apparence d'un cinquième acte de d'Ennery en bottes vernies, en cravate bleue et en gants gris-perle. Prenez garde, Alice ; vous réduirez ce gentilhomme sentimental à quelque désespoir affreux, et vous déplorerez vos cruautés quand il ne sera plus temps de réparer les malheurs que vous aurez fait naître.

La jolie bouche de la jeune femme se contracta dans un rictus dédaigneux.

— Est-ce que vous croyez le marquis incapable de chercher à se venger de vos dédains ? dit Mme de Balbans.

— Positivement.

— Je suis loin de partager votre tranquillité à cet égard, ma chère.

— Vous avez tort ; quand les hommes jouissent d'une santé si florissante, il n'y a pas à redouter qu'ils se mettent en colère. La colère engendre la suffocation et la suffocation mène droit à l'apoplexie.

— Ne vous y fiez pas, Alice. Vous avez lu *Faublas*, j'imagine ?

— Si j'ai lu *Faublas*? Je l'ai dévoré ; et c'est vous-même qui m'avez prêté ce roman instructif, peu de temps après mon mariage.

— Rappelez-vous donc que Louvet a gratifié son marquis de B... et son M. de Lignolles d'un embonpoint respectable, ce qui ne les empêche pas, au dénoûment du livre, de se transformer en vrais héros de tragédie.

— Avec le respect que je vous dois, permettez-moi de vous faire observer que votre comparaison est tout simplement absurde, chère tante. Si ridicules qu'ils soient, ce M. de Lignolles et ce marquis de B... n'abdiquent pas toute dignité personnelle. C'est un éloge que votre protégé ne mérite pas. Je le provoque, je l'irrite, je le malmène, sans réussir à le faire sortir de ses gonds. Il n'a même pas la faible dose de rancune de Trim qui montre les dents quand on le taquine et de Mirza qui tire ses griffes si je la caresse à rebrousse-poil. Je le poignarderais, il expirerait à la façon des martyrs chrétiens, un cantique d'actions de grâce dans la bouche et le pardon dans le cœur. C'est un amoureux en sucre. Boissier *fecit*.

— Vous vous plaignez que la mariée est trop belle, mon enfant. On vous adore ; de là cette infinie miséricorde que la victime témoigne à son bourreau.

— Eh ! Madame, dit-elle en frappant du pied, je préférerais la haine corse la plus corsée à ce parti pris d'adoration sans entr'acte et sans fin. On mange du sel à tous les repas. Combien de marrons glacés croque-t-on dans une année?

— Et que mangiez-vous du vivant de votre mari, chère belle? demanda la vieille dame avec un sourire équivoque.

La jeune femme répondit en étouffant un bâillement et un soupir :

— En ce temps-là, je jeûnais, ma tante.

Si Mme de Morignac avait aperçu son placide adorateur aussitôt qu'il fut dans la rue, si elle avait lu, dans sa pensée, l'opinion qu'elle avait conçue de lui eût été singulièrement modifiée à son avantage. Il sauta dans son tilbury avec une légèreté juvénile, arracha les rênes des mains du groom, fouetta son cheval qui se cabra et partit à fond de train.

— Quelle femme! grommelait-il entre ses dents; quelle femme! Elle m'a assoupli et dompté comme si elle était Beaucher, comme si j'étais *Mamouth* ou *Partisan*. Ah! que je devienne son mari, et j'aurai une fière revanche!

La vicomtesse eût été effrayée de l'expression farouche qui assombrit la physionomie de M. de l'Oseraie. Sa prunelle se dilata, ses narines se contractèrent, sa bouche se tordit. Soit qu'il obéît à un mouvement machinal, soit qu'il s'imaginât assouvir sa colère sur celle qui l'avait excitée, de la mèche de son fouet il laboura la croupe et les flancs de son cheval, qui redoubla de vitesse.

Le groom frissonnait de tous ses membres; il murmura à voix basse :

— Je crois qu'*Aramis* s'emballe.

Le marquis était parvenu au paroxysme de la fureur.

— Si je te casse un membre, je te le payerai ! s'écria-t-il ; tais-toi !

Le groom se hâta d'obéir, et M. de l'Oseraie poursuivit son monologue plein de tonnerres et d'éclairs.

Il songea que son mariage avec la vicomtesse Alice serait infailliblement un malheur pour elle et pour lui ; mais il se dit que c'était un mal nécessaire. Sa situation personnelle devenait plus embarrassée chaque jour, et le gouffre où fatalement il devait rouler et disparaître s'élargissait et se creusait à vue d'œil sous ses pas. Diverses lettres de change, filles de ses œuvres, couraient le monde et promettaient de le courir indéfiniment si elles attendaient pour réintégrer le domicile paternel que leur auteur les retirât de la circulation. Protégé par son titre et par les derniers débris d'une splendeur à l'agonie, il n'avait eu jusqu'alors aucun démêlé direct avec les huissiers et les gardes du commerce ; mais une trêve si favorable ne pouvait être d'éternelle durée et déjà il entrevoyait l'époque prochaine où commencerait l'interminable série des hostilités timbrées. Ce mariage lui apparaissait donc comme une planche de salut, et la seule, si fragile qu'elle fût, qui pût l'aider à franchir les abîmes.

Si la pensée ne lui vint pas de réformer son genre de vie, de vendre ses chevaux, de réduire son train de maison, ce fut pour deux motifs : l'un, que tout le monde comprendra, à savoir qu'il n'est guère facile d'enrayer quand on est lancé sur la pente des plaisirs, du luxe et de la volupté ; l'autre motif, pour être compris, exige quelques mots d'explication préalable.

Le nom de M. de l'Oseraie figurait parmi les fondateurs du Jockey-Club, et c'est ici le lieu de révéler une clause du pacte qui lie entre eux les membres de cette Société célèbre dans le monde entier.

Un article du règlement porte que tout sociétaire qui fait courir s'engage à travailler à l'amélioration de la race chevaline, sans que rien puisse le dégager de sa parole, ni l'insuccès, ni les pertes d'argent. Deux seules circonstances permettent au membre imprudemment engagé de renoncer à ce périlleux honneur : le mariage et la mort. Tel est le respect des sociétaires pour ces conditions fondamentales, qu'on ne citerait pas un seul manque de parole depuis que le Club existe. Plusieurs qu'on pourrait nommer se sont héroïquement ruinés plutôt que de forfaire à leur serment. On conçoit dès lors que M. de l'Oseraie, un des promoteurs de cette loi draconienne, ne se serait pas risqué à l'enfreindre. Or, son alliance avec la vicomtesse Alice tranchait victorieusement le nœud gordien où il s'était empêtré. Par le fait de ce mariage, il conquérait le droit de passer à l'état de sportsman platonique et de turfiste *in partibus*.

A la hauteur de l'obélisque, le léger tilbury du pair de France accrocha un omnibus, et le groom, qui avait si bien pressenti ce résultat final, fut jeté sur le pavé de la place de la Concorde. Une roue du tilbury s'était brisée, et

M. de l'Oseraie dut gagner à pied son domicile. Lorsqu'il arriva devant une belle maison de l'avenue de Matignon, dont il occupait le premier étage, sa fureur grondait toujours sourdement et n'attendait qu'un prétexte pour éclater, bruyante et terrible comme un orage sous le ciel des tropiques. Dans ces sortes d'occasions, les prétextes ne se font jamais attendre.

Une lettre venue en son absence était posée sur un plateau placé dans l'antichambre. Les lettres ont de vraies figures humaines. Les unes sourient, les autres grimacent. Il en est de menaçantes ; il y en a qui se lamentent et qui pleurent. Certaines enveloppes attirent par de secrètes sympathies ou font naître d'inconscientes terreurs. L'écriture de l'adresse, la couleur de l'encre, la cire du cachet ont leur langage particulier. L'observateur ne s'y trompe pas.

La lettre que M. de l'Oseraie examinait avec attention avait une physionomie hostile, rechignée et maussade. Le papier était commun ; celui qui l'avait écrite avait trempé une plume boiteuse dans un encrier bourbeux. Apportée par quelque messager de bas étage, elle gardait l'empreinte d'un pouce et d'un index également étrangers à l'usage du savon parfumé et des gants de chevreau.

— Je devrais te brûler sans te lire, pensa M. de l'Oseraie en considérant l'enveloppe avec dégoût. Tu me viens d'un ennemi et c'est une déclaration de guerre que tu m'apportes.

Il allait détruire la lettre lorsqu'il s'arrêta subitement. La curiosité fut plus forte que la répugnance. Il ouvrit donc l'enveloppe et lut ces lignes où les plus cruelles menaces s'unissaient aux plus grossières ironies :

« Paris, 27 octobre 1843.

« Soit dit sans reproche, vous êtes trop souvent sorti, monsieur le marquis. Nombre de fois je me suis présenté chez vous sans avoir la chance d'être reçu. Votre porte est aussi sévèrement gardée que l'entrée des caveaux de la Banque de France. Serait-ce pour les mêmes motifs ? Je le souhaiterais de tout mon cœur, beaucoup pour vous, et permettez-moi d'ajouter, encore plus pour moi. Il faut pourtant que nous causions tous deux comme une paire d'ennemis, et sans aucun retard, je vous en préviens.

» J'ai le malheur d'être porteur de six lettres de change acceptées par vous et protestées à l'échéance. Capital, intérêts et frais compris, elles forment un respectable total de quatre-vingt-sept mille deux cent quarante-neuf francs (je néglige les centimes), dont j'ai le plus urgent besoin. Les affaires vont si mal sous le gracieux régime qui nous est infligé !

» Si vous ne m'avez intégralement payé le 15 du mois prochain, j'ai le regret de vous informer que je me verrai dans la dure nécessité d'agir avec la plus extrême rigueur. Épargnez-moi ce chagrin, je vous en conjure au nom de vos ancêtres, monsieur le marquis.

» Donc, ayez l'obligeance de passer un de ces matins à mon cabinet, — et le plus tôt qu'il vous sera possible. Prenez bonne note de ce dernier avis ; entre nous, Votre Seigneurie s'en trouvera bien.

» Agréez, monsieur le marquis, les salutations empressées de votre très humble, très-respectueux et très-dévoué serviteur.

» CORDA (JEAN-BAPTISTE)
» 66, rue Vivienne.
» (*Visible jusqu'à midi*). »

M. de l'Oseraie froissa ces insolences dans sa main violemment crispée, et cassa d'un coup de pied un grand vase du Japon, estimant avec beaucoup d'autres que la vraie destinée de la porcelaine est d'être mise en miettes par les gens dont la fureur surexcite le système nerveux. Autrement, serait-elle si fragile ?

II

Ainsi que M. de l'Oseraie l'avait dit à Mme de Morignac, le chef-d'œuvre de Donizetti brillait, ce soir-là, sur l'affiche du Théâtre-Italien et les chefs d'emploi chantaient les principaux rôles. Lorsque la demie de huit heures sonna à l'horloge du passage Choiseul, sauf une loge fermée du premier rang encore inoccupée, il ne restait pas une seule place vide dans la salle envahie par une foule d'élite.

Tendue en soie bleue, égayée par des torsades bouton d'or, distillant les parfums les plus suaves, cette loge appartenait à la vicomtesse

Alice. Ce fut vers le milieu du premier acte que la porte s'ouvrit. Un chasseur en livrée verte, affublé des épaulettes à graines d'épinards et du chapeau à plumes d'un général de division, posa sur le rebord de la loge le binocle de sa maîtresse qui apparut comme une vision lumineuse.

Elle était mise avec la haute élégance, l'art suprême et le grand chic distingué dont elle avait le secret et le génie. Elle portait une robe de satin blanc ornée de chaque côté d'une *quille à la Montespan,* création d'une couturière inspirée. Cette garniture se composait de bouillons de tulle double superposés et coupés, de distance en distance, par de petits rubans de satin pliés double comme le tulle et se jouant avec lui. Ses cheveux blonds étaient tordus en grosses nattes entrelacées derrière la nuque. Depuis la naissance du poignet jusqu'aux fossettes du coude, ses bras étaient chargés de bracelets étagés par-dessus ses gants à huit boutons. D'une main, elle tenait une touffe de lilas blancs ; de l'autre, un éventail peint par Watteau, dont le manche était entortillé dans un mouchoir où l'aiguille d'une fée avait brodé son chiffre et sa couronne.

Il se produisit à son aspect un très perceptible frémissement dans l'assistance. Les femmes détaillèrent et jalousèrent sa toilette, les hommes admirèrent sa beauté. Quant à M. de l'Oseraie, posté à l'entrée du balcon, il chercha vainement à attirer son attention, espérant qu'un clignement d'œil, qu'un mouvement de tête l'autoriseraient à aller la saluer pendant l'entr'acte; mais, sans avoir l'air de s'apercevoir qu'elle était devenue le point de mire universel, Mme de Morignac sembla s'absorber dans le duo des « adieux, » qu'Edgard et Lucie venaient d'attaquer avec un luxe inouï de fioritures et de vocalises.

En réalité, elle ne prenait aucun intérêt au spectacle, pas plus au spectacle de la salle qu'à celui de la scène. Trois fois par semaine, en sa qualité d'abonnée, elle revoyait aux mêmes places les mêmes figures grimaçantes, les mêmes corsages décolletés, les mêmes habits noirs, les mêmes cravates blanches et les mêmes diamants. Dix ou douze fois par saison, le directeur la conviait à la même représentation et, selon ses propres expressions, elle ne s'intéressait pas plus aux amours de M. de Ravenswood et de Mlle de Lammermoor, qu'au roman d'une lingère et d'un garçon coiffeur. Dans le trajet de la rue de l'Université à la place Ventadour, la vicomtesse avait failli donner à son cocher l'ordre de la ramener chez elle. Mais comment user les heures de la soirée? La pensée lui vint de se faire conduire à l'infime petit théâtre des funambules, qu'un caprice de Jules Janin avait mis récemment en lumière, de s'intaller crânement dans une avant-scène et d'étaler toutes ses splendeurs devant les blouses de l'endroit. Quel tapage, le lendemain, dans les journaux qui s'étaient fait ses historiographes au jour le jour! Quel joli scandale parmi les douairières du noble faubourg! Elle esquissa un vague sourire en songeant à l'anéantissement où tomberait le pauvre de l'Oseraie, quand le récit de l'aventure, embelli et amplifié, comme c'est l'usage, lui reviendrait sous la forme d'un racontar ironique ! S'il y avait eu près d'elle en ce moment un contradicteur pour la défier, nul doute qu'elle n'eût réalisé cette folie. Heureusement, elle était seule, et, d'elle-même, elle renonça à l'accomplissement d'une excentricité si violente, si monstrueuse.

Lorsque Mme de Morignac parut dans sa loge, l'ouvreuse l'avait débarrassée de sa pelisse en velours doublée d'hermine ; mais ce manteau de plomb dont sont accablées les femmes qui n'ont jamais aimé pesait toujours de tout son poids sur ses épaules nacrées.

Il faut dire à sa décharge qu'elle n'avait pas connu son père, et que c'est à peine si elle se souvenait des caresses de sa mère. Son unique parente, Mme de Balbans, dont l'égoïsme naturel s'était accru avec l'âge, avait toujours entouré sa chère personne d'une tendresse trop exclusive pour songer à traiter son prochain comme elle-même. Ayant fait élever sa nièce dans un couvent aristocratique, l'ayant mariée à dix-neuf ans à un quasi sexagénaire qui lui assurait une fortune princière, elle se flattait d'avoir rempli ses devoirs envers l'orpheline avec un zèle méritoire et une conscience rigoureuse.

Certes, depuis que Mme de Morignac était veuve, les adorateurs et les adorations l'avaient escortée et poursuivie ; mais ces adorateurs étaient-ils sincères ? ces adorations étaient-elles désintéressées ? La jeune femme n'ignorait pas que ses yeux étaient fort beaux ; elle savait aussi tout ce que les beaux yeux de sa cassette projetaient sur son passage de vif éclat, de puissance magnétique, de fulgurantes étincelles. Que faire en somme ? à quel parti se résigner et se résoudre ? Epouser M. de l'Oseraie, ne serait-ce pas s'exposer à tomber bêtement de Charybde en Scylla ? D'autre part, elle ne se dissimulait point qu'elle était à bout de forces, et que si cette existence devait se prolonger elle périrait d'ennui. Avec une foi plus robuste et plus ardente, elle se fût consolée et fortifiée par la prière ; mais elle comptait parmi ces pratiquantes relâchées qui s'inquiètent, avant de partir pour la messe, s'il y a des calorifères et des tapis dans l'église, si c'est un bon ténor qui doit chanter *O salutaris hostia,* si l'organiste est un garçon de talent, et même si l'encens n'empeste pas trop la résine.

Aussitôt l'acte terminé et la toile baissée, M. de l'Oseraie alla promener au foyer ses déceptions et sa mauvaise humeur. Dès les premiers pas, il entendit qu'on l'appelait par son prénom et il reconnut la voix de M. de la Varenne, un de ses amis du club.

— Tous mes compliments, mon cher, dit de la Varenne en l'abordant et en lui secouant les deux mains.

— A quel propos me félicitez-vous avec tant de chaleur ? demanda M. de l'Oseraie en s'efforçant de se composer une figure souriante.

— A propos de la vicomtesse Alice ; elle est plus charmante ce soir qu'à son ordinaire, si c'est possible. A quand le mariage ?

— Prochainement, j'espère ; mais je ne saurais vous fixer la date précise de cette heureuse journée.

— Encore des ajournements et des retards ! dit M. de la Varenne avec un accent de reproche. Comment laissez-vous traîner ainsi le dénoûment en longueur ? Je ne parviens pas à m'expliquer votre excès de patience.

Le marquis soupira :

— Vous y parviendriez aisément si vous étiez à ma place, mon bon la Varenne !

— Si j'avais été à votre place, Gaston, les choses se seraient passées différemment, vous pouvez le croire.

Et comment se seraient-elles passées ? Je suis curieux de l'apprendre.

— C'est bien simple : ou je serais depuis longtemps le mari de la dame, ou je l'aurais envoyée à tous les diables, soyez-en certain.

— En vérité ? A tous les diables ? sans plus de façons ? sans autre cérémonie ? ricana de l'Oseraie.

— Mon Dieu, oui ; tel est mon caractère.

— Parbleu ! Quoique vous ayez donné votre démission, vous avez conservé et conserverez toute votre vie le caractère et le tempérament d'un officier de zouaves. Réfléchissez donc, jeune téméraire, qu'on ne se conduit pas avec Mme de Morignac comme vous en usez avec les aimables personnes inscrites sur votre carnet galant. Sachez enfin qu'en retardant l'heure bénie où l'on comblera tous mes vœux, on donne satisfaction aux dernières volontés du défunt.

M. de la Varenne dit fort irrespectueusement :

— Quelles volontés saugrenues cet affreux

magot s'est-il avisé de manifester à son lit de mort?

— Hélas! il fit jurer à la pauvre femme de porter son deuil pendant quatre années révolues, dit le marquis avec un aplomb magistral.

— Et ce deuil rigoureux, on le lui voit porter avec une piété rare! riposta M. de la Varenne d'une voix ironique; mais pourquoi n'êtes-vous pas auprès de votre fiancée? Le défunt l'aurait-il menacée de revenir, couvert d'un blanc linceul, la tirer par les pieds au cas où elle se montrerait au théâtre en compagnie d'un ami?

— Quelle folie! C'est justement parce que la vicomtesse attend des visiteurs dans sa loge que je m'abstiens d'y paraître. Je crains qu'il n'y ait pas de place pour moi.

— Des visiteurs? A quelle heure arriveront-ils donc? Ces gens, assurément, n'aiment pas la musique. Sont-ils nombreux?

— Vous m'en demandez plus long que je n'en sais, dit sèchement M. de l'Oseraie. Voici le deuxième acte qui commence... Bonsoir.

En effet, le régisseur avait frappé les trois coups, et les spectateurs se hâtaient de regagner leurs places. La toile se leva et la représentation suivit son cours. Déjà l'orchestre et les chanteurs venaient d'attaquer le sextuor de l'anathème. Cette scène poignante, si largement comprise et rendue par le compositeur, serrait toutes les poitrines et faisait battre tous les cœurs à l'unisson. Alors que l'émotion générale était à son apogée, le silence fut troublé tout à coup par le bruit d'une porte brusquement ouverte et bruyamment fermée.

— Comme si elles eussent été mises en contact et en mouvement par un ressort électrique, toutes les têtes se retournèrent, tous les regards cherchèrent le malotru qui gâtait le plaisir public avec un sans-gêne si grossier, et ce fut avec une vraie stupeur que les binocles se fixèrent sur la loge de la vicomtesse Alice.

Si rapidement qu'il se fût effacé dans la pénombre des draperies, le visiteur de Mme de Morignac avait montré les défaillances et les délabrements d'un costume inouï dans ce temple des élégances cosmopolites. Son chapeau était bossué et déformé, son paletot râpé et luisant. Un foulard était roulé négligemment autour de son cou, et le peu de linge qu'il laissait voir montrait une chemise de couleur.

Il s'était laissé tomber sur un fauteuil en murmurant d'une voix étranglée et haletante :

— Sauvez-moi, Madame ; par grâce, par pitié, sauvez-moi !

La vicomtesse poussa un faible cri, fait moitié de terreur et moitié de surprise.

Il reprit avec une angoisse douloureuse :

— Ma vie est dans vos mains, Madame... Chassez-moi, et je meurs !

En dépit de son trouble, Mme de Morignac fut émue par cet appel déchirant ; la voix qui l'implorait avait un accent sympathique, harmonieux et vrai, qui la pénétra d'une pitié profonde... Mais un rapide coup d'œil coulé à la dérobée sur cet hôte inattendu lui rendit toutes ses frayeurs, et déjà elle allait faire signe à M. de l'Oseraie de lui venir en aide, lorsque la porte, s'ouvrant de nouveau, livra passage à un employé du théâtre.

— Madame, dit-il, la personne que voici s'est présentée au contrôle en indiquant la loge des premières, numéro douze. Cette loge est la vôtre. Il nous a paru, eu égard à des causes faciles à deviner, que Monsieur ne saurait prétendre à l'honneur d'y être admis, et que c'est de sa part une ruse grossière pour s'introduire gratuitement dans la salle. J'ai l'honneur de vous demander si nous nous sommes trompés dans nos appréciations à son égard?

Avant de répondre à cette interrogation, la vicomtesse Alice tourna la tête du côté de l'inconnu, et leurs regards se choquèrent. Il remua les lèvres sans parler; elle devina qu'il bégayait encore:

— Chassez-moi, et je meurs!

Étonné de ce silence, le contrôleur reprit avec hésitation:

— Monsieur serait-il donc autorisé à rester? Veuillez m'en instruire, Madame, et excusez mon intervention.

Dans les yeux fixes et hagards rivés sur ses yeux, elle lut une supplication si énergique, si éloquente, qu'un signe de tête affirmatif lui échappa, et l'employé se retira, non sans manifester par ses gestes une surprise voisine de l'ahurissement.

Il est facile de concevoir la sensation produite par une scène de cette nature se jouant en plein Théâtre Italien et dans une loge patricienne. Pour la première fois depuis que l'œuvre de Donizetti a conquis son droit de cité parisienne, le sextuor du deuxième acte fut exécuté au milieu des chuchotements et des murmures de l'assemblée. Décontenancés par cet accueil exceptionnel dont ils ne soupçonnaient pas la cause, les artistes perdirent la mesure et s'arrêtèrent courts pendant quelques instants.

La curiosité des habitués de Ventadour est discrète et polie. Quand la première émotion se fut calmée, chacun reprit l'attitude qu'il avait auparavant et, d'un commun accord, l'espionnage cessa de toute part, sauf du côté de M. de l'Oseraie, bien entendu.

— Elle est folle ! archifolle ! pensait-il en continuant à pointer sa jumelle sur la loge de Mme de Morignac ; quel est le goujat qui se tient tapi derrière elle ? Aucune parole n'a été échangée entre eux ; donc ils ne se connaissent pas... et d'ailleurs comment se connaîtraient-ils? Mais pourquoi n'avoir pas mis à profit l'intervention du contrôleur pour se débarrasser de cet intrus? Ne serait-ce pas quelque audacieux filou alléché par la profusion de ses bracelets et par la richesse de ses bouches d'oreilles ? Il faut que j'intervienne ; la prudence la plus élémentaire l'exige impérieusement. Si ce n'est pas mon droit, c'est tout au moins mon devoir.

M. de l'Oseraie sortit du balcon, suivit le couloir et se dirigea vers le numéro douze. Parvenu devant la porte, il colla son oreille à la serrure et n'entendit rien. Deux fois il appela l'ouvreuse et deux fois il la renvoya, ne se dissimulant pas que désobéir à la consigne formelle qu'il avait reçue, ce serait s'exposer à une furieuse colère et encourir une terrible rancune. Dans la crainte de succomber à la tentation, il s'éloigna à grand pas et se heurta contre M. de la Varenne qui venait vers lui en grande hâte.

— C'est vous que je cherchais ! s'écria l'ex-capitaine de zouaves. Je vous en prie, Gaston, prenez mon sort en pitié. Notre intimité est connue, et de toute part on me demande l'explication du mystère, le mot de la charade, la solution du rébus.

— Quel rébus, quelle charade, quel mystère? dit M. de l'Oseraie avec une tranquillité apparente.

— Vite, révélez-moi le nom de l'incroyable chambellan qui est de service ce soir près de la vicomtesse. Il s'appelle ?...

— Je l'ignore, mon cher.

— Et comment vous expliquez-vous la présence d'un si vilain oiseau dans ce nid de satin ?

M. de l'Oseraie eut une inspiration subite, il passa son bras sous le bras de M. de la Varenne, et dit avec assurance :

— Sans le connaître par son nom, je sais quel est le personnage dont la venue a produit l'effet que vous avez constaté tout à l'heure.

— Et quel est-il, d'où sort-il, ce très singulier mélomane?

— Si invraisemblable que la chose puisse vous paraître, c'est le propre neveu...

— De Chodruc-Duclos ? interrompit brutalement l'ancien zouave.

— De feu M. de Morignac, reprit le marquis en simulant un sourire.

— Qu'est-ce que vous me contez, mon cher ? dit M. de la Varenne que l'étonnement cloua sur la place.

— L'exacte vérité. Nous avons affaire à un parent pauvre domicilié dans une localité reculée où, vous avez pu vous en convaincre aussi bien que moi, les journaux de modes n'arrivent pas avec toute la régularité désirable.

— Vous calomniez la province, vous insultez les départements, mon cher de l'Oseraie. Ce n'est ni dans la Corrèze ni dans le Cantal, mais dans les carrières d'Amérique et dans les fours à plâtre qu'on s'habille avec cet art délicat, avec ce goût charmant. Est-ce vrai ? je vous le demande à vous-même. Répondez.

— Je partage si bien votre façon de penser que j'ai parié une discrétion avec la vicomtesse qu'elle n'aurait pas le courage d'exhiber ce cynique à la lueur du gaz.

— Voyons, Gaston, c'est donc sérieux, ce que vous me dites là ?

— Très sérieux, mon ami, affirma M. de l'Oseraie avec un redoublement d'assurance.

— Ce Monsieur serait réellement le neveu de M. de Morignac ?

— Neveu réel et authentique ; tout ce qu'il y a de plus authentique et de plus réel.

— Eh bien ! il peut se vanter d'avoir de singuliers fournisseurs, ce jeune homme... le chapelier et le chemisier surtout. Et c'est dommage, en vérité, car le pauvre diable, sous ses quasi guenilles, m'a semblé remarquablement joli garçon.

— Oh ! oh ! joli garçon ! vous n'êtes pas difficile, la Varenne !

— Pardon, mon cher, c'est vous qui êtes injuste. Je vous concède que les cheveux et la barbe sont incultes et démesurément trop longs ; mais, le jour où il sera rasé, coiffé et habillé comme tout le monde, vous me donnerez des nouvelles de ce neveu-là, et je ne vous conseillerai pas de favoriser ses tête-à-tête avec sa tante.

— Que trouvez-vous donc de si agréable dans cet individu ? dit M. de l'Oseraie avec une irritation mal digérée.

— Un individu ! Voilà votre façon de qualifier le parent de celle qui sera votre femme ? C'est dur ; il a des yeux superbes et le profil le plus pur que j'aie jamais vu, ce jeune sauvage.

— Je n'ai pas remarqué, balbutia le pair de France.

— Ce n'est pourtant pas faute de l'avoir dévisagé, mon cher ! Votre binocle n'a pas cessé d'être braqué sur sa chemise de couleur.

M. de l'Oseraie rompit cet entretien pénible ; il entra dans le foyer, d'où il s'esquiva presque aussitôt. Le nom de Mme de Morignac courait de bouche en bouche et son aventure donnait lieu aux commentaires les plus désobligeants et les plus variés. Il poussa au hasard une porte placée devant lui, s'engagea dans un escalier tortueux et parvint, d'étage en étage, au promenoir de l'amphithéâtre, séjour obscur qui lui était inconnu et où il se démena de long en large comme un fauve dans la cage d'une ménagerie.

Lorsqu'il reparut au balcon, la loge de la vicomtesse était vide.

Il n'attendit pas la fin de la représentation, sortit du théâtre, siffla son cocher et se fit conduire à l'hôtel de Morignac.

M. de l'Oseraie n'était point sans s'être habilement créé des intelligences dans la place. Malgré l'heure déjà avancée, une jeune femme de chambre accourut à son appel.

— Votre maîtresse est-elle rentrée ? demanda-t-il non sans une certaine anxiété.

— Oui, monsieur le marquis.

— Seule ?

— Seule.

— Il y a longtemps ?

— Depuis une demi-heure environ.

— Pensez-vous qu'elle puisse me recevoir ?

— Madame est couchée ; mais si monsieur le marquis voulait écrire un mot, je me chargerais de le faire parvenir à son adresse.

— Immédiatement ?

— Avant cinq minutes le billet sera dans les mains de Madame.

M. de l'Oseraie couvrit rapidement trois feuillets de lignes désordonnées, remit à la femme de chambre son autographe lesté de deux pièces d'or et s'en alla très satisfait au fond du cœur des entraînements de son style et du lyrisme de son éloquence.

Était-ce justice ? était-ce présomption ? Qui pourrait le dire ? Cette lettre irrésistible, ce chef-d'œuvre épistolaire, n'eut pas les honneurs d'une lecture. À peine eut-elle reconnu l'écriture de son correspondant, la jeune femme jeta le papier dans la cheminée, et la flamme n'en fit qu'une bouchée.

— Laurette, dit-elle à sa caméristе, le marquis viendra sans doute demain à trois heures ; je serai sortie. Il est possible qu'il revienne à six heures je ne serai pas rentrée.

— Et si M. le marquis se présentait dans la soirée ?

— Je serais indisposée.

— Cet ordre est-il pour tout le monde ou ne concerne-t-il que M. de l'Oseraie ? demanda la femme de chambre qui flairait mystère sous roche.

— Je n'attends pas d'autre visite. Retirez-vous. Ah ! un mot encore : si vous vous avisiez de nouveau de vous transformer en messagère je me verrais dans l'obligation de me priver de vos services. Que ceci soit dit une fois pour toutes, Mademoiselle. Sortez.

Or voici ce qui s'était passé tandis que M. de l'Oseraie, après avoir subi l'interrogatoire de M. de la Varenne, se condamnait à une gymnastique fiévreuse sous les combles du théâtre.

La plupart des spectateurs restés dans la salle s'étaient mis à lorgner la vicomtesse qui, d'abord, soutint ces feux croisés avec une fière énergie. On n'a pas tous les jours l'occasion de sauver la vie d'un homme et elle puisait sa force dans la conviction que des périls mortels attendaient ce malheureux si elle avait repoussé sa prière. Avait-il commis quelque crime dont elle lirait le lendemain le récit effroyable dans son journal ? Pourtant elle n'apercevait aucune tache de sang sur ses mains qui, entre parenthèses, lui paraissaient très soignées, très fines et très blanches. Était-ce par hasard ou avec préméditation qu'il avait jeté le numéro de sa loge en passant devant les gens du contrôle ? Elle était toute curieuse, elle se sentait vivement intriguée. L'ennui qui la glaçait de la tête au cœur deux heures auparavant se fondait peu à peu commes les brumes d'une matinée d'automne se dissipent graduellement aux rayons du soleil.

Cependant le calme et le sang-froid dont elle faisait parade diminuaient à mesure que la réflexion lui montrait les infaillibles conséquences de son audacieuse équipée, et elle comprenait la nécessité de mettre un terme à une situation que la persistance d'une vingtaine de lorgnettes finissait par transformer en un supplice intolérable.

— Monsieur, dit-elle à voix basse et sans tourner la tête Monsieur...

Sur le même ton et avec les mêmes sourdines, il fut répondu :

— Je vous écoute, Madame ; parlez.

— Pensez-vous que l'hospitalité que j'ai été assez heureuse pour vous offrir ait détourné les dangers qui vous menacent ?

Le jeune homme se leva.

— J'ai compris, soupira-t-il, et la preuve c'est que je vais partir.

Elle se crut obligée d'ajouter.

— Cependant, si le péril durait encore...

— Qu'importe ! reprit-il ; je n'ai que trop abusé de votre pitié. Adieu, Madame, et merci.

Il ouvrit la porte ; mais, avant de se résoudre

à en franchir le seuil, il murmura de sa belle voix harmonieuse :

— Ne connaîtrai-je pas votre nom ? Oh ! dites-le moi, Madame, afin que je le bénisse jusqu'à l'heure de ma mort.

Avec un trouble et une émotion dont elle ne se rendait pas compte, elle lui tendit un petit carnet en cuir de Russie. Il s'en empara, le pressa sur ses lèvres et disparut.

Peu après, la comtesse descendait quelques marches du grand escalier et se montrait à son chasseur confondu parmi les valets de pied postés dans le vestibule. Le chasseur fit avancer la voiture, qui l'emporta rapidement vers la rue de l'Université.

A peine sorti du théâtre, le jeune homme auquel Mme de Morignac avait donné une hospitalité si imprévue, s'approcha d'un bec de gaz et il ouvrit le carnet avec l'espoir d'y trouver une carte de visite. Le carnet était vide. Cependant, comme il sondait un compartiment que tout d'abord il n'avait pas aperçu, son doigt frôla des papiers fins et soyeux. Il les retira un à un de leur cachette. C'était trois billets de mille francs de la Banque de France.

Le lendemain, on lisait dans plusieurs journaux une note ainsi conçue :

« Trompant la surveillance de ses gardiens, un jeune artiste peintre s'est échappé hier soir, vers neuf heures, de la maison de santé où sa pension est payée par M. le ministre de l'intérieur, dont la sollicitude et la bienveillance éclairées sont trop connues, trop appréciées pour que nous ayons à les louer publiquement.

» Ce fugitif se nomme René Derville. On a suivi ses traces jusqu'à la rue de la Paix ; on l'a perdu de vue à l'entrée de la rue Neuve-des-Petits-Champs.

» Les personnes qui rencontreront l'infortuné Derville errant dans Paris feront acte d'humanité en le reconduisant rue Marbeuf, n° 10, et en le remettant aux mains du docteur Perrier, un de nos médecins aliénistes les plus honorables et les plus en renom.

III

Il ne faut pas que le lecteur remonte bien haut dans ses souvenirs pour se rappeler le temps où les Champs-Elysées offraient aux passants, qui ne s'y hasardaient pas sans quelque défiance à la lueur des étoiles, le spectacle désolé d'une solitude immense vers laquelle aboutissaient des voies mal pavées et malpropres en toute saison, peu fréquentées le jour, obscures et désertes aussitôt la nuit venue. Toutes ces rues, la rue Marbeuf encore plus que les autres, semblaient bien moins appartenir à une puissante capitale qu'à une ville de province dépeuplée. L'herbe poussait entre les pierres disjointes des trottoirs, et vainement on y eût cherché une boutique de marchand de vins et un débit de tabac, ces deux ornements obligatoires de la plupart des artères de Paris, *l'alpha* et *l'oméga* de cette civilisation moderne dont nous sommes si fiers.

Une dizaine d'années avant la soirée que nous avons minutieusement racontée et décrite dans le chapitre précédent, c'est-à-dire vers 1833, on voyait encore au nº 8 de la rue Marbeuf un élégant petit hôtel bâti au milieu d'un parc planté d'arbres séculaires, dont on chercherait vainement la trace à présent que le mètre de terrain a acquis dans ce quartier régénéré une valeur hors de toute prévision. Un mur de clôture, hérissé de crochets de fer et de tessons de bouteilles, séparait l'hôtel dont nous parlons de la maison de santé dirigée par le docteur Perrier, et coupait les deux jardins dans toute leur longueur. Construit pour le bon plaisir d'un contemporain, d'un émule des la Popelinière et des Beaujon, qui avait fait le théâtre ordinaire de ses fantaisies galantes et de ses comédies amoureuses, l'hôtel du nº 8 était né « petite maison » et il était resté à l'état de petite maison. Le temps n'ayant apporté aucune modification sensible à sa destination originelle, ses locataires successifs se recrutèrent donc uniquement parmi ces demoiselles de famille dont les nobles parents sont toujours invisibles, et parmi ces femmes mariées dont les maris voyagent constamment dans les régions éloignées où ils se trouvent si bien que jamais on ne les en voit revenir.

Durant les dernières années de la Restauration et pendant les trois premières du règne de Louis-Philippe, la petite maison de la rue Marbeuf fut habitée par une jeune femme d'une rare beauté. Elle s'appelait ou se faisait appeler Mme Derville, et bien qu'elle n'eût pas discontinué de mener la vie à grandes guides, la révolution de Juillet, disait-elle, « l'avait mise sur la paille. » Le fait est qu'à dater de ce bouleversement social, on cessa subitement de voir stationner à la porte de Mme Derville certain coupé brun qui, chaque soir, et pendant une longue période, amena le même visiteur à neuf heures précises et l'emmena à minuit sonnant.

Ce visiteur était un vieillard de fort grand air et de très haute mine, que les domestiques appelaient « monsieur le marquis, » et dont le nom ne fut jamais prononcé devant eux. Soit que sa mort eût coïncidé avec les *trois glorieuses*, ainsi qu'on disait en ce temps-là, soit qu'il eût suivi Charles X dans son exil, il ne revint plus et Mme Derville évita de s'expliquer sur ce point resté obscur, aussi bien pour ses domestiques que pour les personnes de son entourage.

Si elle garda le silence, ce ne fut pourtant pas faute de savoir à quoi s'en tenir touchant le vrai motif de la brusque disparition de son protecteur. Peu de jours avant qu'on ne tirât le premier coup de fusil, il était mort subitement, sans avoir eu la douleur d'assister au triomphe de la Révolution, mais aussi sans avoir eu la consolation d'accomplir une promesse sacrée.

Dans sa dernière entrevue avec Mme Derville, à l'heure où, d'ordinaire, il prenait congé d'elle, il lui avait dit :

— Je n'ai été occupé que de vous seule aujourd'hui, ma belle amie. La semaine ne se passera point sans que je vous apporte deux titres de rente, l'un à votre nom, l'autre au nom de votre fils. J'ai écrit à mon agent de change de venir prendre mes instructions et je l'attends dans la matinée.

— Pourquoi demain plutôt que dans six mois, plutôt que dans un an ? s'écria Mme Derville. Dieu merci, votre santé est excellente, mon ami.

Le vieillard reprit d'un ton grave :

— Ce n'est pas de ma santé qu'il s'agit, chère Louise, mais de celle de la France ; les événements se précipitent avec une rapidité qui m'épouvante. Le ministère Polignac nous pousse aux abîmes, et selon un prophétique avertissement qui date d'hier : « Nous dansons sur un volcan. » Il se peut que je sois forcé, dans un délai très prochain, de m'absenter pour un temps dont je ne saurais fixer la durée. Il est donc tout naturel que votre ministre des finances se soit inquiété d'assurer du même coup l'avenir de la mère et l'avenir de l'enfant. Pauvre petit René ! soupira-t-il ; veuillez me montrer son portrait, chère Louise.

Mme Derville ouvrit un meuble et tira d'un écrin en velours une miniature peinte par Isabey que le vieillard contempla silencieusement avec une fixité attendrie. C'était le portrait d'un collégien d'une quinzaine d'années, joli comme un amour, en dépit du chapeau ridicule et du frac impossible que l'Université, en ce temps-là, imposait à ses jeunes néophytes.

— Il a les yeux et le sourire de sa mère, dit-il en baisant la précieuse image du cher absent.

— Puisse-t-il avoir le cœur de son père ! ajouta Mme Derville en replaçant la miniature dans l'écrin.

Lorsqu'il prit congé de la jeune femme, le vieux gentilhomme la serra étroitement sur sa poitrine, et deux larmes roulèrent sur ses joues.

— Vous pleurez? demanda-t-elle avec un doux intérêt ; vous aurais-je chagriné à mon insu, mon ami ?

— Vous ne m'avez donné que des joies depuis que ma bonne étoile m'a guidé vers votre tendresse, dit-il en lui serrant affectueusement la main.

— Seriez-vous souffrant ? Voulez-vous qu'on aille chercher le docteur Perrier, notre voisin?

— C'est inutile ; et je vous demande pardon de vous inquiéter, de vous affliger ainsi. Je me sens, il est vrai, assailli, tourmenté, ce soir, par de tristes pensées. Le sommeil aura raison de ces sottes chimères. Adieu, mon amie, à demain.

Il partit, et le lendemain matin, quand on vint le prévenir que l'agent de change convoqué la veille l'attendait dans son cabinet, on le trouva mort dans son lit, de la rupture d'un anévrisme.

Mme Derville ne prit point le deuil, mais elle le fit porter religieusement par son fils, pensionnaire dans un lycée de province, où il restait même pendant les deux mois de vacances. Elle avait alors trente-trois ans et sa beauté opulente s'épanouissait dans un éclat radieux. Aussi longtemps que le sacrifice fut possible, elle demeura fidèle à la mémoire de son vieux protecteur. Il avait été son premier amant, il était le père de son enfant, et malgré la grande disproportion d'âge qui existait entre eux, malgré les séductions dont elle avait été entoutourée, Mme Derville s'était juré à elle-même qu'elle ne le tromperait pas, et ce serment, elle l'avait tenu avec un soin pieux. Elle eût souhaité aussi pouvoir lui garder une fidélité posthume, car les circonstances l'avaient jetée dans une existence pour laquelle elle n'était pas faite ; mais un jour vint où, à force de puiser sans compter dans ses tiroirs, Mme Derville ne trouva pas la somme nécessaire au payement du trimestre échu de la pension de son fils.

Ce jour-là, un très riche financier, qui faisait profession de mourir d'amour pour elle, reçut ce billet laconique : « Venez ce soir. »

Il accourut. — Lui aussi arriva à neuf heures mais il ne partit pas à minuit.

Peu de temps après, le triomphateur voulut célébrer sa victoire dans une fête dédiée à ses amis et à ceux de Mme Derville. C'était par une chaude nuit d'été. Après la dernière valse, et avant de passer dans la salle à manger où le souper était servi, les invités furent prévenus qu'on allait , en guise d'intermède, tirer un feu d'artifice dans le jardin.

A peine s'étaient-ils répandus sur les pelouses, il se produisit une catastrophe imprévue et terrible. Au lieu de s'élever dans l'espace comme une flèche d'or, une fusée mal dirigée rampa sur le gazon, pareille à un serpent de feu, et vint éclater au milieu d'une réserve de bombes et de pétards qui s'enflammèrent aussitôt. Une explosion se fit entendre, et l'on vit tomber les deux héros de la fête. Un domestique affolé courut réveiller le docteur Perrier, qui ne put que constater le décès du financier, frappé en pleine poitrine. Les blessures de Mme Derville présentaient moins de gravité ; mais, atteinte au visage, elle était menacée de rester toute sa vie cruellement défigurée.

Les journaux de l'époque racontèrent cette tragique aventure qu'ils appelèrent « le drame de la rue Marbeuf, » et pendant trois semaines on s'inscrivit en foule chez Mme Derville ; mais la guérison fut longue... Or, c'est plus qu'une faute, c'est une sottise que d'être malade trop longtemps, quand c'est à Paris qu'on tombe malade. La pitié s'use vite dans cette chère ville ; la compassion y est de courte durée, et pour peu que la maladie se prolonge, on finit par ne plus recevoir, en fait de visites, que les visites du médecin.

Celles de M. Perrier duraient encore que déjà le silence et la solitude s'étaient faits au chevet de Mme Derville. Lorsqu'il lui annonça qu'elle n'avait plus besoin de son ministère et que s'il revenait la voir, ce serait uniquement à titre de voisin, elle lui dit d'un ton ferme en le regardant fixement :

— Les marques effroyables que je porte sur mon visage sont-elles inneffaçables, cher Monsieur ?

Et comme sa question ne recevait pas de réponse :

— Expliquez-vous avec franchise, reprit-elle, je veux savoir la vérité.

— La vérité? répéta M. Perrier; c'est fort bien dit, chère Madame, mais laquelle?

— Il n'y a pas deux vérités.

— Je vous demande pardon : il y a la vraie et la fausse, dont la Faculté use librement selon les circonstances et selon les personnes.

— C'est la vraie qu'il m'importe de connaître, et de connaître sans retard. Parlez donc.

— Ainsi, c'est bien entendu ; vous souhaitez que je ne taise rien...

Elle l'interrompit avec impatience :

— Je ne souhaite pas, j'exige. Répondez sans peur ; j'écouterai sans effroi.

Pressé, acculé dans ses derniers retranchements, M. Perrier articula d'une voix mal assurée :

— Je crains que les traces du funeste accident dont vous avez été la victime ne s'effacent jamais.

— Ne dites pas que vous le craignez... Avouez que c'est votre conviction, puisque c'est la vraie vérité que vous m'avez promise.

Le docteur resta muet.

— Ainsi, reprit-elle, il n'est pas à votre connaissance d'onguent ou de cosmétique capables de faire disparaître ces stigmates affreux?

— Hélas! Madame, il ne faudrait rien moins qu'un miracle pour obtenir un pareil résultat, et Dieu seul est assez puissant pour faire des miracles. La science n'en accomplit pas.

La pauvre femme sentit courir dans ses muscles et dans ses fibres un tressaillement qu'elle eut la force de maîtriser.

— Je vous sais gré de ne m'avoir point leurrée d'un espoir chimérique, dit-elle ; adieu, docteur.

— A bientôt, si vous le permettez, Madame.

— Non ; faites-moi vos adieux, mon ami.

— Ne dois-je plus vous revoir ?

— Je me dispose à quitter Paris.

— Pour longtemps ?

— Pour toujours, dit-elle avec une sombre énergie ; oui pour toujours !

— Vous m'avez fait l'honneur de m'appeler votre ami, Madame ; souvenez-vous que je suis digne de ce nom, et si je puis vous être utile, écrivez-moi.

— Merci ; à l'occasion, c'est à vous que je m'adresserai de préférence ; mais je ne prévois pas que l'occasion se présente jamais.

Une heure après, elle convoqua ses domestiques, paya leurs gages et les congédia.

— Voilà pourtant comme ça finit toujours quand elles perdent leurs instruments de travail, ces ouvrières de l'amour ! dit sentencieusement le valet de chambre à ses camarades assemblés. Une femme à la mer, mes enfants ! Et ce n'est pas moi qui m'amuserai à aller la repêcher, à présent qu'elle n'a plus figure humaine.

Mme Derville vendit son mobilier, son argenterie, ses dentelles, ses bijoux, réalisa trente mille francs, retira son fils du collège, s'établit avec lui au troisième étage d'une vieille maison, dans une des rues enchevêtrées et silencieuses qui serpentent et moisissent à l'ombre du Panthéon.

De tout temps, René avait manifesté un goût très vif pour le dessin. Il fut admis en qualité de rapin dans un atelier du boulevard Montparnasse, berceau de la fortune et de la célébrité de divers artistes contemporains.

Mme Derville se fût expatriée, elle eût mis entre elle et Paris l'immensité des mers, elle n'eût pas été plus éloignée de son ancien monde et de ses anciennes relations que dans la retraite obscure qu'elle s'était choisie. Elle y passa dix années, vivant par son fils et pour son fils, inventant et réalisant des prodiges d'économie afin de réussir à nouer les deux bouts ; mais la vie matérielle enchérissait chaque jour ; le propriétaire la menaçait d'une augmentation de loyer, et déjà elle voyait approcher avec terreur le moment où, son revenu ne lui suffisant plus, elle serait dans l'obligation d'entamer son mince capital.

Sur ces entrefaites, la maison qu'elle habitait compta un nouveau locataire. Une pancarte écrite à la main et collée sur la porte de l'appartement du premier étage annonçait que M. Cardot (Jean-Baptiste) faisait l'escompte et recevait les ordres de Bourse. *Spécialité de placements sûrs et de rapports extrêmement avantageux*, ajoutait la pancarte avec un aplomb qui, depuis ces temps primitifs, a été dépassé de cent coudées par les fanfarons de l'agiotage en délire et par les casse-cou de la spéculation en démence.

M. Cardot était à peine installé et déjà le bruit se répandait dans la maison que le portier, pour mille francs qu'il lui avait confiés, avait reçu vingt francs d'intérêt un mois après la remise de ses fonds.

Lorsque Mme Derville l'interrogea sur la réalité d'une si bonne aubaine, l'heureux capitaliste exhiba la pièce d'or que l'escompteur lui avait remise et qu'il tenait précieusement enveloppée dans du papier de soie.

— Et pour vos mille francs, vous recevrez ainsi un louis au commencement de chaque mois ? demanda Mme Derville après avoir vérifié si celui qu'elle avait dans la main pesait bien le poids réglementaire.

Elle s'écria avec admiration :

— Mais c'est une opération magnifique, c'est de l'argent placé à vingt-quatre pour cent !

— Comme vous dites, ma chère dame. Aussi suivez mon conseil et mon exemple, vous vous en trouverez bien. Si vous avez de l'argent mignon dans une tirelire, adressez-vous à M. Cardot. Voulez-vous faire sa connaissance ? Attendez un peu ; voici neuf heures et il ne tardera pas à rentrer, car il est réglé comme un papier de musique et sage comme une image. Tout le monde dort dans la maison quand il éteint sa lampe, ce qui ne l'empêche pas d'être le premier au travail. Tout pour les affaires, rien pour les plaisirs, voilà sa devise. Je serais riche à millions, que je lui confierais tout mon saint frusquin... Songez donc : vingt-quatre pour cent par an ! Tenez, le voici ; je reconnais son coup de sonnette, à ce cher homme !

Tandis que M. Cardot allumait sa bougie et lisait une lettre, Mme Derville l'examinait à la dérobée et la première impression ne fut pas à son avantage. Ainsi qu'on l'a très justement observé, la ménagerie humaine reproduit avec fidélité les types divers de la ménagerie bestiale. Qui n'a pas rencontré sur son chemin l'homme-chien, l'homme-mouton, l'homme-loup ?

M. Cardot était l'homme-renard par excellence. Ses petits yeux injectés de sang, qu'ombrageaient d'épais sourcils d'un ton fauve, pétillaient de finasserie et d'astuce, et quand ils s'arrêtèrent sur Mme Derville, elle détourna la tête, incapable de supporter l'acuité de ce regard qu'elle sentait pénétrer dans sa pensée comme eût pénétré dans sa chair la pointe d'une vrille.

D'une maigreur extrême, d'une ténuité diaphane, il flottait dans une redingote trop longue et trop large pour son petit corps. Conformément à une métaphore que l'Académie n'a pas encore poinçonnée et brévetée, mais qui s'impose par son relief pittoresque, nous dirons que le tailleur qui lui avait façonné ce vêtement semblait avoir pris mesure « sur une guérite. » Il était soigneusement rasé, et l'absence de moustache ne contribuait pas peu à développer et à mettre en saillie la forme effilée de son museau pointu. Des dents blanches et aiguës comme celles des carnassiers meublaient sa bouche fendue largement. Chaque phalange de ses doigts crochus était ornée d'un bouquet de poils roux dont le spécimen se reproduisait dans la conque de ses oreilles développées outre mesure.

Mme Derville ne réussit pas sans peine à dompter le sentiment de répulsion instinctive que lui inspirait M. Cardot, et ce fut d'une voix hésitante qu'elle sollicita la faveur d'un entretien pour le lendemain.

En vue de cette visite dont il n'était point sans avoir flairé le vrai motif, le marchand d'argent avait fait des frais de mise en scène. La porte entr'ouverte d'une caisse de fer scellée dans la muraille laissait apercevoir plusieurs piles de pièces de cinq francs rangées en bataille. Quelques billets de la Banque de France et une sébile à demi-pleine d'or étaient posés sur une table, pêle-mêle avec de gros registres verts à coins de cuivre, que M. Cardot feuilletait, s'arrêtant fréquemment pour prendre des notes et aligner des chiffres sur les pages d'un agenda.

— Veuillez m'excusez, Madame, dit-il, en invitant Mme Derville à s'asseoir. J'achève un travail urgent ; dans deux minutes je serai tout à vous.

Les deux minutes ne durèrent pas moins d'un gros quart d'heure.

— Je vous fais toutes mes excuses, dit-il enfin lorsqu'il consentit à fermer ses registres ; mais les affaires sont les affaires. Présentement causons vite. Je pense, avec les Anglais, que le temps est un capital, un capital précieux entre tous, et je l'économise le plus que je peux. D'où me vient l'avantage de vous voir ? Quelque valeur à négocier sans doute ? Avez-vous trois signatures ? Si elles sont respectables, si l'échéance n'est pas trop éloignée, et surtout si la somme n'est pas trop forte, je ne dis point que l'affaire ne se conclura pas, ma chère voisine. Il faut s'entr'aider, c'est la loi de nature... Mais, je vous en avertis d'avance, l'argent est un peu cher en ce moment.

— Je n'ai aucun billet, aucune valeur à faire escompter, dit Mme Derville.

— S'agirait-il d'un prêt direct que vous solliciteriez de moi? S'il en était ainsi, j'aurais le regret... dit-il en faisant mine de se lever.

— Rassurez-vous, Monsieur, interrompit Mme Derville avec hauteur; je ne suis point venue solliciter un service qu'on ne réclame d'ordinaire que de ses plus intimes, de ses meilleurs amis.

— N'étant pas sorcier, j'attendrai pour vous comprendre qu'il vous plaise de vous expliquer, dit M. Cardot en se renversant dans son fauteuil avec des airs de victime.

— L'attente ne sera pas longue. Vous supposez que je suis venue chercher votre argent; détrompez-vous, c'est le mien que je vous apporte.

— Ce serait donc d'un placement qu'il s'agirait? demanda l'escompteur en se redressant à demi.

— D'un placement; vous l'avez dit.

— Vous avez économisé un billet de cinq cents francs et vous souhaitez que je le fasse valoir au mieux de vos intérêts... Est-ce cela?

— Eh bien, franchement, vous avez raison: vous n'êtes pas sorcier, dit Mme Derville en souriant.

— A quoi le voyez-vous?

— Un magicien devinerait la vérité tout entière et vous ne devinez qu'une faible partie.

— Est-ce qu'il s'agirait d'une forte somme? dit M. Cardot qui se redressa tout à fait.

— Exercez votre lucidité ; le champ des suppositions est ouvert.

— Vous m'apportez cinq mille francs, peut-être.

— Le double, mon cher voisin.

— Vous avez là dix mille francs ! s'écria-t-il d'une voix émue et en tendant avidement les deux bras vers le portefeuille que Mme Derville venait de sortir de son corsage.

Ce ne fut qu'un éclair ; la flamme de son regard s'éteignit aussitôt ; il plongea ses mains dans ses poches, se rassit tranquillement dans son fauteuil et dit d'un ton calme et mesuré :

— Par quel prodige, moi qui n'ai pas l'honneur d'être connu de vous, suis-je parvenu à vous inspirer tout à coup pour dix mille francs de confiance, ce qui constitue une grosse somme de confiance.

— Il m'a été affirmé que vous opérez avec tant d'habileté et de bonheur que vous auriez trouvé le moyen de quintupler le revenu ordinaire de l'argent.

— Je payerais vingt-cinq francs d'intérêt pour cent francs ! ricana M. Cardot avec un haussement d'épaules. Ah ! Madame, vous êtes trop intelligente pour ajouter foi à ce conte de fée, et dans le cas contraire, je suis trop loyal pour ne pas vous désabuser sur-le-champ.

— Cependant, reprit-elle toute confuse, cette pièce d'or qu'un billet de mille francs a gagnée en un mois, je l'ai vue de mes yeux et touchée de mes mains.

M. Cardot s'accouda contre la cheminée, releva les pans de sa redingote, dans l'attitude chère aux orateurs de salon, et détailla ce petit discours d'un air bonhomme et d'un ton paternel :

— Le louis que vous avez vu et touché a été remis par moi à un actionnaire qui m'a confié mille francs le mois dernier, c'est exact ; mais un si beau dividende, Madame, ce n'est pas la règle, c'est l'exception. Il représente non le fait normal, mais l'accident. Suivez-moi bien : il se peut en effet que tel événement considérable, telle mesure gouvernementale, ignorés du monde financier, connus de moi seul, grâce à mes relations dans les cercles politiques et à mon accès dans les régions supérieures, exploités par moi, à ma manière et selon ma méthode, me permettent de réaliser de très gros bénéfices par l'achat ou la vente, à un moment donné, de rentes françaises et de valeurs étrangères. Cette éventualité s'est produite le mois passé ; mais quand se produira-t-elle de nouveau ? Bien malin qui pourrait le dire. Il serait donc insensé, s'il n'était criminel, celui qui érigerait un de ces fortunés hasards en principe absolu. Celui-là ne serait rien moins qu'une variété de pick-pocket, et la plus dangereuse de toutes. Fermez donc l'oreille à ses promesses dorées, le jour où, pour votre malheur, vous le rencontreriez sur votre chemin. Me suis-je fait bien comprendre, ma chère voisine ?

— Parfaitement. Je conclus de vos paroles

que si vous acceptiez mon argent, vous ne pourriez m'en payer l'intérêt que sur le pied de cinq pour cent.

— Je n'ai pas soufflé un mot de cela. Entre ces deux chiffres, cinq et vingt-cinq, il y a de la marge. Depuis que ma maison est fondée, et elle compte déjà six années de la plus honorable existence, j'ai souvent donné douze à mes commanditaires, quelquefois quinze, jamais moins de dix.

— Jamais moins de dix ! répéta avec émotion Mme Derville, qui se voyait déjà à la tête de trois mille francs de rente, la fortune, le salut pour elle et pour son fils.

— Jamais ! mes livres en font foi, dit M. Cardot en montrant les registres épars sur son bureau. On peut les consulter. Ils sont à l'abri de toute critique comme ils défient tout examen.

— Je n'en doute pas ; permettez-moi donc d'augmenter le nombre de vos heureux commanditaires et acceptez ce portefeuille qui, je le répète, contient dix mille francs.

Parlant ainsi, elle tendit le portefeuille.

— Impossible ! dit-il avec un geste digne d'Hippocrate ; les affaires subissent un temps d'arrêt et je n'utiliserais pas votre dépôt... Mais remettez-vous, ajouta-t-il en observant la pâleur qui se répandait sur le visage de la pauvre femme, ce n'est pas un refus définitif. Bien loin de là. Peut-être irai-je prochainement, plus prochainement que vous ne pensez, sonner à votre porte et réclamer vos capitaux, s'ils sont encore disponibles.

— Est-ce une promesse sérieuse ?

— Vous avez ma parole ; à conditon pourtant que vous répondiez à ma question avec la franchise d'une honnête femme.

— Parlez.

— Ces dix mille francs constituent-ils tout votre avoir ? Un dicton populaire, et il n'en est pas de plus sensé, de plus juste, nous enseigne qu'on ne doit pas mettre tous ses œufs dans le même panier. Ce serait avec un réel chagrin que je vous verrais mépriser cette sage leçon, et, pour ma part, je n'y prêterais pas les mains.

— Ces dix mille francs sont le tiers de ce que je possède. Mais j'abuse de votre temps. Excusez-moi, et merci de votre bon accueil.

M. Cardot offrit son bras à Mme Derville et la reconduisit jusque sur le palier.

— A bientôt, j'espère, dit-elle en prenant congé de l'escompteur. Ne m'oubliez pas.

— A la première occasion favorable, vous me verrez paraître. Soyez sans inquiétude, ma chère dame.

Et tandis qu'elle montait l'escalier d'un pas léger, il la couvait de son regard fauve et marmottait entre ses dents aiguës :

— Qui diable eût jamais soupçonné que trente mille francs m'attendaient dans cette bicoque? Les prêtres ne trompent pas le peuple autant qu'on le dit. Il doit y avoir positivement un bon Dieu quelque part là-haut.

IV

Le personnage que nous venons de présenter au lecteur était à cette époque un célibataire âgé de trente-cinq ans. Orphelin, élevé par charité, dispensé du service militaire pour faiblesse de complexion, il quitta sa petite ville natale, où, selon lui, « il n'y avait pas d'eau à boire, » et débarqua à Paris, très résolu à s'y enrichir, honnêtement si la chose était possible, autrement au cas probable où la probité ne le conduirait pas assez vite au but final qu'il se proposait d'atteindre. Il débuta dans les bureaux d'un banquier et traversa successivement les études d'un notaire, d'un avoué, d'un agréé et d'un huissier. Tous se privèrent de ses services à la suite d'erreurs inexpliquées dans les fonds dont il avait le maniement et dans les recouvrements qu'il était chargé d'opérer. Chacun de ses patrons s'étant contenté de l'envoyer « se faire pendre ailleurs, » Jean-Baptiste Cardot eut la chance merveilleuse de n'entretenir aucune relation suivie avec les robes noires de l'instruction et du parquet.

Quelques milliers de francs, héritage inattendu d'un parent très-éloigné, — trop éloigné pour être suffisamment renseigné sur les antécédents et sur la moralité du légataire, — le mirent á même de s'installer dans la maison où logeait déjà Mme Derville et de payer la patente d'escompteur. Il se proposait, dans l'exercice de sa nouvelle profession, de ne se point aventurer trop loin par delà les frontières du code, région qu'il savait, mieux que personne, féconde en fondrières périlleuses et en précipices béants... Le malheur est qu'il appartenait à une race d'hommes incapables de résister à la tentation de brouter l'herbe et qu'on voit toujours prêts à capituler avec leur conscience.

Des voix intérieures l'avertissaient que les trente mille francs de Mme Derville seraient le point de départ et l'instrument de la fortune qu'il ambitionnait si ardemment ; mais, malgré son vif désir de se l'approprier, il fut assez maître de lui-même pour résister pendant plusieurs semaines aux tentations qui le harcelaient et le mordaient au cœur.

Mme Derville venait souvent le relancer, et d'un ton moitié fâché, moitié plaisant, elle l'interpellait en ces termes :

— Décidément, méchant homme, vous ne voulez donc pas de mon argent ? Pourquoi cette injustice ? Il vaut pourtant l'argent des autres.

D'un ton mystérieux et avec des réticences d'oracle, M. Cardot répondait :

— L'heure propice n'est pas encore venue... Soyez tranquille et surtout soyez discrète... J'imagine qu'elle ne tardera pas à sonner... En temps opportun, vous serez avertie... Comptez sur moi.

Le jour où il lui fit tenir un billet qui ne contenait que ces trois mots : « Il est temps ! » le terrain était si merveilleusement préparé que ce ne fut pas seulement en grande hâte mais avec un sentiment de profonde gratitude qu'elle se présenta dans le cabinet de l'escompteur.

— Enfin ! s'écria-t-elle, vous allez donc m'associer à vos opérations financières... Vous vous y êtes décidé... Soit dit sans amertume, vous y avez mis le temps. Voici mes dix mille francs, faites-les fructifier le mieux qu'il vous sera possible. J'ai tant besoin d'accroître mon revenu! Si j'étais seule, il me suffirait et au delà; mais vous ne savez peut-être pas : j'ai un fils ! et depuis quelque temps il pâlit, il s'étiole, mon cher René. Je suis sûre que l'air de la mer lui fera du bien Avec les premiers dividendes que je toucherai, il ira respirer pendant un mois au bord de l'Océan. Je vous lirai ses lettres ; il écrit si bien! vous ne l'avez pas aperçu ? vous ne vous êtes jamais rencontré avec lui dans l'escalier ? Il est beau, mon René... et intelligent... et bon ! Aussi j'en suis fière, allez ! Mais qu'est-ce que je viens vous raconter? Je vous parle de tout cela comme si vous deviez vous intéresser à ces histoires... Vous m'excusez, n'est-ce pas ? Ah ! c'est qu'aujourd'hui je me sens bien heureuse ! Mon cœur déborde.

Mme Derville fondit en larmes.

— Remettez-vous, Madame, grommela M. Cardot que cette scène irritait sourdement. S'il entrait un client, que supposerait-il, je vous le demande ?

Elle dit en s'essuyant les yeux et en s'efforçant de sourire :

— Vous avez raison; pardonnez-moi ; voilà qui est fini. Ainsi, vous pensez qu'il y a une bonne spéculation à tenter en ce moment, sans risques à courir?

J'ai de fortes présomptions de le croire, et j'y réussirai, surtout si j'arrive aujourd'hui un des premiers à la Bourse, dit-il en consultant le cadran de sa pendule.

— En ce cas, partez vite, et que ce ne soit pas moi qui vous retienne davantage. Je ne me pardonnerais pas un retard dont je serais la cause.

Mme Derville se dirigea vers la porte.

— Eh bien! et votre reçu, lui cria M. Cardot attendez au moins que je signe et que je vous remette un reçu de vos dix mille francs.

— Vous me l'eussiez donné demain aussi bien qu'aujourd'hui.

— Et si je mourais dans l'intervalle? Non, ma chère dame; les affaires sont les affaires. Voici votre papier.

— Quand aurai-je le plaisir de vous revoir?

— Le cinq du mois prochain, toutes les affaires engagées ce mois-ci seront liquidées, tous les comptes auront été réglés et ma caisse sera ouverte à neuf heures du matin. Sur ce, chère voisine, ne m'en veuillez pas si je vous congédie, mais il y a loin du Panthéon à la place de la Bourse, et vous pensez bien que je ne m'amuse pas à me ruiner en frais de voiture.

— Alors, je pourrai me présenter à votre caisse?...

— Le cinq juin, à neuf heures du matin, c'est entendu, interrompit-il en prenant sa canne et son chapeau. Madame, je suis votre très humble serviteur.

Dans quelles angoisses fiévreuses, avec quels battements de cœur Mme Derville attendit la venue du jour fixé par l'escompteur, nous ne chercherons pas à le dire. Elle avait essayé de déchiffrer les tableaux de valeurs françaises et étrangères insérés à la quatrième page des journaux, avec l'espoir d'y trouver quelque renseignement de nature à la guider; mais, attendu qu'on ne publiait pas encore de bulletins explicatifs et raisonnés sur la Bourse, elle ne comprit rien à ces grimoires. A mesure que le cinq juin approchait, la surexcitation nerveuse qui s'était emparée d'elle devint si apparente que son fils s'en émut.

Un soir qu'il assistait en silence aux préparatifs de leur repas frugal et qu'il observait ses moindres mouvements d'un regard attentif, il lui demanda tout à coup :

— Tu ne te sens pas un peu malade, chère mère ?

— Pourquoi veux-tu que je sois malade, mon enfant ?

— Moi ? s'écria-t-il, je ne le veux à aucun prix ; je le crains, ce qui n'est pas du tout la même chose.

— Rassure-toi, jamais je ne me suis si bien portée.

— Cependant ton agitation doit avoir une cause sérieuse. Est-ce qu'une lettre intéressante serait en route ? Attendrais-tu quelque nouvelle d'importance ?

— Peut-être.

— De quoi s'agit-il ?

— Tu l'apprendras plus tard.

— Quand ce sera-t-il ? Plus tard, c'est joliment vague. Précise un peu.

Elle compta sur ses doigts et répondit :

— Je parlerai dans six jours.

— C'est furieusement long, six jours !

— Fi Monsieur; que c'est laid de pécher ainsi par excès de curiosité ! dit-elle en lui pinçant doucement l'oreille.

— Me sera-t-il permis de demander si la nouvelle attendue est une bonne nouvelle ? Dois-je m'affliger ou me réjouir ?

— Réjouis-toi, cher fils, dit-elle avec transport; réjouis-toi et prie Dieu que mon espoir se réalise !

Je serai moins cachotier que toi, reprit René après un court silence. Moi aussi je suis porteur d'une nouvelle heureuse, et cependant je ne te la ferai attendre ni six jours, ni six heures, ni même six secondes. Je t'ai parlé d'un paysage que j'ai eu l'audace d'envoyer à l'Exposition.

— Il est reçu ? cria Mme Derville. Ton tableau a été admis !

Sur un signe de tête affirmatif de son fils, elle se jeta à son cou et le mangea de caresses.

— Eh quoi ! tu figureras à côté des maîtres de l'art moderne ! dit-elle d'une voix suffoquée; ton nom sera imprimé dans le livret officiel ! Eh bien ! avais-je raison de te consoler et de te remonter le moral lorsque je te voyais en proie à ces découragements qui me faisaient si triste et si malheureuse, à ces défaillances dont je souffrais encore plus que toi ?... Ah ! c'est que j'étais bien sûre qu'un jour, et un jour prochain viendrait où tu aurais du talent.

— Du talent ! répéta René ; nous n'en sommes pas là ; je commence à savoir mon métier, et c'est tout. Ah ! par exemple, j'en sais assez long pour être certain de gagner ma vie à faire des copies pour les églises et les musées de province. Y a-t-il assez longtemps que je suis à ta charge, pauvre mère ! T'ai-je assez ruinée ! A l'avenir, c'est moi qui payerai tout... Tu entends ? tout, tout, tout ! La réputation viendra plus tard, si elle veut ; mais l'aisance viendra tout de suite et c'est le point essentiel.

— Alors, nous serons trop riches !

— On ne l'est jamais trop, surtout quand on l'a été si peu... D'ailleurs, tu aurais tort de croire que mes tableaux seront payés leur pesant d'or, et si j'insinuais que les amateurs se les disputeront à coup de billets de banque, la vérité outragée irait sûrement cacher ses rougeurs et sa confusion au fond de son puits le plus obscur. Mais quel peut bien être le sens réel de ton exclamation mystérieuse de tout à l'heure ?

— Quelle exclamation, cher fils ?

— Tu as dit : «Alors nous serons trop riches !»

— Suffit ; je m'entends. A table, monsieur le grand artiste ; le dîner refroidit.

En temps ordinaire, ils s'arrangeaient de façon à déjeuner le lendemain avec les reliefs du repas de la veille. Cette fois, il ne resta rien dans les assiettes ni dans les plats.

Au jour fixé, à l'heure indiquée, Mme Derville se présenta à la caisse de M. Cardot.

Il l'accueillit d'un air gracieux et lui sourit à travers les mailles serrées du grillage derrière lequel il était tapi comme une araignée.

— Soyez la bienvenue, dit-il ; je vous attendais avec une douce impatience.

— Est-ce que je m'abuse? fit-elle d'un ton joyeux. Je me figure que votre spéculation a réussi et qu'elle a produit les bons résultats que vous espériez en obtenir.

— Vous allez pouvoir résoudre vous-même la question. Quel est l'intérêt annuel d'une somme de dix mille francs placée à cinq pour cent? Répondez, chère voisine.

— Cinq cents francs.

— Parfait. Et quel est le douzième de cinq cents francs.

Elle se livra à un calcul mental et répondit :

— Quarante-deux francs, moins une fraction, sauf erreur.

— Très-exact ; donc si je vous passais par ce guichet deux pièces de vingt francs et deux de vingt sous pour un mois d'intérêt, vos dix mille francs vous rapporteraient cinq pour cent. C'est clair, c'est incontestable Supposez à présent qu'au lieu de deux pièces jaunes et de deux blanches, je vous en allonge quatre par ce même guichet...

Elle interrompit vivement :

— Recevant quatre-vingt-quatre francs au lieu de quarante-deux, j'aurai dix pour cent de mon argent ; c'est de toute évidence.

— Il n'est pas moins évident que si je vous donnais six louis et six francs, ce ne serait plus dix, mais quinze que vous toucheriez. On n'a pas besoin de sortir de l'École polytechnique pour comprendre ce raisonnement.

— Ah ! mon Dieu ! s'écria Mme Derville saisie d'une émotion subite qui oppressa sa poitrine, suspendit sa respiration et comprima son cœur comme dans un étau ; ah ! mon Dieu ! où voulez-vous en venir ?

— Ecoutez-moi : j'ai le plaisir de vous annoncer que les bénéfices réalisés le mois dernier par la maison Cardot lui permettent de distribuer un dividende de quinze pour cent ; à l'appui de ma déclaration, voici les cent vingt-six francs qui vous sont acquis, ma chère dame.

En ce temps-là, il n'y avait pas de coupures de cent francs et l'or ne circulait pas en grande abondance. M. Cardot compta et fit sonner l'une après l'autre vingt-cinq pièces de cinq francs, compléta l'appoint avec dix décimes et versa le tout dans un sac de toile grise qu'il glissa par l'ouverture du guichet et dont Mme Derville s'empara d'une main que la fièvre brûlait et glaçait tout ensemble.

— Supposez-vous que le dividende du mois prochain soit aussi considérable que celui-ci ? demanda-t-elle à l'escompteur.

— Cela dépend des circonstances ; on peut cependant, sans trop de témérité, prédire qu'il y aura encore de jolis bénéfices à se partager le 5 juillet. Revenez me voir dans quelques jours. Je vous en dirai plus long sur ce chapitre plein d'intérêt, si j'ose risquer cette pointe innocente.

Le petit trésor de Mme Derville s'engloutit

dans une de ses larges poches, et elle se dirigea vers un restaurant voisin du Luxembourg, en grande réputation dans le quartier, où elle commanda un dîner pour deux personnes.

— Madame désire-t-elle qu'on lui garde un cabinet particulier? demanda le garçon qui l'avait inspirée dans la rédaction de son menu.

— C'est inutile ; vous ferez porter chez moi. Voici mon nom et mon adresse.

Et au dessous elle écrivit ces mots : « A sept heures très précises, je vous prie. »

C'était toujours quelques minutes avant sept heures que René rentrait au logis. La table était dressée, le couvert était mis, et il pénétrait tout droit dans la cuisine, où invariablement il surprenait sa mère penchée sur le fourneau. Ce jour-là, à sa grande surprise, non-seulement il ne la vit pas à son poste accoutumé, mais le fourneau était éteint, et il n'y avait aucune apparence de préparatifs culinaires.

Il frappa trois coups discrets à la porte de la chambre de Mme Derville, en proie à un étonnement voisin de l'inquiétude.

— Qui est là? dit-elle.

— Un malheureux voyageur qui n'a rien mangé depuis ce matin.

— Qu'il entre, ce cher voyageur !

— Est-ce qu'on ne dîne pas aujourd'hui? demanda-t-il. Ce serait bien regrettable. Précisément je meurs de faim.

— Rassure-toi, cher fils ; on dînera, et même il y a lieu de croire qu'on dînera mieux qu'on n'en a l'habitude dans notre pauvre maison.

— Est-ce possible ? Et à quelle heure se mettra-t-on à table ?

— A l'heure ordinaire, ni plus tôt, ni plus tard. Tu le verras bien.

— C'est donc que nous serons servis par des génies en maillot rose, comme dans les féeries de la Porte-Saint-Martin ?

— Tu ne tarderas pas à être fixé sur ce point. On sonne ; va ouvrir, je te prie. Sans doute ce sont les génies en question. Cependant, je n'affirme pas qu'ils t'apparaîtront ornés de maillots roses.

C'étaient deux garçons de restaurant ; ils dressèrent le petit festin ordonné par Mme Derville et disparurent, non par une trappe avec accompagnement de flammes de Bengale, mais par la porte, très bourgeoisement, tandis que René se frottait les yeux et se pinçait les bras.

— Tu as sans doute gagné un quine à la loterie, dit-il en découpant une belle et grasse volaille venue en droite ligne de Barbezieux ou du Mans, laquelle succédait à une truite rosée et à une bisque savoureuse.

— Tu oublies que la loterie n'existe plus, mon cher enfant.

— Alors tu as trouvé le portefeuille du baron de Rothschild, et le lui ayant restitué fidèlement, il t'a forcée d'accepter pour un million de récompense honnête.

— M. de Rothschild ne perd pas son portefeuille ; il est bien trop spirituel pour ça.

— Tu as donc fait un héritage inespéré ?

— Hélas ! tous les miens sont morts il y a longtemps.

— Il me serait extraordinairement désagréable de penser que je dois le jour à une dame qui a contracté la fâcheuse habitude d'arrêter les diligences au coin des bois. Que cette dame s'explique donc catégoriquement, sinon j'envoie quérir M. le lieutenant de police, la maréchaussée et les soldats du guet, dit René en imitant l'organe chevrotant et solennel d'un vieil acteur du boulevard.

Il excellait dans ces reproductions bouffonnes qui sont le délassement traditionnel des ateliers de peinture et des cafés littéraires. Bien souvent, grâce à ces enfantillages chers aux artistes, il avait fait sourire sa mère en l'arrachant à ses préoccupations noires.

— Laissons le guet à son poste, la maréchaussée à sa caserne, et ne dérangeons pas ce bon M. de Sartines, dit-elle gaiement.

— Cependant, cette truite idéale et ce chapon que je qualifierai de divin n'ont pas été fournis gratis par un restaurateur philanthrope... Cette fiole au casque d'argent n'est pas un cadeau de Mme veuve Cliquot...

— Non ; j'ai payé toutes ces bonnes choses ; elles m'ont même coûté fort cher, je le confesse ; mais une fois n'est pas coutume, et puis j'ai voulu que cette journée fût célébrée avec toute la splendeur qu'elle comporte. D'ailleurs, tu vas tout savoir.

Elle lui fit le récit détaillé de ses relations avec l'escompteur, et versa sur la nappe, en guise de péroraison, le contenu du fameux sac de toile grise.

René, qui n'entendait rien aux affaires de

Bourse, déclara que M. Cardot n'était pas un homme, mais un ange.

— A quel moment ce bienfaiteur est-il visible? demanda-t-il; à quelle heure ses clients sont-ils admis à déposer un baiser sur son front et à le couronner de roses ?

— Pas de folies, je t'en prie, dit-elle vivement. M. Cardot est un homme sérieux, et tu me désobligerais beaucoup si tu te permettais à son égard quelque mauvaise farce de rapin. Un peintre qui a un tableau reçu à l'Exposition doit avoir de la tenue. Ne l'oublie pas.

— Soit ; on se conformera au programme, bien qu'il m'eût été fort doux, je le répète, de presser ce beau séraphin dans mes bras et de le parer de fleurs fraîches écloses. Souffre au moins que ma reconnaissance se manifeste dans un toast en son honneur ; autorise-moi à prononcer quelques paroles bien senties.

Il s'empara d'une bouteille de tisane champenoise qu'il décoiffa lestement, et dont le bouchon tapageur écailla le plafond.

— Va pour le toast, à condition toutefois qu'il soit respectueux. L'orateur a la parole ; qu'il n'en abuse pas.

Dans un pathos élégiaque et sentimental, où l'on retrouvait un vague parfum de la rhétorique ampoulée et des intonations emphatiques d'un célèbre orateur de l'époque, René commença un panégyrique burlesque des vertus de M. Cardot. Il produisit des effets comiques si intenses que Mme Derville lui ordonna de se taire, sentant que le rire était tout près de jaillir de ses lèvres.

— Assez de folies, dit-elle ; offre-moi ton bras et allons faire un tour de promenade. Je crois que nous avons besoin de nous calmer tous les deux.

Mme Derville laissa passer une quinzaine avant de descendre chez l'escompteur, qu'elle trouva, comme la première fois, plongé dans ses registres verts à coins de cuivre. A peine l'eut-il aperçue, il s'élança au-devant d'elle avec empressement et lui offrit son meilleur fauteuil.

— Quel bon vent vous amène chez moi ce matin, ma chère dame ? demanda-t-il d'une voix doucereuse.

— Ne m'avez-vous pas autorisée à venir causer avec vous de nos petites affaires ?

— Parfaitement.

— Vous le voyez, j'use de la permission.

— Vous en usez, et je m'en réjouis ; vous n'en abusez pas et je m'en afflige.

— En vérité ? C'est bien aimable de votre part, mon bon monsieur Cardot.

— Convenez que c'est au sujet de votre dividende de juillet que vous désirez m'entretenir ?

— J'en conviens sans peine : c'est la pure vérité.

— Auriez-vous besoin d'une avance ? Je suis à vos ordres ; disposez de moi, ma bonne voisine.

— Grâce au ciel, je peux attendre ; mais c'est le mois prochain qu'il faut payer son terme, et, vous le savez, ces maudits mois-là, on est toujours un peu gêné.

— N'ayez aucun souci ; vous payerez le propriétaire avec vos bénéfices, et monsieur votre fils ira se délasser au bord de la mer.

— Vous avez donc fait des spéculations bien avantageuses?

— J'ai été merveilleusement inspiré, dit l'escompteur en se frottant les mains.

— Contez-moi donc l'affaire.

— A quoi bon ? Pour comprendre l'engrenage de ces mécaniques, pour s'y intéresser, il faut avoir été pris tout petit. Qu'il vous suffise de savoir que le dividende de juillet dépassera celui de juin.

— De beaucoup ?

— Hélas ! d'une douzaine de francs tout au plus. Il serait bien autrement fort si je disposais de capitaux plus considérables. Qui sait ? j'eusse peut-être distribué vingt-cinq pour cent à mes commanditaires.

— Rappelez-vous que j'ai encore vingt mille francs disponibles, dit la pauvre femme, qui subissait en présence de l'escompteur une fascination comparable à celle qu'exercent les serpents sur les oiseaux.

— Oui, vous m'en avez informé, et je m'en souviens, reprit-il ; vous, de votre côté, n'oubliez pas quelle imprudence il y aurait à entasser tous ses œufs dans un même panier.

— Et, cependant, vous croyez que si elle était faite sur une plus vaste échelle, votre spéculation aurait un résultat qui passerait toutes vos espérances ?

— Si je le crois ! s'écria M. Cardot d'un accent inspiré ; je le crois plutôt dix fois qu'une...

Mais ce n'est pas un motif suffisant pour que je vous conseille...

Elle interrompit avec impatience :

— Et si tous les œufs, au lieu d'être miens, étaient vôtres, hésiteriez-vous ?

— Assurément non, je n'hésiterais pas, dit-il avec un large soupir.

— Eh bien, pourquoi aurais-je donc moins de hardiesse que vous, mon voisin ?

— Oh ! moi... c'est autre chose.

— Je ne vois pas la différence. Mon bon monsieur Cardot, je vous en conjure, acceptez mes vingt mille francs, dussiez-vous ne vous en servir qu'une fois et me les restituer aussitôt après que l'affaire que vous avez en vue aura été liquidée.

— A cette condition, à cette condition seule, j'accepte. Cette somme, vous ne l'avez pas sur vous, j'imagine ? On ne met pas vingt mille francs dans son porte-monaie pour aller acheter deux sous de lait et un petit pain d'un sou.

Ils dorment dans mon secrétaire, représentés par un coupon de rente.

— Ce coupon est-il nominatif ?

— Il est au porteur.

— Tant mieux, nous éviterons ainsi des formalités et des lenteurs qui risqueraient de nous faire échouer au port.

Un quart d'heure après, M. Cardot était en possession du titre de rente de Mme Derville.

Le lendemain, d'un ton dégagé, M. Cardot prévint le portier qu'il ne rentrerait pas.

— Monsieur découche ?

— Je pensais que ma moralité vous était connue, dit-il sévèrement.

— Alors Monsieur va en voyage? demanda l'actionnaire avec plus d'anxiété que de réel intérêt.

— Mon Dieu ! oui ; une affaire importante nécessite ma présence à... à Orléans.

— Monsieur sait-il à peu près combien de temps il restera absent?

— Trois ou quatre jours, je pense.

— Alors Monsieur sera revenu pour le 5 juillet, pas vrai?

— Oui, mon ami, soyez sans inquiétude... Le 5 juillet, ma caisse sera ouverte à neuf heures du matin, conformément à l'usage de la maison.

— Au revoir donc, et à samedi prochain, dit l'actionnaire tranquillisé.

— Oh ! vous savez... samedi ou dimanche... cela dépend des circonstances... Mais quoi qu'il arrive, pas plus tard que lundi. Donnez-en avis aux clients qui viendront me demander.

— Monsieur veut il me confier ses bagages? Préfère-t-il que je fasse avancer une voiture?

— Merci, c'est inutile ; la gare d'Orléans n'est pas loin, et je n'emporte qu'une valise.

— C'est juste ; quand on s'absente pour si peu de temps ! Bon voyage et prompt retour, mon bon monsieur Cardot.

Une semaine se passa et l'escompteur ne reparut pas. Le huitième jour, une lettre timbrée du Havre parvint à Mme Derville :

La chance m'a complètement trahi, Madame, écrivait M. Cardot ; les événements se sont ligués contre moi ; je suis ruiné et j'ai la douleur de songer que je vous ai entraînée dans ma débâcle et dans mon désastre.

» Au moment où vous lirez ces lignes tachées de mes larmes, l'infortuné Cardot, — ah ! plaignez-le, ne le maudissez pas ! — embarqué à bord de l'*Aréthuse*, bravera l'Océan et ses fureurs, confondu parmi les passagers de dernière classe.

» Ayez foi dans mon intelligence et dans mon énergie, Madame ; faites-moi crédit quelques années. C'est pour vous, bien plus que pour moi, que je vais demander une fortune aux fécondes entrailles de la terre australienne.

» Vous me reverrez, Madame ; comptez sur moi. Je m'acquitterai envers vous, je le jure sur tout ce que j'ai de plus sacré au monde. »

Sans prononcer un mot, sans exhaler un gémissement, sans proférer une plainte, Mme Derville s'affaisa comme une morte.

Le soir, René rentrait, chantant un gai refrain. Un obstacle inaperçu le fit trébucher ; c'était le corps de sa mère glacée et rigide. Il la releva, la plaça sur son lit et courut à la recherche d'un médecin.

— Hémiplégie ; paralysie du côté gauche... Courage, jeune homme ; épargnez toute émotion à la malade ; je reviendrai demain, dit le docteur en s'éloignant après que Mme Derville eut reprit connaissance.

Aussitôt qu'ils furent seuls, de sa main valide, elle lui montra la lettre de M. Cardot restée sur le plancher, et péniblement, avec des efforts navrants, des contractions lamentables, elle articula ces mots :

— Pardonne-moi, mon fils !

V

Un mois s'est écoulé depuis la disparition du sieur Cardot ; son mobilier a été vendu à la requête du propriétaire et la vente n'a produit qu'une somme dérisoire. On n'a rien trouvé dans la caisse de fer, qui était en bois. L'argenterie était en ruolz, la pendule en zinc, le palissandre en sapin adroitement maquillé ; le reste à l'avenant.

L'état physique de Mme Derville s'est un peu amélioré ; quant à son état moral, il empire chaque jour. Elle ne garde plus le lit ; elle va et vient dans l'appartement ; mais elle s'enferme dans un silence farouche et fuit obstinément les regards de son fils. En vain, il lui annonce que les marchands de tableaux de la rue Laffitte l'accablent de commandes grassement payées ; elle l'interrompt et dit en hochant la tête avec tristesse :

— N'essaye pas de m'abuser ; à quoi bon ? Personne ne m'inspire plus de confiance... Je ne crois plus à rien.

En vain, il redouble de gaieté bruyante, de

verve tapageuse, elle lui impose silence en murmurant :

— Je ne sais plus sourire. Ton bon cœur m'a pardonnée, j'en suis sûre... Moi, je ne me pardonne pas ; je ne me pardonnerai jamais.

L'idée fixe du suicide a pénétré dans les replis les plus secrets de sa pensée et en a pris possession ; cet effroyable dissolvant y produit ses ravages accoutumés.

Elle a adressé au docteur Perrier trois appels suppliants restés sans réponse. Cependant elle s'est informée : le docteur n'est pas mort : il n'a pas changé de domicile ; il dirige toujours sa maison de santé de la rue Marbeuf.

— Si je n'ai pas de ses nouvelles le 25, s'est-elle dit à elle-même, eh bien ! ce sera pour ce jour là sans rémission.

Et le 25, à la place de la réponse espérée qui ne vint pas, elle reçut une réclamation du propriétaire, rédigée sur papier timbré, exigeant le payement immédiat du terme de juillet, alors que René s'était vanté, pieux mensonge, d'avoir retiré la quittance.

Le vase des amertumes était comble ; cette dernière goutte de fiel le fit déborder.

Vers six heures du soir, Mme Derville descendit péniblement l'escalier, et sortit sans avoir été aperçue. Elle se dirigea vers la rue des Grès et elle entra dans un cabinet de lecture où de nombreuses générations d'avocats et de médecins sont venues tour à tour piocher leurs examens et préparer leurs thèses. Après avoir tracé d'une main tremblante de courts adieux à son fils, elle jeta sa lettre dans la boîte d'un bureau de poste voisin, non sans s'être assurée auparavant qu'elle ne lui parviendrait que le lendemain. Une voiture de place la conduisit à Notre-Dame, et elle y resta abîmée dans la prière jusqu'au moment où elle fut avertie qu'on se disposait à fermer les portes.

Un de ces orages subits et imprévus, tels qu'on voit s'en former si fréquemment au mois de juillet dans le ciel parisien, avait éclaté pendant sa longue station dans l'église. La nuit était venue, la pluie et la grêle tombaient avec violence sur les pavés ruisselants ; le tonnerre roulait avec fracas, les rues étaient désertes. Mme Derville s'achemina vers un pont voisin, se hissa sur le parapet, fit un signe de croix et se lança dans le fleuve qui s'entr'ouvrit et se referma après avoir englouti sa proie. Il y eut un léger remous à la surface de l'eau et après il n'y eut plus rien.

L'absence de sa mère remplit le cœur de René des plus cruelles angoisses. A quelle heure était-elle sortie ? Où était-elle allée ? De quel côté l'avait-on vue se diriger ? Aucun renseignement ne lui fut donné, et il passa la nuit à gémir, le corps penché à la fenêtre, épiant les moindres bruits du dehors.

La première distribution de la poste lui apporta, le 26 au matin, la lettre de sa mère, et voici ce qu'il lut à travers les larmes qui obscurcissaient sa vue, à travers l'effroyable douleur qui obscurcissait sa raison :

« Je termine par un crime abominable une existence inutile et odieuse. Je vais mourir ;

viens demain à la Morgue ; reviens-y jusqu'à ce que j'aie été tirée de la Seine. Lorsque tu m'apercevras couchée sur les dalles, agenouille-toi et prie. La prière d'un cœur pur et loyal comme le tien montera peut-être jusqu'au trône de Dieu... Et qui sait ? Peut-être aussi désarmera-t-elle la colère céleste.

» Ne réclame pas mon corps ; les pompes funèbres te prendraient tout ton pauvre argent.

» Que la pensée que je meurs en te bénissant te fortifie et te console. Sois donc béni, toi qui fus toujours respectueux et tendre, compatissant et doux ; toi qui m'as rendu le bien pour le mal ; toi qui n'as pas rougi de ta mère ; toi qui, pour lui épargner une honte, n'a jamais demandé à connaître le nom de ton père.

» Ce secret périra avec moi... Et pourtant tu as un frère, un frère aîné, aussi riche que tu es pauvre. Certes, il lui serait facile de te restituer la petite aisance que je t'ai volée. Mais il est le fils légitime et toi tu es le bâtard... Pourquoi te le nommer ? Pour qu'il te consigne à la porte de son hôtel ? Pour qu'il te fasse chasser par ses laquais le jour où tu parviendrais à t'introduire dans son antichambre ? Je te connais, mon René : tu ne te souviens déjà plus que je te lègue la ruine et la misère ; tu n'oublierais pas que je t'ai exposé à cette humiliation et à cette injure. Il ne faut pas que tu maudisses ma mémoire.

» Dire que si j'étais morte il y a trois mois, je t'eusse laissé trente mille francs ! Pourquoi, misérable femme, la foudre ne t'a-t-elle pas écrasée ?

» René, je t'ordonne de vivre. Tu es un homme; tu n'as pas le droit d'être aussi faible et aussi lâche que je le suis.

» Adieu, cher fils adoré... Adieu ! »

René courut à la Morgue; sa mère n'y était pas. Cette journée, il la passa à errer le long des berges, interrogeant les bateliers et les blanchisseuses, demandant sa mère aux muets échos du fleuve, tantôt implorant le ciel, tantôt blasphémant Dieu et revenant sans cesse vers la Morgue dont il se prit à insulter les gardiens, disant qu'ils lui volaient le cher cadavre de sa mère.

Il n'avait pas mangé depuis la veille, et quand la faim lui mordait les entrailles, il buvait à la hâte un verre d'absinthe et recommençait sa course désespérée. Il passa la nuit dans un hôtel garni, situé sur le quai, en tête-à-tête avec une bouteille d'eau-de-vie. Cet infernal supplice se prolongea pendant deux jours. Lorsque sa mère lui apparut sur une des tables de marbre, le malheureux, vaincu par la fatigue, terrassé par l'alcool, avait peine à se soutenir. Il se passa alors une scène affreuse qui glaça d'épouvante jusqu'au fond de leurs moelles les spectateurs assidus de ce théâtre funèbre, public blasé entre tous cependant, et qui n'est rien moins que facile à attendrir, à émouvoir.

En proie à un accès de rire nerveux qui coupait ses phrases et hachait ses mots de hoquets stridents, René s'écria :

— Tiens ! maman qui est morte ! Elle s'est noyée... Voilà une bêtise ! Puisque tu voulais mourir, ma pauvre vieille, tu aurais bien dû te pendre... à cause de la corde, dont j'aurais hérité, un vrai talisman, à ce qu'on dit, plus puissant encore que le pied de mouton et que les pilules du diable, si l'on en croit l'opinion des bons auteurs.

Et ses éclats de rire redoublèrent d'intensité, ébranlant les vitres de la Morgue, jusqu'au moment où on le vit tomber sur le pavé et se tordre dans les convulsions horribles, ainsi qu'un serpent blessé. Le vide se fit autour de lui. Les hommes le contemplèrent d'un œil effaré ; les femmes et les enfants s'enfuirent en poussant des clameurs.

La pointe du tricorne d'un sergent de ville ne tarda pas à se montrer.

— Qu'est-ce donc que c'est que ce particulier? demanda l'agent de l'autorité au gardien en chef de la Morgue ; un épileptique sans doute?

— Je croirais plutôt que c'est un fou. Depuis quarante-huit heures, il nous assourdit de ses hurlements. Vous devriez bien nous en débarrasser, sans vous commander.

— On élucidera la chose à la Préfecture ; dit sentencieusement le sergent de ville ; je vais commencer par y déposer ce jeune homme.

René avait perdu connaissance ; il fut placé sur un brancard et amené à la Préfecture de police. On le fouilla ; il n'était porteur d'aucun papier de nature à établir son identité et, lorsqu'il revint à lui, il tint des propos si incohérents, il se livra à des scènes si violentes, que le médecin de service n'hésita pas à lui signer son passe-port pour Bicêtre avec cette mention : « Démence furieuse. »

Un anéantissement profond, un de ces engourdissements léthargiques comme en procure l'ivresse de l'absinthe, s'empara bientôt de René qui fut dirigé sur Bicêtre, introduit dans un cabanon, déshabillé et couché sans qu'il rouvrît les yeux. Lorsqu'il s'éveilla, il était plongé dans une obscurité opaque. Machinalement, il étendit le bras et chercha la boîte d'allumettes invariablement placée sur sa table de nuit. Ne trouvant rien, il se leva à tâtons, et sa main se posa sur une muraille froide, nue, visqueuse. Il se heurta contre une porte cuirassée de têtes de clous, essaya de l'ouvrir et reconnut qu'on l'avait enfermé. Arrivé devant la fenêtre, il sentit qu'elle était garnie de solides barreaux entre-croisés.

— Suis-je donc prisonnier ? se demanda-t-il ; ai-je commis un crime ?

Tout à coup la lumière se fit dans sa cervelle affaiblie ; il revit sa mère telle qu'il l'avait aperçue exposée à la Morgue et il s'efforça d'ébranler la porte de son cachot, suppliant qu'on la lui ouvrît et qu'on le laissât sortir.

Personne ne répondit.

Alors, peu à peu, il se sentit envahi, submergé par un désespoir immense. La mort lui apparut comme un refuge, comme une oasis, et il résolut de mourir.

— Ma mère, dit-il, je vais te rejoindre et désormais rien ne nous séparera plus.

Il prit son élan, courut tête baissée sur la

muraille et tomba foudroyé, le crâne entr'ouvert, sur le carreau du cabanon.

Quelques heures plus tard, le docteur Perrier rentrait chez lui, après une courte absence ; et parmi les papiers entassés sur son bureau, il trouvait les trois suppliques de Mme Derville.

« Vous souvenez-vous de votre ancienne voisine du n° 8 de la rue Marbeuf? écrivait-elle dans son premier billet. La dernière fois que j'ai eu l'honneur de vous voir, vous m'avez dit : « Si vous pensez que je puisse vous être utile, » adressez-vous à moi. » Je réclame votre concours, pleine de confiance. J'attends impatiemment la visite du médecin ; avec plus d'impatience encore la visite de l'ami. »

Dans son deuxième billet, elle s'exprimait ainsi :

« C'est une mourante qui vous appelle et vous attend. Votre présence peut la sauver. Ne repoussez pas sa prière ; ne restez pas sourd à sa voix. »

Le troisième billet ne contenait que ces deux lignes :

« Si je ne vous ai pas vu le 25 avant six heures du soir, ne venez pas : il serait trop tard. »

Le coupé qui avait ramené M. Perrier chez lui n'était pas encore dételé. Immédiatement il se fit conduire à l'adresse indiquée par Mme Derville, et se livra à une enquête rapide qui commença à la Préfecture de police et aboutit à Bicêtre. Le même jour, dans l'après-midi, il exposait en termes chaleureux au directeur des Beaux-Arts le cas déplorable de René et se faisait délivrer un ordre de translation immédiate du jeune malade dans son établissement, où la pension du pauvre artiste serait payée sur les fonds du ministère de l'intérieur jusqu'au jour où il aurait recouvré la raison.

La maison de santé de la rue Marbeuf était un modèle du genre ; elle s'éloignait du type vulgaire des asiles d'aliénés qui, pour la plupart, à cette époque, étaient des prisons plus dures et plus tristes à habiter que les prisons réservées aux malfaiteurs.

Dans sa sollicitude ingénieuse, M Perrier avait pris soin d'écarter de la vue de ses pensionnaires tout ce qui pouvait, d'une façon trop claire, trop directe, les rappeler à la réalité de leur situation affligeante, et il était parvenu à produire de vrais miracles de mise en scène. Dans chaque cellule, meublée avec une simplicité élégante, la porte était ornée d'une serrure en cuivre, étincelante comme de l'or, et dont l'extrême solidité se dissimulait sous les plus mignonnes apparences. Tout le long du léger grillage qui garnissait les fenêtres, s'enroulaient capricieusement des clématites, des gobéas, des volubilis et toute la gracieuse famille de la flore grimpante. Les malades avaient à leur disposition un vaste jardin planté de vieux arbres, embelli de grottes en rocaille, de charmilles touffues, de cascades et de jets d'eau égrenant au soleil avec les plus doux murmures d'interminables chapelets d'émeraudes, de rubis, de saphirs. Une salle de billard et un salon de lectures s'ouvraient aux promeneurs fatigués. Aux heures des repas, la petite colonie se réunissait autour d'une table largement pourvue et délicatement servie.

— A peine René fut-il en état de coudre deux pensées ensemble, il questionna avidement M. Perrier qui le visitait deux fois par jour.

— Où suis-je ici ? demanda-t-il; un hôpital n'a pas cet aspect souriant et confortable.

— Vous êtes chez moi, mon cher monsieur Derville, répondit le docteur.

— Dans une maison de santé, sans doute ?

— Et je suis tout à la fois le médecin et le directeur de la maison. Êtes vous satisfait des soins qu'on vous donne ?

— On me comble, et cependant...

— Si vous êtes content, ne vous inquiétez pas du reste.

— C'est que je suis sans argent pour payer le prix de la pension, et il doit être élevé...

— Que vous importe ; on ne vous réclamera rien, interrompit M. Perrier avec un bon sourire...

— Avant de venir ici, où étais-je ? dit René en se laissant aller à un autre courant d'idées.

— Chez votre mère, qui est morte.

— Je le sais, elle s'est noyée... Après avoir contemplé ce poignant spectacle, j'étais donc retourné à la maison ?

— Oui, c'est là qu'on vous a transporté, mon ami.

Il me semble pourtant avoir été ailleurs... je ne me rappelle pas où, par exemple. C'était comme dans une affreuse prison, dans un noir cachot.

— J'ignore ce que vous voulez dire, reprit M. Perrier ; j'imagine que c'est le vilain rêve d'une de vos nuits de fièvre et d'insomnie que vous me contez là.

— J'ai donc été sérieusement malade?

— Aussi gravement qu'on peut l'être.

— Et vous appelez cette maladie ?

— Une méningite.

— Pensez-vous que je sois en état de me lever bientôt, docteur ?

— Dès demain, mon ami ; et si vous vous en sentez la force, j'autorise, j'ordonne même dix minutes de promenade au soleil dans le jardin.

Le ciel avait la belle teinte bleu turquoise des ciels d'Italie, de douces brises tempéraient les ardeurs d'une chaude journée d'août, la nature était en fête et les oiseaux babillaient dans les feuilles, lorsque René mit le pied dans le jardin de la rue Marbeuf. Il n'eut pas fait deux cents pas sur des gazons doux à fouler comme des tapis de velours, qu'il se sentit pris d'une lassitude invincible ; il s'étendit à l'ombre d'une charmille et ne tarda pas à s'endormir. Un bruit de voix l'éveilla peu après. Deux hommes assis sur un banc de l'autre côté de la charmille causaient ensemble. L'un des deux causeurs lui était inconnu ; l'autre était M. Perrier.

— Docteur, tout ce que j'ai vu ici est parfait,

dit l'interlocuteur de M. Perrier ; et mon pauvre neveu vous sera amené ce soir.

— Il est jeune?

— Trente ans.

— Malade depuis longtemps ?

— Depuis deux mois.

— Dans quelles circonstances la maladie s'est-elle déclarée ?

— A la suite de pertes considérables à la Bourse.

— Je vous le dis sans fausse modestie comme sans charlatanisme de prospectus, reprit M. Perrier, si votre parent est guérissable, je réponds de sa guérison. J'ai voué ma vie à l'étude de cette cruelle affection et je cherche incessamment les moyens de la combattre avec succès. Afin de n'être point distrait par d'autres soins, mon établissement n'est ouvert qu'aux maladies mentales.

— Votre clinique offre-t-elle des cas intéressants ?

— Un surtout, un jeune peintre, que j'ai eu l'heureuse fortune de tirer d'un cabanon de Bicêtre où il allait mourir.

— Il se nomme ?...

— René Derville.

Les cheveux de René se hérissèrent ; toute son âme se suspendit aux lèvres de M. Perrier. Le docteur poursuivit :

— J'ai connu sa mère, je m'intéresse à lui et j'ai obtenu qu'il fût transporté chez moi. Sa pension est payée sur les fonds alloués à l'encouragement des Beaux-Arts ; malheureusement, c'est là une ressource essentiellement temporaire. Le jour où je l'aurai tiré d'affaire, il cessera d'avoir droit aux bienfaits ministériels. Sans argent, sans crédit, que deviendra-t-il dans la fournaise parisienne ? C'est triste à penser ; mais le moyen d'agir autrement ? La somme mise à la disposition de M. le ministre est bien peu de chose si on la compare au nombre toujours croissant des pauvres diables d'artistes que les bureaux sont dans la rigoureuse obligation de secourir, faute de quoi ils mourraient de misère et de faim.

Les deux causeurs se levèrent et s'éloignèrent. Ils disparurent au détour d'une allée et leurs voix s'éteignirent dans un insaisissable murmure.

René resta anéanti quelques instants ; mais il ne tarda pas à secouer l'accablement qui le paralysait.

— Ai-je été fou ? se demanda-t-il, j'en doute ; ce qui est certain, par exemple, c'est que si je l'étais avant-hier, je ne le suis plus aujourd'hui. Dix minutes d'entretien avec M. Perrier me suffiront à le convaincre que j'ai tout autant que lui l'entière possession de mon bon sens et de ma raison. Cet entretien, je le réclame à l'instant même.

Il se leva et marcha résolûment dans la direction du pavillon isolé qu'habitait le docteur ; peu à peu son pas se ralentit et s'arrêta tout à fait.

— Parbleu ! non, pensa-t-il, je ne le désabuserai pas. Si je révélais la vérité, c'est alors, mais alors seulement qu'on serait fondé à dire que je suis devenu fou. Ah ! l'aumône que je reçois est essentiellement temporaire, et ce n'est pas à l'homme, mais au malade qu'elle est faite. Sans argent, sans crédit, si je me lançais dans la fournaise parisienne, je serais destiné à mourir de misère et de faim... Vos paroles, mon cher docteur, ne sont pas plus tombées dans l'oreille d'un sourd que dans celle d'un fou. Cette habitation est charmante, le jardin superbe, l'ordinaire fort appétissant; souffrez donc que je me considère comme en villégiature chez un ami et permettez que je sois votre hôte jusqu'au jour où la nostalgie de l'atelier s'emparera de moi. D'ici là, j'en serai quitte pour jouer habilement ma petite comédie.

Il méditait ainsi quand on lui frappa sur l'épaule.

— Eh bien ! mon cher Derville, demanda M. Perrier, comment vous trouvez-vous de cette première promenade ?

— On ne peut mieux, docteur.

— Il y a longtemps que vous êtes sorti de votre chambre ?

— Une heure environ.

— C'est beaucoup trop, je n'avais accordé que dix minutes. L'avez-vous oublié.

— Nullement.

— Pourquoi donc ne vous êtes-vous pas conformé à l'ordonnance ? C'est mal.

— Ne me grondez pas, dit René en baissant la voix, il n'y a pas eu de ma faute.

— Que voulez-vous dire ?

— Ils m'ont retenu et ce sont eux qui m'ont fait oublier l'heure.

— De qui parlez-vous ?

— Nous causions ensemble à cette place il

n'y a qu'un moment ; vous ne les avez donc pas aperçus ?

— Du diable si je vous comprends ! Expliquez-vous, mon cher pensionnaire.

— Ils étaient trois, qui ne sont pas les premiers venus : Raphaël, le Titien et Paul Véronèse.

M. Perrier fixa son regard inquisiteur sur René, qui poursuivit sans se troubler :

— Il y a de la besogne là-haut, paraît-il ; à cause de la chapelle particulière du bon Dieu, qu'on peint à neuf. Ils m'ont proposé de m'emmener et de me donner du travail.

— Et vous avez refusé une offre si généreuse?

— Positivement.

— Pourquoi ? C'était une occasion unique de montrer votre talent.

— Leurs conditions n'étaient pas acceptables : trois francs par jour et pas nourri ! Conçoit-on cet aplomb ? Je leur ai répondu : « On ne traite pas un artiste qui a exposé de la même manière qu'un peintre en bâtiments ; vous êtes des exploiteurs et de mauvais confrères. Allez-vous-en. »

— Et ils sont partis ?

— Ah ! je le crois bien ; il n'a pas fallu le leur dire deux fois.

— Comment s'en sont-ils allés? En ballon? Dans un aérostat?

— Sur un beau nuage de pourpre et d'or. Tenez ! on les voit encore, à gauche, tout là-haut, là-haut.

Le docteur prit la main de René et lui tâta le pouls.

— Vous avez un peu de fièvre, mon cher garçon, lui dit-il. Rentrez dans votre chambre et tenez-vous en repos. Je passerai chez vous dans la soirée.

Cette triste comédie, René eut le courage de la continuer pendant deux mois et demi. Ce fut vers le milieu d'octobre qu'il se prit à rougir du personnage dont il s'était affublé et qu'il résolut de s'en dépouiller brusquement.

— Que penserait-on de moi à l'atelier, se dit-il un matin, si l'on soupçonnait à quel prix misérable et dans quelles conditions honteuses je mène ici une existence de chanoine? La bataille de la vie me sollicite et m'attire. Aujourd'hui même j'avouerai la vérité à M. Perrier ; il m'en voudra bien un peu de l'avoir trompé... mais c'est un bon cœur, un brave homme. Il a quelque affection pour moi et il me pardonnera, je n'en doute pas.

Quand il sonna à la porte du pavillon, il lui fut répondu que le docteur travaillait, et que lorsqu'il travaillait il n'était visible pour personne.

— A quelle heure votre maître pourra-t-il me recevoir ? dit-il au domestique de planton dans l'antichambre.

— Vous avez le temps d'arpenter le jardin en long et en large ; il est midi, il ne vous reste que cinq petites heures à attendre.

— Vous moquez-vous de moi ? reprit René avec impatience. Il faut que je parle à M. Perrier sans retard, sur-le-champ ; annoncez-moi.

— C'est impossible.

— Je vous ordonne d'obéir... m'entendez-vous ? s'écria le visiteur, dont l'impatience se changeait en colère.

— Oh ! ces fous ! murmura le domestique.

— Si tu répètes jamais ce que tu viens de dire, je t'étrangle ! hurla René en le saisissant à la cravate et en donnant à sa menace un commencement d'exécution.

— A l'aide ! à moi ! au secours! glapit le pauvre diable d'une voix suffoquée.

Attiré par le bruit, le docteur accourut à la hâte. René exposa qu'il corrigeait un drôle insolent.

— Quel est son crime ? demanda M. Perrier.

— Il m'empêche de pénétrer jusqu'à vous.

— Vous désirez me parler ?

— Oui, docteur.

— Et vous ne pouviez attendre que je fusse visible ?

— Non.

— Votre communication est donc bien importante et bien pressée ?

— Vous jugerez vous-même.

— Entrez dans mon cabinet ; je vous y rejoins

Il dit deux mots à l'oreille du domestique, qui détala aussitôt.

— Nous voilà seuls, expliquez-vous à votre aise, mon cher Derville, reprit-il en l'invitant à s'asseoir en face de lui. S'agirait-il encore de la chapelle particulière du bon Dieu ? Vos illustres confrères Paul Véronèse, le Titien et Raphaël vous auraient-ils fait de nouvelles propositions plus acceptables que les précédentes ?

— Soyons sérieux, dit René ; je ne suis pas fou, je ne l'ai jamais été. Je vous demande pardon de cette ridicule et dégradante comédie à laquelle je me suis condamné et dont vous avez été la dupe, à ce que je vois. Je vous remercie des soins dévoués que vous m'avez prodigués et je vous fais mes adieux.

— Hein ? fit le docteur ; vous voulez partir ?

— Oui.

— Où irez-vous en sortant d'ici ?

— Chez moi.

— Chez vous ?

— Sans doute.

— Vous n'avez plus de domicile, mon pauvre garçon. Vous deviez votre loyer, et vos meubles ont été vendus par autorité de justice.

— Je me logerai dans un hôtel.

— Comment payerez-vous votre chambre ?

— Ça ne vous regarde pas, que je sache.

— Avez-vous des travaux dont le produit assure votre existence ?

— Ce sont mes affaires et non les vôtres.

— Un de vos amis est-il disposé à vous recevoir, à vous prêter de l'argent ?

— Ces détails intimes ne sauraient vous intéresser.

— Vous dites que vous n'êtes pas fou et il n'est aucune de vos réponses qui ne soit absolument insensée !

René se leva et, tout en se promenant à grands pas dans le cabinet du docteur, qui ne le perdait pas de vue :

— Encore ! s'écria-t-il ; vous osez soutenir que je suis fou ! Etes-vous donc ignorant à ce point fabuleux ? ou cette feinte ignorance ne seraitelle pas plutôt une ingénieuse façon d'empocher sans y avoir droit, la pension payée par le ministère? Je comptais ne partir que demain; en présence de votre inexplicable entêtement, je partirai aujourd'hui. C'est mon droit, entendez-vous, mon droit absolu de sortir librement de cette maison; et ce droit, je prétends l'affirmer sans retard.

L'immobilité silencieuse de M. Perrier exaspéra Derville, qui continua avec un redoublement d'agitation et de véhémence :

— Oseriez-vous donc me retenir par force? Ne l'essayez pas! Je suis résolu à la lutte, je vous en avertis. S'il arrive un malheur, qu'il retombe sur vous!... Le premier qui porterait la main sur moi, je le briserais ainsi que je brise ce verre.

Et la coupe de Bohême dont il s'était emparé vola en éclats sur le tapis.

Comme s'ils n'eussent attendu que ce signal, trois vigoureux infirmiers envahirent le cabinet de M. Perrier, terrassèrent l'énergumène et lui passèrent la camisole de force. On le bâillonna et on l'entraîna dans un bâtiment situé au fond du jardin, sections des « agités furieux. » Placé et maintenu sous un appareil hydrothérapique, il reçut pendant dix interminables minutes, sur la tête et sur les épaules, une averse d'eau glacée.

Lorsque le docteur lui fit sa visite du soir, il lui demanda avec empressement :

— Comment allez-vous ?

— A merveille.

— Vous sentez-vous un peu plus calme.

— D'un calme plat.

— Voulez-vous encore partir ?

— Pas si bête !

— Ainsi vous resterez chez moi tant que je ne vous aurai pas délivré votre *exeat ?*

— Je serai votre pensionnaire toute ma vie, si ça peut vous être agréable.

— A la bonne heure ! vous voilà redevenu gentil.

— A croquer.

— Je compte que vous ne casserez plus mes verres.

— Le fou les casse ; le sage les vide.

— Accepteriez-vous volontiers un bon cigare?

— Encore plus volontiers deux qu'un seul, si vous aviez la grandeur d'âme de me les offrir.

— Les voici. Au revoir, mon cher hôte.

— A demain, mon cher amphitryon.

— Sans rancune, j'espère !

— De la rancune ? Fi donc ! Voyez plutôt, dit-il en allumant un cigare, je fume sans désemparer le calumet de paix.

Malgré cet échange de bons précédés et de tendres paroles, Derville n'en resta pas moins soumis à une surveillance spéciale dont l'activité eût mis obstacle à toute tentative d'évasion.

Dans les derniers jours du mois d'octobre 1843 un commencement d'incendie éclata dans la chambre d'un malade. Il y eut quelques moments de trouble et de confusion dont René profita pour franchir les deux cours et les trois portes qui séparaient de la rue Marbeuf les pensionnaires de M. Perrier. Il prit sa course, s'élança dans la direction des Champs-Elysées, et redoubla d'agilité lorsqu'il reconnut qu'on courait sur ses traces.

Il arriva tout haletant à une station de voitures qu'on voyait et qu'on voit encore à l'angle de l'avenue d'Antin.

— Au boulevard des Italiens ! Filons vite, je paye d'avance, dit-il, en mettant cinq francs dans la main d'un cocher.

La fraction de la grande avenue comprise entre le rond-point et les chevaux de Marly fut dévorée en un clin d'œil. On coupa la place de la Concorde dans une ligne diagonale, on enfila la rue de Rivoli, on tourna dans la rue de Castiglione, on traversa la place Vendôme et l'on entra dans la rue de la Paix. A la hauteur de la rue Neuve-des-Petits-Champs, le cheval s'abattit, les deux brancards se cassèrent comme des allumettes et René, que la secousse avait un peu étourdi, sauta lestement sur le trottoir.

Quinze secondes après, une autre voiture s'arrêtait court à la même place. Partie du même itinéraire avec une égale vitesse. L'homme qui en descendit marcha droit sur le fugitif et s'écria avec l'accent du triomphe, en lui mettant la main sur l'épaule :

— Pincé, monsieur Derville !

— Pas encore, Balthasar ! riposta René qui venait de reconnaître l'infirmier spécialement attaché à sa personne.

D'un coup de poing lancé en pleine poitrine, il le coucha sur le bitume et s'enfuit dans la rue Neuve-des-Petits-Champs. Arrivé devant la rue Méhul, le portique éclairé du Théâtre-Italien resplendit subitement à ses yeux. Il se précipita vers le péristyle et passa à travers les cerbères du contrôle impuissants à l'arrêter.

— Votre billet ? lui crièrent-ils en chœur.

— Loges des premières, numéro 12, répondit-il au hasard.

En trois bonds il franchit les marches de l'escalier.

Nos lecteurs savent ce qui se passa dans la loge de la vicomtesse Alice, et nous allons reprendre notre écrit au point où nous l'avons forcément interrompu.

VI

Quand le dernier spectateur fut sorti du Théâtre-Italien, quand le dernier bec de gaz de la façade fut éteint, un homme resta seul sur la place Ventadour, retombée dans l'obscurité et le silence. Insensible à la pluie qui fouettait son visage et transperçait ses vêtements, il errait, bercé comme un fumeur d'opium dans un songe plein d'enchantements, de voluptés et de délices. C'était René Derville, occupé à reconstituer dans sa pensée les heures féeriques durant lesquelles il avait plus vécu que beaucoup d'autres dans leur existence tout entière. Quelle était cette femme assez riche pour répandre des aumônes royales, assez haut placée pour se comporter aussi courageusement qu'elle avait osé le faire ?

où et comment pourrait il la revoir et lui restituer son argent ? par quels efforts de volonté, par quels miracles de hasard réussirait-il à franchir ou à aplanir les montagnes sociales qui les séparaient l'un de l'autre ?

Le froid, la fatigue et la fièvre, s'associèrent enfin pour lui faire comprendre la nécessité de finir la nuit autre part que sous une véranda dont les vitres mal jointes donnaient passage à des nappes liquides qui n'étaient pas sans lui rappeler certain épisode lamentable. Il sonna donc à la porte d'un petit hôtel meublé placé sous l'invocation d'un vieil auteur d'opéras-comiques. Un chien répondit seul par de sourds grognements. Il sonna plus fort, et les grondements se transformèrent en aboiement furieux. Un garçon qui dormait debout ouvrit la porte et parut médiocrement satisfait à l'aspect de ce voyageur ruisselant de pluie, crotté jusqu'au ventre, et dont le chapeau, transformé en gouttière, n'avait plus de nom dans aucune langue humaine.

— Une chambre ! vite une chambre ! dit René qui essaya de se mettre à l'abri dans le corridor, manœuvre d'une exécution impraticable eu égard à l'attitude menaçante du chien de la maison.

Le garçon demanda d'un ton méfiant :

— Avez-vous des bagages, l'homme ?

— Assurément.

— Où sont-ils ?

— Ils me suiveront.

— Ils auraient mieux fait de vous précéder... Et vous arrivez ?

— De Rouen.

— A pied, alors? dit-il en considérant le pantalon et la chaussure du solliciteur. Vous avez un passeport, je suppose?

— Parbleu!

— Faites voir.

— J'ai oublié de le prendre.

— Je ne saurais trop vous conseiller de retourner le chercher, dit le garçon, qui s'efforça de fermer la porte; les règlements de police sont formels sur l'article passe-port.

— Ecoutez, interrompit René; causons peu mais vite et causons bien. Je n'exige pas que vous me logiez sous des lambris dorés. Que me faut-il? un toit pour m'abriter, un lit pour dormir. Installez-moi dans un cabinet, dans une mansarde, où vous voudrez. Il y aura dix francs pour vous et je paye d'avance.

Il avait fui de chez M. Perrier, emportant avec lui toute sa fortune, — quatre pièces de cinq francs. En défalquant celle donnée au cocher de l'avenue d'Antin, en retranchant les dix francs qu'il offrait pour sa chambre, restaient cinq francs qui lui serviraient à se réconforter avec un déjeuner substantiel; après quoi il trouverait bien aide et assistance près d'un camarade d'atelier.

Ce raisonnement ingénieux, René se le tenait à lui-même tout en interrogeant ses poches. Les trois pièces blanches n'y étaient plus... Elles avaient roulé sur les coussins de la voiture au moment où le cheval surmené avait glissé des quatre pieds et s'était abattu sur le pavé de la rue de la Paix.

Le garçon d'hôtel, qui avait surpris les mouvements d'impatience et d'angoisse de René, dit avec un gros rire :

— Je parie que vous aurez laissé votre bourse dans le tiroir où vous avez oublié votre passeport. Ça doit être un tic. Faut soigner ça.

— Si je n'ai pas de monnaie, je possède ce qui est nécessaire pour m'en procurer facilement, riposta Derville en lui mettant sous les yeux les trois billets de Mme de Morignac.

— Des papiers de la banque ! des billets de mille francs ! Et bien, vous avez encore une fière veine qu'un sergent de ville ne flâne pas de ce côté. C'est moi qui crierais *au voleur !* et qui vous ferais mettre à l'ombre sans scrupule.

Il se hâta de fermer la porte à double tour, et, par surcroît de précaution, il tira les verrous.

— Cet imbécile a raison, pensa René ; si j'étais rencontré et fouillé par une patrouille, j'aurais bientôt un asile pour la nuit. Où me réfugier, jusqu'aux premières lueurs du matin ?

Paris possédait alors et possède sans doute encore aujourd'hui certains repaires nuit et jour accessibles aux rôdeurs de barrières et aux noctambules de la pire espèce. La publication tout récente des *Mystères de Paris*, le succès de vogue obtenu par ce roman, qui a été si souvent imité et recommencé, avaient popularisé ces bouges aussi bien dans les classes mondaines que parmi les artistes. Au grand effroi de Mme Derville, René les avait visités, pour la plupart, avide de connaître *de visu* les types étranges révélés par Eugène Suë.

Sans parler de Paul Niquet, qui était le café Anglais et la Maison Dorée de ces *enfers*, comme on dit à Londres, et en ne citant même que les plus connus, on n'avait que l'embarras du choix entre *le Chapeau rouge*, de la rue de la Vannerie, *l'Auvergnat*, de la rue Planche-Mibray, *le Cassis*, de la rue du Plâtre-Saint-Jacques, *le Drapeau tricolore*, de la rue Galande, *la Maison Muraille*, de la rue des Marmousets, *l'hôtel de la Modestie*, de la rue de la Tâcherie et *le Grand Saint-Michel*, de la rue de Bièvre.

René contempla une dernière fois le Théâtre-Italien et sortit de la place Ventadour. Lorsqu'il s'arrêta, il se trouvait dans un quartier que les admirables travaux d'assainissement et d'embellissement exécutés sous l'Empire ont merveilleusement transformé. Une vieille maison d'apparence sinistre se dressait devant lui. Au-dessus de la porte, en guise d'enseigne, se balançait au gré du vent une lanterne fumeuse enfermée entre quatre vitres peintes en rouge. Bien que les auvents fussent strictement fermés, on entendait des voix rauques et avinées qui entonnaient des refrains obscènes. D'autres épuisaient à s'injurier le vocabulaire ordurier de l'argot. René mit à profit, pour se glisser dans le bouge, un moment où les garçons de l'établissement détachèrent quelques volets de la devanture et poussèrent dehors deux hommes qui se battaient avec furie, lutte affreuse qui se continua acharnée jusque dans les fanges du ruisseau.

Personne ne prit garde à l'arrivée du nouveau venu et il se laissa tomber sur un banc. A sa droite, un chiffonnier dormait accoudé sur sa hotte, d'où se dégageaient des émanations pestilentielles ; à sa gauche, un vieillard à cheveux blancs et à barbe grise tétait avec amour une fiole qu'il caressait de ses lèvres flétries.

La salle dessinait un vaste paralélogramme ; elle était faiblement éclairée, et d'épais nuages de tabac ne contribuaient pas peu à l'assombrir. Au fond, dans toute la longueur, s'étendait un comptoir en étain près duquel les consommateurs bourdonnaient comme un essaim d'abeilles autour d'une ruche, et que surveillait une matrone au teint bourgeonné, aux appas robustes. Ceux qui n'avaient plus de quoi apaiser leur soif inextinguible s'abouchaient avec un marchand d'habits qui circulait dans les groupes. On les voyait se dépouiller rapidement d'une de leurs guenilles. En échange, ils recevaient quelques pièces de menue monnaie, et ils recommençaient à boire. René, qui nourrissait les plus sérieuses inquiétudes à l'endroit de son futur déjeuner, imita l'exemple qu'on lui donnait de toute part, et son gilet lui fut payé quinze sous.

L'atmosphère chaude et méphitique de la salle le fit tomber dans une vague somnolence, d'où il ne tarda pas à sortir brusquement. Un maigre et blême voyou, coiffé d'une casquette luisante de crasse, vêtu d'un bourgeron bleu rapiécé et chaussé de bottines de femmes percées à jours, commençait à explorer ses poches.

— Excusez, dit-il d'une voix enrouée et traînante ; je suis enrhumé du cerveau et je cherchais mon mouchoir. Y a pas d'offense.

Il s'éloigna paisible. René le suivit du regard et le vit tourner autour d'un buveur qui gisait ivre-mort sur le plancher. Le voyou se baissa, sentit l'homme de la même façon que l'hyène flaire un cadavre et finit par lui voler ses souliers.

De sept à huit heures du matin, l'enfer se vida, et René, on le pense bien, ne fut pas le dernier à sortir. Ce fut dans une crèmerie qu'il dévora l'argent de son gilet. Tandis qu'il soldait sa modeste consommation au comptoir, une glace lui renvoya son image, et machinalement il recula d'horreur et de dégoût.

— A aucun prix, pensa-t-il, je ne me montrerais à l'atelier dans cet accoutrement sordide. A côté de moi les mendiants de Callot ont l'air de gravures de modes. Allons, décidément, ce serait trop bête, quand on dispose de trois mille francs, de risquer de mourir de faim au coin d'une borne ou d'être ramassé comme un simple vagabond. Bien que cet argent ne soit entre mes mains qu'à titre de dépôt, je dois me résigner à changer un billet. Quoi qu'il arrive, il est impossible que je ne parvienne pas à reconstituer la petite somme que je me vois dans l'obligation d'emprunter à ma fée protectrice.

Un commissionnaire fumait sa pipe, assis sur ses crochets à l'angle de deux rues. René l'aborda et lui demanda s'il connaissait un changeur dans le quartier.

— Et pourquoi diable avez-vous besoin d'un changeur ? dit le commisionnaire qui n'en croyait pas ses oreilles. Et il ajouta :

— Probablement pour changer d'habits ?

René ne put s'empêcher de sourire de la méprise et se lança à l'aventure. Le hasard se chargea de le mettre dans la bonne voie.

Avant d'entrer dans la boutique, il s'arrêta à la vitrine et contempla les piles d'or exposées aux regards des passants. A l'aspect de cette pâle figure collée à ses carreaux, le changeur sortit vivement.

— Circulez, jeune homme ! circulez ! cria-t-il. Il n'est que temps.

Et désignant du geste deux sergents de ville qui débouchaient à l'extrémité de la rue, il chantonna sur un air bien connu :

Prenez garde !
La Dame *rousse* vous regarde...
La Dame *rousse* vous entend...

René s'éloigna dans la direction opposée.

— Cette fois, je vais entrer tout droit, sans m'arrêter aux bagatelles de l'étalage ainsi qu'un client sérieux, pensa-t-il lorsque sa recherche obstinée l'eût amené à la porte d'un deuxième office de changeur.

En effet il y pénétra résolûment. Une jeune femme était assise derrière le grillage ; à peine eut-elle levé les yeux, elle ferma le guichet pratiqué dans le grillage, et appela son mari, occupé dans l'arrière-boutique :

— Hermann ! cria-t-elle ; Hermann, viens vite... J'ai peur !

Le mari accourut, toisa Derville de la tête aux pieds et lui dit brutalement :

— On ne peut rien pour vous... Adressez-vous au bureau de charité de l'arrondissement. Vous n'êtes pas honteux de mendier, à votre âge !

— A qui en avez-vous ? interrompit René en se redressant. Je réclame la monnaie de mille francs.

— C'est différent ; donnez-moi votre adresse; on vous la portera à domicile.

— Je n'ai pas de domicile, murmura Derville en rougissant.

Je vous faisais trop d'honneur : vous n'êtes pas un mendiant, vous êtes un voleur. Débarrassez le plancher.

René eut une envie de l'étrangler sur place ; mais la voix de la prudence lui souffla à l'oreille de se contenir et de se calmer. Il se contenta de lancer cette menace en sortant :

— Je me souviendrai de votre nom, monsieur Hermann ; vous me reverrez !

— A la cour d'assises... grommela le changeur. C'est assez vraisemblable en effet.

René traversa le Pont-Neuf, tourna sur le quai Conti et se dirigea du côté de l'Institut.

— Vrai, pensait-il en marchant, à force d'être lugubre, ce qui m'arrive finit par être bouffon. Il est clair que personne ne voudra me croire légitime possesseur de trois mille francs tant que je traînerai l'infamante livrée de la misère. Il n'est pas moins évident que je serai forcé de la conserver tant que je ne parviendrai pas à changer un billet. Je me débats dans un cercle de fer. Mon Dieu ! mon Dieu ! ne m'en ferez-vous pas sortir ?

Il murmura une touchante oraison que sa

mère lui avait fait apprendre par cœur quand il était tout petit et qu'il n'avait jamais oubliée.

— Tout à coup ses regards se fixèrent sur une affiche rouge collée sur la palissade en planches qui entourait une maison en construction.

— Dieu a exaucé ma prière ; je suis sauvé ! se dit-il plein d'espoir et de joie.

L'affiche, qui débutait par ces quatre mots imprimés en lettres majuscules :

BILLET DE BANQUE PERDU

promettait une bonne récompense à qui rapporterait à M. Dublanc, rue Servandoni, nº 27 un billet de mille francs, perdu le 15 octobre 1843, dans le jardin du Luxembourg.

— Ce billet, c'est moi qui l'ai trouvé, se dit René ; si minime que soit la récompense promise, elle me permettra bien de m'équiper au Temple et de me loger quelque part.

Au moment où il sonna à la porte de M. Dublanc, une terreur subite envahit tout son être et suspendit les battements de son cœur.

— Le billet a été perdu le 15, se dit-il et c'est aujourd'hui le 28... Si on l'avait rapporté ? si la prime était déjà payée ?

— C'est ici que demeure M. Dublanc ? demanda-t-il à la vieille bonne qui vint ouvrir.

— Oui, mon garçon ; mais il n'est pas à Paris. Quand il a vu que ses affiches ne produisaient pas l'effet qu'il espérait, Monsieur est retourné à sa campagne, où il restera jusqu'à la Toussaint.

— Elle est loin cette campagne ?

— A Saint-Cloud, quai de Paris, numéro 30.

— J'y serai tantôt. Il faut que je voie votre maître.

— Est-ce que vous auriez eu la chance de tronver ce que Monsieur a perdu ?

— Oui, et je n'ai eu connaissance de l'affiche qu'hier dans la soirée.

— La bonne dame s'écria avec transport :

— Partez donc vite, brave jeune homme, et soyez sûr qu'il vous sera fait un accueil dont vous serez reconnaissant.

— Si je la priais de m'avancer de quoi faire le trajet en voiture? pensa-t-il.

Mais il était abreuvé d'humiliations, saturé de honte ; le courage lui manqua pour formuler sa demande, et il se tut.

— Aurais-je la force de marcher jusqu'à Saint-Cloud ? se dit-il. Ne tomberais-je pas sur la route, vaincu par la fatigue et par le sommeil ?

Heureusement la pluie avait cessé, les nuages s'étaient dispersés, et le soleil, ce gai camarade, lui tint compagnie tout le long du chemin. Il lui fallut plus de trois heures pour le parcourir.

Il prit pourtant par le plus court et traversa le bois de Boulogne, dont il suivit de préférence les allées les moins fréquentées. A diverses reprises, il lui sembla que les rares promeneurs qu'il rencontrait s'écartaient à son approche avec un empressement sur la vraie signification duquel il n'y avait pas à s'abuser.

Ses pieds ne pouvaient plus le porter et ses jambes menaçaient de refuser leur service quand il arriva au terme de son voyage. M. Dublanc habitait une petite villa bâtie à l'Italienne au fond d'un jardin et séparée de la route qui borde la Seine par une grille élégamment ouvragée. Une fillette de douze ans jouait dans le jardin. A peine eut-elle aperçu René, arrêté devant la grille, elle s'écria d'une voix émue :

— Papa... un pauvre qui se trouve mal !

M. Dublanc laissa tomber sur le sable le journal qu'il tenait à la main et accourut aussitôt.

— Vous souffrez, mon ami ? demanda-t-il à Derville qui venait de s'affaisser sur un tas de cailloux.

— Ce n'est rien, un peu de fatigue, dit-il en se levant avec effort. Est-ce à monsieur Dublanc que j'ai l'honeur de parler ?

— A lui-même. Vous désirez m'entretenir ? Entrez, dit-il en ouvrant la porte ; nous serons mieux ici pour causer.

René débita la fable qu'il avait préparée, et tandis qu'il l'écoutait, M. Dublanc le considérait d'un œil où se peignait une extrême surprise.

— Ainsi vous avez trouvé les mille francs que j'ai perdus le 15 de ce mois, dans le jardin du Luxembourg, un jour que j'y avais conduit cette gamine ? dit-il en désignant l'enfant qui s'était retirée discrètement.

— Oui, Monsieur.

— Et vous n'avez pas été tenté un seul instant de vous les approprier ?

— La preuve que je n'ai pas eu cette mauvaise pensée, c'est que je vous les rapporte, dit René en baissant les yeux.

— Cependant, à en juger par les apparences, vous n'êtes pas... heureux. C'est bien, ce que vous faites là ; c'est très bien. Attendez-moi.

— Lorsqu'il reparut, René avait eu le temps de parcourir le journal et de lire le fait divers relatif à son évasion de la rue Marbeuf.

— Il ne manquait plus que cela, pensa-t-il ; voilà ma tête mise à prix, ni plus ni moins que celle d'un bandit des Abruzzes !

— Je ne vous ai pas demandé votre nom? dit M. Dublanc.

— Je m'appelle... Lechêne, répondit-il au hasard, peu soucieux de révéler la vérité à l'abonné d'une feuille qui le signalait comme un fou en rupture de camisole.

— Eh bien, mon cher Lechêne, je ne vous cacherai pas que j'avais fait mon deuil de mon billet de mille francs. Puisque je le retrouve miraculeusemsnt, grâce à vous, nous allons le partager en deux parts égales.

— Cinq cents francs ! vous me donnez cinq cents francs ! s'écria Derville.

— Pensez-vous que ce ne soit pas assez ?

— Tout au contraire. Je n'aurais jamais osé espérer une si forte somme.

— Prenez cet étui, il contient vingt-cinq louis... Oh ! il sont à vous... bien à vous. Loin de moi l'intention de vous humilier, mon garçon ; mais il me sera bien permis, je pense, de vous faire observer que votre équipage laisse un peu à désirer. Puisez dans ma garde-robe. Je présume que vous n'êtes pas venu en chaise de poste et cette promenade a dû vous ouvrir l'appétit, Nous sortons de table ; le couvert est encore mis. Je vous recommande un pâté de lièvre que ma cuisinière excelle à préparer, un petit vin de Châblis qui dériderait un quaker.

René sortit de la villa Dublanc admirablement restauré et transformé des bottes au chapeau. Une demi-heure après, le chemin de fer de la rive droite le déposait à Paris, et grâce au rasoir et aux ciseaux d'un coiffeur voisin de la gare de l'Ouest, il devenait méconnaissable à tous les yeux, même à ceux du docteur Perrier et de l'infirmier Balthasar.

VII

Au moment même où René Derville sortait de l'atelier de coiffure, les cheveux taillés à la mode du jour et n'ayant conservé de sa barbe de fleuve mythologique qu'une moustache fine et soyeuse, Mme de Balbans se présentait chez sa nièce. Dans la matinée, elle avait eu la visite et les confidences de M. de l'Oseraie. Bien qu'elle s'occupât et se préoccupât médiocrement, à l'ordinaire, des faits et gestes de la vicomtesse, bien que le récit des excentricités mises au compte de la jeune femme n'eût pas le privilège de l'émouvoir beaucoup, elle déclara au marquis que Mme de Morignac avait, cette fois, « passé toutes les bornes » et qu'il pouvait compter qu'elle lui « laverait la tête » de la belle façon.

Et, de fait, quand sa voiture tourna dans la cour de l'hôtel de Morignac et s'arrêta devant le perron, Mme de Balbans était d'une humeur exécrable.

— Où est ma nièce? dit-elle de sa voix impérieuse au valet qui accourut ouvrir la portière.

Sans attendre le renseignement sollicité, elle franchit les marches du perron et marcha droit au boudoir où elle savait que la vicomtesse se tenait de préférence.

Mais on ne pénétrait pas dans ce sanctuaire aussi facilement qu'on entre dans un moulin. On n'y arrivait qu'après avoir traversé toute une enfilade de pièces somptueuses. La femme de chambre se tenait dans un des salons comme une sentinelle avancée.

Mme de Balbans renouvela sa question. Elle avait deviné juste, la jeune femme était dans son boudoir.

— Alice est seule? demanda-t-elle à la camériste.

— Oui, Madame, répondit Mlle Laurette.

— Sans doute, elle écrit une lettre que vous allez tout aussitôt porter à son heureux destinataire? dit-elle aigrement.

— Non, Madame.

— A quoi votre maîtresse est-elle occupée?

— Madame est à son piano.

— A son piano? et que fait-elle à son piano?

— De la musique.

— De la musique! s'écria Mme de Balbans.

Ma nièce fait de la musique ! Vous me trompez.

— Madame chantait il n'y a qu'un instant.

— Elle chantait ! Vous osez dire qu'elle chantait !... C'est impossible.

Comme si elle avait eu à cœur de vaincre un scepticisme si obstiné, Mme de Morignac, après quelques préludes brillants, attaqua avec une légèreté charmante, *una voce poro fa*, le délicieux prétexte à roulades de Rosine, au deuxième acte du *Barbier*.

— Décidément, pensa Mme de Balbans après réflexion, je me suis alarmée sans motif. Alice ne serait pas si tranquille ayant sur la conscience la monstruosité dont on l'accuse. M. de l'Oseraie est venu me conter des sornettes. Jamais sa jolie voix ne fut plus calme et mieux posée.

Quand elle fit son entrée dans le boudoir, la jeune femme tourna la tête et sourit à sa tante, sans interrompre la roulade commencée, qui continua à s'épanouir sur ses lèvres à la façon d'une fleur mélodieuse.

— Allez toujours, ma chère, dit Mme de Balbans en s'installant au coin du feu ; vous savez que je raffole de la musique rossinienne, et vous me rappelez la Sontag, soit dit sans compliment.

Sensible à l'éloge, la cantatrice redoubla de grâce, de coquetterie et d'éclat.

— Étais-je assez simple de prendre les choses au tragique comme je l'ai fait ! pensait la vieille dame. Assurément Alice est parfois un peu folle ; mais, Dieu merci, elle n'est pas folle à lier. Quelle peut être l'origine d'une si absurde calomnie, et pourquoi M. de l'Oseraie fait-il sa partie dans ce concert de sottises ?

Sa cavatine terminée, la vicomtesse ferma le piano et vint s'asseoir près de sa tante.

— Vous ne chantez plus, ma belle? dit Mme de Balbans après l'avoir embrassée.

— Je reste sur mon succès; une deuxième audition lasserait l'indulgence de mon public.

— Que parlez-vous d'indulgence ? Mon admiration n'est que l'expression de la vérité.

— Comme vous me gâtez aujourd'hui !

— Dieu sait pourtant que ce n'était point dans cette intention que j'étais venue.

— Etait-ce donc pour me gronder ?

— Précisément.

— Vous me faites frémir, dit Mme de Morignac avec une exagération de terreur comique; de quoi s'agit-il ?

— Rassurez-vous; il m'a suffi de vous voir et de vous entendre pour être convaincue qu'il n'y a pas un mot de vrai dans tout ce qui m'a été rapporté. Je m'attendais à vous trouver dans la confusion et dans les larmes, et voici, tout au contraire, que vous m'apparaissez plus gaie que d'habitude et plus jolie que jamais.

La jeune femme se souleva légèrement sur son fauteuil, se regarda dans une glace et sourit complaisamment à sa charmante image.

— Et qu'est-ce donc qu'on vous a rapporté sûr mon compte ? demanda-t-elle en se rasseyant.

— Des choses affreuses, des choses de l'autre monde.

— Quoi encore ?

— C'est toute une histoire.

— Contez-la moi.

— A quoi bon ? Je la considère comme apocryphe et la tiens pour non avenue.

— Peu importe ; dites toujours... Nous en rirons ensemble. C'est si bon et si rare, le rire !

— Eh bien, ma chère, apprenez qu'on a osé assurer, parlant à ma personne, que vous vous seriez indignement compromise hier, au Théâtre-Italien, au vu et au su de vos amis et de vos ennemis.

— En vérité? dit Mme de Morignac ; et j'imagine que c'est M. de l'Oseraie qui vous a narré cette belle aventure ?

— Lui-même ! Ce qui me confond, par exemple, c'est qu'il prétend avoir vu, de ses propres yeux vu, ce qui s'appelle vu...

— Quoi ? ma tante.

— Un homme dans votre loge, pendant toute la soirée,— dans votre loge d'où vous l'aviez exclu sévèrement. Et quel homme ! Un être ridiculement barbu et chevelu, vêtu de haillons, couvert de sang. Vous avez causé tous les deux dans une intimité parfaite, et lorsqu'il sortit, vous lui auriez abandonné votre bouquet et donné votre main à baiser. Est-ce assez inouï ? assez fabuleux ? assez chimérique ? Je vous le demande.

La vicomtesse dit tranquillement :

— Il en est de cette histoire comme de toutes les histoires de ce monde : elle contient une partie vraie et une partie fausse.

Mme de Balbans regarda sa nièce avec un étonnement mêlé d'inquiétude.

— Vous plaisantez, je suppose ! s'écria-t-elle; et votre plaisanterie est hors de saison.

— Loin de plaisanter, je parle sérieusement.

La vieille dame fit un bond en arrière comme si elle eût aperçu la tête plate d'une vipère se dresser subitement sous ses jupes.

— Mon Dieu, oui, reprit la vicomtesse sans paraître remarquer cette pantomime affolée ; tous les détails ne sont pas d'une exactitude rigoureuse dans la version qui vous a été présentée. Le jeune homme que j'ai reçu dans ma loge, car c'est un jeune homme, avait en effet une tenue fort négligée, mais je vous certifie que ses vêtements n'étaient point tachés de sang. Nous n'avons pas échangé cinq paroles dans la soirée. Quant à l'épisode du bouquet et à la scène de baiser, je crois au moins inutile de démentir ces deux inventions grotesques.

— Mais ce jeune homme, quel est-il, s'écria Mme de Balbans, qui trépignait d'impatience et balbutiait de colère.

— Je ne le connais pas.

— Eh quoi ! vous ne l'aviez jamais vu avant cette fatale rencontre ?

— Jamais.

— Son nom ?

— Il ne me l'a pas dit.

— Sa position sociale ?

— Je ne la lui ai pas demandée ?

— A quel titre s'est-il introduit dans votre loge ?

— Je l'ignore absolument.

— Est-il vrai qu'un employé du théâtre vous ait offert de vous délivrer de la présence de cet intrus ?

— C'est exact.

— Et vous avez refusé ?

— J'ai refusé, ma tante.

— Mort de ma vie ! ou je rêve tout éveillée, ou vous avez perdu la raison !

— Pourquoi ? Parce que j'ai procuré à un mélomane pauvre l'occasion d'entendre gratis de la bonne musique interprétée par de bons chanteurs ? Vous lui eussiez ouvert votre porte-monnaie, je lui ai ouvert ma loge ; vous lui eussiez fait présent d'un chapeau ou d'un habit, je lui ai fait cadeau d'une représentation des Italiens... Pourquoi vous plaît-il d'attribuer à cette bonne action des conséquences fâcheuses qu'elle ne comporte pas ? Qui donc se souviendra de tout ceci dans deux jours ?

— Qui s'en souviendra ? Celles que vous désespérez par votre beauté et par votre fortune, ceux que vous avez désespérés par votre coquetterie et par vos dédains ; sans compter que ces maudits journaux, selon leur habitude détestable, ne manqueront pas de grossir les choses et de les accommoder à leur façon. Vous qui savez le *Barbier* par cœur, rappelez-vous donc l'air de « la Calomnie, » chantée par ce cuistre de Bazile. Voyons, Alice, confessez-vous sans réticences. Avouez que vous connaissez ce jeune homme et que vous l'aimez. Avouez...

Mme de Morignac interrompit d'un ton sec :

— Je n'ai à faire aucun aveu, croyez-moi, et je vous répète une dernière fois que ce jeune homme m'est complétement inconnu.

Mme de Balbans se leva, se posa d'un air de défi devant sa nièce, et la dévisageant de ses petits yeux gris allumés et grandis par la colère:

— Vous mentez ! s'écria-t-elle ; Alice, vous mentez !

La vicomtesse dit avec un calme glacial :

— Vous voilà descendue sur un terrain où il m'est impossible de vous suivre, Madame. Je serais inexcusable d'oublier le respect que je vous dois à tous égards, et je sens à mon impatience combien je suis près de ne plus m'en souvenir. Souffrez donc que je vous cède la place.

Elle fit une profonde révérence et rentra dans son appartement privé.

Mme de Balbans regagna sa voiture en maugréant, et elle ne fut pas peu surprise de trouver M. de l'Oseraie qui s'y était blotti.

— Que diable faites-vous là ? demanda-t-elle en prenant place à son côté.

— Il y a une heure que je vous attends, soupira le marquis.

— Pourquoi n'êtes-vous pas venu me rejoindre ?

— Hélas ! je suis consigné. Eh bien ! avez-vous eu une explication avec elle ?

— Une explication qui n'a rien expliqué.

— A-t-elle nié ?

— Elle avoue tout, hormis le baiser et le bouquet.

— Ce sont des détails insignifiants. A-t-elle nommé son visiteur ?

— Alice soutient *mordicus* qu'elle ne connaît pas cet homme.

— Si elle ne le connaissait pas, par quel motif l'aurait-elle gardé dans sa loge ?

— J'ai insisté pour lui arracher son secret, je n'ai pas réussi.

— Mme de Morignac ne vous a pas parlé de certaine lettre reçue après le spectacle? demanda-t-il avec embarras.

— Elle ne m'en a pas soufflé mot.

— Cette lettre était cependant faite pour produire quelque impression sur son esprit.

— Serait-ce vous qui l'auriez écrite ?

— Avec mon cœur ! s'écria-t-il emporté par une bouffée poétique.

— Eh bien ! soyez sûr que cette épître n'a pas été décachetée, mon pauvre ami ; votre prose doit être consignée non moins sévèrement que votre personne... Tenez la chose pour certaine.

Changeant de ton, et avec l'accent de don Diègue lorsqu'il demande à Rodrigue *s'il a du cœur*, elle posa cette question à M. de l'Oseraie :

— Marquis, êtes-vous un homme !

— Je le crois, Madame.

— Prouvez-le donc ! On se joue de vous ici ; ne franchissez plus le seuil de cette demeure.

— J'en souffrirai... j'en mourrai peut-être... et pourtant, je le jure.

— Moi aussi ! et tenez votre serment avec autant de rigueur que je le tiendrai moi-même.

Ils étendirent le bras, comme c'est l'usage parmi les conspirateurs d'opéra et de tragédie, et la porte de l'hôtel se referma sur le coupé de Mme de Balbans qui rentra chez elle après avoir « jeté » le pair de France à son club.

Quand ils revinrent tous les deux, trois jours après, au mépris de la foi jurée et à l'insu l'un de l'autre, on leur apprit que la vicomtesse s'était envolée depuis la veille. Envolée dans quelle direction ? C'est ce que le suisse ne sut ou ne voulut pas dire.

— Où s'est-elle réfugiée ? se demanda M. de l'Oseraie ; est-ce en Bretagne, en Vendée, en Normandie ou en Touraine ? Elle a des propriétés aux quatre points cardinaux.

Mieux que personne, en effet, il savait combien elle eût été fondée, par la grâce de feu Elzéar-Symphorien, à troquer son titre et son nom de vicomtesse de Morignac contre le nom et le titre de marquise de Carabas.

Cependant René Derville n'avait pas perdu son temps. Aussitôt qu'un tailleur diligent lui eût livré le costume de ville et la toilette habillée dont il avait fait la commande, son premier soin fut de s'enquérir d'une place pour la représentation du soir, au Théâtre-Italien, et comme il sortait du bureau de location, il passa devant la maison meublée où il avait reçu un si méchant accueil. Curieux de voir jusqu'à quel point il était métamorphosé, il entre dans ce même corridor d'où il avait été rigoureusement exclu, et le hasard le mit en présence du bipède et du quadrupède qui lui avaient témoigné tant de méfiance et d'antipathie. On lui montra le plus bel appartement ; il le déclara « infect » et s'éloigna salué jusqu'à terre par le garçon, léché par le dogue, tant il est vrai, quoi qu'on dise, que les chiens ne valent pas mieux que les hommes.

Cette première expérience ne laissa pas que de le tranquilliser un peu. Restait à subir l'inspection des contrôleurs, et en particulier de celui qui l'avait relancé dans la loge n° 12. Il était bien évident que si celui-là ne le reconnaissait pas, il n'aurait rien à redouter de la clairvoyance des spectateurs qui avaient pu le remarquer à la mémorable représentation de *Lucie*.

Plusieurs heures lui restaient à dépenser qui lui parurent d'une lenteur désespérante. La Morgue reçut sa visite. Un cadavre de noyée reposait sur la dalle où il avait vu sa mère ; il s'abîma dans une douloureuse contemplation et dans une poignante rêverie.

Une flânerie sur le boulevard des Italiens, les soins donnés à sa toilette, un dîner savamment prolongé dans un restaurant aristocratique, le conduisirent enfin jusqu'à l'ouverture du théâtre, et il se dirigea vers la place Ventadour, cravaté de blanc, irréprochable dans sa tenue de gentleman élégant et correct.

Il s'arrêta crânement devant le contrôle et retourna avec affectation les poches de son pardessus et celles de son habit.

— j'aurai sans doute laissé chez moi le coupon que j'ai retiré de la location, dit-il ; je ne le trouve pas.

— Monsieur se souvient-il du numéro de la place qu'il doit occuper ? demanda le contrôleur en chef avec son sourire le plus gracieux.

— C'est le fauteuil de balcon, numéro 10 ; j'en suis positivement sûr.

— Ce renseignement suffit ; que Monsieur veuille bien entrer et se placer.

— Je vous sais gré de cette marque de confiance, dit René, mais elle est superflue ; voici le coupon ; j'oubliais que je l'avais inséré dans mon gant.

Il passa fièrement, et tous les employés le saluèrent avec déférence.

Derville n'avait pas pris une place au hasard. L'étude minutieuse du plan figuratif de la salle, accroché dans le bureau de location, lui permit de s'orienter et de s'établir dans le voisinage de sa belle inconnue. Quand il pénétra au balcon, quand il se revit si près de la loge tendue en soie bleue, soudain son cerveau s'enfiévra de mille souvenirs passionnés et de mille pensées ardentes. Tout son sang afflua au cœur, ses oreilles se remplirent de sons de cloches, son gosier se contracta, un nuage passa devant ses yeux et il murmura :

— Mon Dieu, est-ce que je vais mourir ?

Ce jour-là, c'était encore Donizetti qui avait les honneurs de l'affiche ; on donnait *Lucrezia Borgia*, et la salle n'était pas moins brillante que le soir de *Lucie*. Pendant la première demi-heure, René ne s'inquiéta pas trop de l'absence de celle qu'il attendait et qui ne se montrait pas. Çà et là, quelques loges et quelques stalles étaient inoccupées, mais elles se remplirent très vite, et l'angoisse qui le gagnait peu à peu se changea bientôt en un vrai supplice, à mesure que les minutes s'écoulaient.

Lorsque le premier acte fut terminé, il resta cloué à sa place, les yeux fixés sur le numéro 12 toujours vide. Si préoccupé, si absorbé qu'il fût, il y eut un moment où il devint impossible de ne pas prêter attention à la parole de deux voisins qui causaient à haute voix au milieu de ces confuses rumeurs qui se produisent pendant les entr'actes.

Elles allaient bien, les Italiennes du XVIe siècle! dit le plus jeune des interlocuteurs, résumant ainsi son opinion sur l'héroïne de l'opéra mis en musique par Donizetti.

— Il me semble, reprit l'autre, que les Parisiennes du dix-neuvième ne vont pas mal non plus. Les Lucrèce Borgia contemporaines n'ont pas, il est vrai, l'audace superbe et le cynisme grandiose de la fille du pape Alexandre VI. On se méfie de la gendarmerie et du code pénal... Néanmoins on fait ce qu'on peut.

— A propos d'audace et de cynisme, étais-tu ici, il y a huit jours?

— Il y a quinze jours que je chasse en Bourgogne. Que s'est-il passé?

— On ne t'a conté aucune histoire?

— Je n'ai vu personne. Je suis arrivé, j'ai dîné, je me suis habillé et me voici.

— Tu n'as pas lu de journaux?

— Pas un seul.

— Je m'explique ton ignorance. Tu connais la vicomtesse Alice?

— J'ai eu l'honneur de lui être présenté.

— Et tu la trouves?

— Comme tout le monde: la plus adorable femme qui soit!

— Quelle chaleur! Serais-tu amoureux, par hasard?

— Je la trouve adorable, mais je ne l'adore pas. Il y a une nuance. Que dis-je? il y a un abîme.

— Eh bien! mon cher, ta déclaration me ravit.

— Pour quel motif?

— Pour deux motifs : 1° je te plaindrais de toute mon âme si tu l'aimais ; 2° je déplorerais de m'être embarqué dans un récit fait pour briser ton cœur.

— Mon cœur n'est pas aussi fragile que tu le penses, et je t'affirme que je ne suis pas amoureux. Parle sans crainte.

— Donc, il y a huit jours, j'occupais la même place qu'aujourd'hui, et j'ai assisté au plus inattendu, au plus inouï des spectacles.

— Où a-t-il eu lieu, ton spectacle? sur la scène?

— Dans la salle ; et je précise : dans la loge de la vicomtesse. Sais-tu qui était assis près d'elle?

— Le marquis de l'Oseraie, je suppose.

— Ah bien ! oui... Ce pauvre marquis était là où tu vois cette vieille Anglaise en cheveux rouges et qui a un jeu de dominos dans la bouche.

— Qui donc alors était avec la vicomtesse?

— Un artiste dramatique du théâtre de Grenelle, a révélé le *Corsaire*, un cabotin de la dernière catégorie, son amant, à ce que l'on a su depuis ; joli garçon, je n'en disconviens pas, mais habillé comme on ne s'habille pas, même pour aller au théâtre de Grenelle. Je serai dispensé de décrire sa toilette quand tu sauras qu'il avait une chemise bleue sur le dos et un foulard rouge autour du cou.

— Tu as vu le personnage dont tu parles?

— Comme je te vois.

— Tu le reconnaîtrais?

— Entre mille.

— Et ce Monsieur en cravate rouge et en chemise bleue serait le fol amant de la vicomtesse Alice? Tu te moques de moi.

— Il n'y a pas à le nier.

— Mais le scandale et le tapage doivent être effroyables!

— On ne parle que de cette aventure dans tous les clubs. Si tu en doutes, va faire un tour au foyer.

— Je m'explique maintenant pourquoi la loge de la vicomtesse reste vide. A-t-elle eu l'audace d'y reparaître?

— On ne l'a pas aperçue depuis son escapade.

— Où se cache-t-elle?

— Elle court la prétentaine.

— Avec le joli cabotin?

— Naturellement. Il paraît que la malheureuse est folle de son jeune premier et qu'elle se propose de l'épouser.

— Qu'est devenu l'infortuné M. de l'Oseraie dans ce cataclysme? Le sort de ce candidat perpétuel m'intéresse.

— Il serait entré en religion... Mais sur ce dernier point je suis moins affirmatif. J'avoue que ce racontar mérite confirmation.

L'entr'acte était terminé et la causerie des deux jeunes gens fut interrompue par le lever du rideau. René, qui n'en avait pas perdu une syllabe, salua avec joie le final du deuxième acte qui lui avait semblé démesurément long, et s'esquiva aussitôt. Il savait qu'elle s'appelait Alice et qu'elle était veuve; mais son nom de famille n'avait pas été prononcé, et prudemment il résista à la tentation d'interroger ses voisins. Impatient d'être mieux instruit, il passa devant le foyer sans y entrer et se fit indiquer par une ouvreuse le cabinet de l'inspecteur de la salle.

— Monsieur, dit-il, j'ai observé qu'une loge des premières est restée inoccupée durant toute la soirée ; elle le fut aussi aux deux dernières représentations. Si elle était vacante, ma famille s'en arrangerait pour le reste de la saison.

— Monsieur, répondit l'inspecteur, cette loge n'est pas disponible ; elle est louée à l'année.

— Je le sais ; mais il m'est revenu que la locataire est absente de Paris. Au cas où son absence se prolongerait, peut-être consentirait-elle à la céder.

— C'est possible, Monsieur ; mais encore faudrait-il le lui demander à elle-même... Or, en admettant qu'elle soit en voyage...

— Cette dame doit avoir un mandataire à Paris, et si vous aviez l'obligeance de me dire son nom...

— Le nom du mandataire ? Je l'ignore absolument.

— C'est celui de votre abonnée qu'il m'importe de connaître.

— C'est différent ; je vais vous la nommer. Rien n'est plus facile ; affaire d'un instant.

Il ouvrit et consulta un registre, puis il ajouta :

— La loge des premières portant le numéro 12 appartient à Mme la vicomtesse de Morignac.

— Où demeure-t-elle ?

— Dans son hôtel, rue de l'Université, 140.

— Merci, Monsieur ; dès demain je me mettrai en campagne.

Et le lendemain, en effet, à une heure matinale où le public ordinaire du Théâtre-Italien n'est pas encore réveillé, René parlementait déjà avec le suisse de l'hôtel de Morignac.

Lorsqu'il s'éloigna, son porte-monnaie était allégé de dix louis, mais il était en possession de renseignements qu'il eût payés de dix onces de sa chair.

VIII

Nous ne ferons pas à nos lecteurs l'injure de supposer qu'ils aient cru un seul instant à la sincérité du sieur Cardot, lorsqu'il notifia à Mme Derville son départ pour le Nouveau-Monde et son intention de la payer intégralement aussitôt qu'il aurait fait fortune en Australie. En réalité, après avoir constaté que l'*Aréthuse* était sortie sans encombre des bassins du Havre, et fumé un cigare sur la jetée, il rentra à l'hôtel Frascati où il déjeuna avec la conscience tranquille et l'appétit bien aiguisé d'un bourgeois inoffensif qui vient d'accomplir une promenade hygiénique au bord de la mer. A quoi bon s'expatrier ? La vraie, la seule Australie, pensait-il, c'est Paris. Il estimait que dans nulle région, sous aucune latitude, il n'existe de contrée plus riche en filons précieux, plus féconde en gisements aurifères. Et en effet, c'est à Paris seulement que les pionniers du genre Cardot ont l'art de découvrir les pépites à fleur de terre, au ras du sol, rien qu'en flânant dans les rues et en remuant les pavés du bout de leur canne.

Cependant la plus élémentaire prudence lui conseillait de prendre certaines mesures préservatrices, et il était trop habile pour négliger d'y recourir. C'est ainsi, malgré le dépit qu'il en ressentait, qu'il se résigna à rembourser les mille francs escroqués au portier de sa maison. Autant il s'inquiétait peu de Mme Derville, autant il redoutait ce créancier pleurard, bruyant et vindicatif. Il entrevoyait dans cette misérable somme le grain de sable destiné à culbuter le char triomphal du haut duquel, dans un temps donné, il se flattait d'éclabousser les honnêtes gens à pied. Dans son désir de transformer un ennemi en allié, il joignit à son envoi un mandat de poste de cent francs « pour les intérêts en souffrance. » Sa lettre se terminait par un post-scriptum. Il annonçait qu'il était à la veille de s'embarquer pour la Nouvelle-Orléans, et sollicitait par le retour du courrier toute sorte de détails sur « l'excellente » Mme Derville et sur son fils, ce jeune homme « si digne d'intérêt. »

Cette épître astucieuse mouilla les yeux de l'actionnaire généreusement remboursé.

— Ah ! le brave homme ! ah ! le digne homme ! s'écria t-il... Et quand je pense qu'on a osé le traiter de filou ! Des filous comme M. Cardot, c'est moi qui serais heureux d'en connaître une douzaine ! Il part pour la Nouvelle-Orléans, ce pauvre cher homme... J'aurais juré qu'il avait dit Orléans tout court. J'étais distrait, j'aurai mal entendu. Dépêchons-nous de le remercier de son mandat et de lui fournir les renseignements dont il a besoin.

M. Cardot apprit donc le lendemain ce qu'il avait intérêt à connaître, à savoir que l'excellente Mme Derville s'était suicidée et que son fils, si digne d'intérêt, avait été conduit à Bicêtre.

— Positivement, se dit-il en murmurant son refrain de prédilection, il doit y avoir un bon Dieu quelque part là-haut.

Malgré son vif désir de revoir son cher Paris, il laissa passer une quinzaine de jours avant de quitter le Havre. Par surcroît de précaution, deux voyelles ingénieusement transposées avaient renouvelé et rajeuni la physionomie de son nom un peu bien compromis. Le jour où il rentra dans sa bonne ville, il ne s'appelait plus Jean-Baptiste *Cardot* ; il était devenu Jean-Baptiste *Cordat*. Il possédait alors cinquante mille francs qui « ne devaient rien à personne, » comme il le disait cyniquement et comme il était en train de se le persuader à lui-même. Pourquoi, deux mois plus tard, son capital était-il diminué de moitié ? A-t-il perdu à la Bourse et payé ses différences ? Il n'était point si naïf. Pour parler la langue du sieur Cordat, pour lui emprunter son style, il avait fait « un coup. »

Les petits-fils de Lovelace et les petits-cousins des Desgrieux qui ont croqué le marmot à la porte du théâtre des Variétés, côtés des artistes, guettant la sortie de leurs Clarisses et de leurs Manons, impatients de la fin du spectacle et de l'heure des écrevisses bordelaises, peuvent seuls se vanter de connaître les tours, les contours et les détours de ce labyrinthe parisien qui s'appelle le passage des Panoramas. Il renferme des tunnels obscurs, des galeries peu fréquentées que ne soupçonnent point ceux qui se bornent à le traverser d'un pas rapide dans le sens de sa longueur, du boulevard à la rue Saint-Marc, où dans le sens de sa largeur, de la rue Montmartre à la rue Vivienne.

Dans la galerie la moins fréquentée, dans le tunnel le plus obscur, il y avait alors un café qui ne brillait ni par l'éclat de ses dorures, ni par le luxe de son éclairage. Le gaz absent était remplacé par des quinquets fumeux et par des lampes détraquées. Un modeste velours de coton, acheté au Temple, cette halle aux guenilles, recouvrait les chaises boiteuses et les banquettes estropiées. Le tapis jadis vert de l'unique billard montrait autant de blessures et de cicatrices que le manteau d'un de ces pauvres diables de caballeros qui passent leurs journées à fumer des cigarettes et à se chauffer au soleil dans les allées du Prado et le long des murs de la Puerta del Sol, à Madrid.

La clientèle de cet estaminet borgne se recrutait dans un monde spécial dont l'existence serait à coup sûr mise en doute si la réalité n'en était démontrée, deux ou trois fois l'an, par les débats de la police correctionnelle et par les historiographes de la *Gazette des Tribunaux*.

C'était le rendez-vous attitré d'une bande de capitalistes chaussés de bottes éculées et dénués de linge, qui, moyennant cent sous payés comptants, souscrivent ou endossent des valeurs censément commerciales, que des malins glissent dans des broches d'effets sérieux, font escompter par des banquiers à courte vue, et dont ils empochent le montant sans plus se préoccuper du jour de l'échéance que du jour du jugement dernier.

M. Cordat venait régulièrement prendre son « mazagran » dans ce gracieux repaire.

Locataire de deux petites pièces situées non loin de là, au rez-de-chaussée et au fond de la cour, dans une maison de la rue Vivienne, il y était entré par hasard, un soir qu'il était fatigué d'arpenter les sinuosités du passage des Panoramas. Il revint, désireux de s'y acclimater et de lier connaissance, non avec les comparses à cinq francs, mais avec les premiers rôles dont la conversation, recueillie par bribes, lui parut remarquablement instructive et intéressante. Une tournée de prunes à l'eau-de-vie avait rompu la glace ; un bol de punch fit naître une intimité douce et tendre. On le traita d'égal à égal ; on n'eut rien de secret pour lui, et ce fut dans le cours de ces épanchement réciproques qu'il connut du même coup l'existence du marquis de l'Oseraie et la situation embarrassée où se débattait le pair de France.

Il sut en outre qu'un usurier nommé Loriot,

porteur de lettres de change acceptées par M. de l'Oseraie, venait de mourir, et que son unique héritier, substitut en province, hésitant à poursuivre en son nom un si haut personnage, était disposé à céder sa créance « pour un morceau de pain. »

Une semaine bien employée suffit à l'ex-Cardot pour se rendre un compte bien détaillé de la situation exacte du marquis. Il était parfaitement ruiné et n'avait aucun héritage en perspective... Mais il était jeune encore, de belle prestance, fort avant dans l'intimité de Mme de Morignac et destiné à l'épouser dans un avenir prochain. Or, la fortune de Mme de Morignac, une des plus considérables de France, se chiffrait par millions.

— C'est une partie à jouer, se dit-il ; qui ne risque rien n'a rien. En admettant que le mariage n'ait pas lieu, nul doute que la vicomtesse Alice, ainsi qu'on appelle cette dame, ne vienne en aide à son amant ; et au cas improbable où ils ne seraient unis que par des liens d'amitié, il y a encore lieu de penser qu'elle ne le verrait pas se noyer sans lui tendre la perche. Ah ! c'est que je n'aurai, moi, ni les absurdes ménagements de cet imbécile de Loriot, ni les scrupules bêtes de son oison de neveu. Je mènerai rondement et lestement la procédure. Je ferai un tel vacarme à la porte du Luxembourg qu'il faudra bien que la Chambre des pairs finisse par entendre mes doléances. Reste à connaître le prix que l'héritier veut tirer de sa créance. Ils disent qu'on l'aura pour un morceau de pain... Mais de quel pain s'agit-il ? Est-ce avec du seigle grossier ou de la fleur de froment que je devrai le pétrir? Se contentera-t-on de la miche indigeste que le maçon emporte sous sa blouse? Faudra-t-il, au contraire, déposer sur la nappe le petit pain savoureux et doré que grignotent les gourmets des Frères Provençaux et les délicats de la Maison-Dorée? C'est ce qu'il importe d'approfondir sans retard.

Il entama une correspondance diplomatique avec l'héritier du vieil usurier; mais quand il s'aperçut que les négociations menaçaient de s'éterniser, il boucla sa valise et partit pour la petite ville où M. Paul Loriot faisait ses débuts judiciaires. C'était une sous-préfecture de troisième classe, située au fond d'un département pauvre, et il ne fut pas difficile à M. Cordat de se procurer l'adresse du substitut. Sur l'indication qu'il le trouverait à l'audience, il se rendit au tribunal, enchanté de cette occasion inespérée qui lui permettait d'étudier son adversaire à loisir. Il lui apparut sous la forme d'un jeune homme de très haute taille, au teint rosé, au visage imberbe, embarrassé dans sa robe noire, affligé d'une myopie et d'une timidité extrêmes, courant après ses mots, s'embourbant dans ses phrases et se noyant dans ses conclusions.

— Toi, mon bonhomme, je n'aurai pas grand effort à faire pour te rouler, pensa M. Cordat, qui sortit de la salle aussitôt que l'audience fut levée, et s'immobilisa devant la porte de la vieille et vilaine masure, témérairement qualifiée de « palais » par les naturels de l'endroit.

La faction fut de courte durée. Sévèrement

vêtu de noir, son long cou emprisonné dans une cravate blanche empesée à l'excès, portant sous son bras gauche un vrai portefeuille de ministre rempli de paperasses, le magistrat ne tarda pas à se montrer dans la rue.

— J'ai l'honneur de saluer M. Paul Loriot, dit M. Cordat en s'inclinant jusqu'à terre, et je lui présente le plus humble de ses serviteurs.

Il se nomma.

— C'est vous, Monsieur, qui m'avez écrit au sujet de la créance l'Oseraie ? demanda le substitut subitement envahi par des rougeurs de vierge confuse.

— Oui, Monsieur ; c'est moi qui ai pris cette liberté, dit M. Cordat en saluant de nouveau.

— Et c'est à propos de cette affaire que vous souhaitez que nous causions ensemble ?

— Je ne suis pas venu vous relancer pour autre chose.

— Je vous ferai remarquer que le lieu est assez mal choisi pour un entretien de cette nature, dit le jeune homme en roulant à droite et à gauche de gros yeux bleus effarés.

— Entrons dans un café ; il me semble qu'une bonne absinthe...

— Au café ! de l'absinthe ! s'écria M. Paul Loriot avec un geste de pudeur outragée.

— N'en parlons plus. Ne pourriez-vous du moins me permettre de vous accompagner à votre domicile ?

— J'allais vous le proposer. Veuillez me suivre, Monsieur.

Le trajet se fit en silence. Les jambes du substitut, de vraies jambes d'échassier, dessinaient à chaque pas un angle de quarante-cinq degrès. M. Cordat, qui ne réussissait pas à régler sa marche sur celle de M. Loriot, avait l'air d'un nain à la poursuite d'un géant.

Lorsqu'il eut repris haleine sur le canapé qui se trouva fort à point pour le recevoir, l'escompteur entama la conversation en ces termes nets et serrés :

— Vous n'avez que peu de temps à me consacrer, et j'ai hâte de rentrer à Paris où de graves intérêts réclament ma présence. Donc, jouons cartes sur table. Chacun de nous s'en trouvera bien.

Le jeune homme ferma la fenêtre, encore qu'elle ne donnât point sur la rue et qu'elle ouvrît sur un jardin où ne se montrait aucun indiscret promeneur.

— Parlez, dit-il, je vous écoute.

— Les quelques instants que j'ai passés dans l'affreux petit trou où vous a déporté M. le garde des sceaux et la pénible impression que j'en ai ressentie, m'autorisent à croire que vous devez périr d'ennui sur cette terre d'exil, dit M. Cordat d'une voix qu'il eut l'art de rendre émue et compatissante.

Une exclamation étouffée vint mourir sur les lèvres du substitut et ses gros yeux bleus se fixèrent mélancoliques sur la rosace de son plafond.

L'escompteur ajouta avec un sourire aimable :

— Prenez patience ; vous n'êtes point fait pour moisir dans ce vilain port de mer, si j'ose m'exprimer avec tant de sans gêne dans le sanctuaire du beau langage. Je sors du tribunal; j'étais dans le prétoire confondu avec la foule; je vous ai vu à l'œuvre; j'ai la prétention de juger et de jauger les hommes... Eh bien, je vous le dis avec sincérité : un magistrat de votre valeur attire forcément l'attention de ses supérieurs et parcourt une carrière brillante, à moins que...

Le substitut dressa l'oreille et regarda son interlocuteur, dont la phrase inachevée restait suspendue comme une menace.

M. Cordat reprit d'une voix lente et solennelle :

— A moins, dis-je, qu'on ne relève à la charge du susdit magistrat quelque fait répréhensible, quelque scandaleux agissement.

Les joues colorées du jeune homme prirent des teintes violacées et il s'écria la main sur son cœur :

— Mes mœurs sont pures ! ma conduite n'est entachée d'aucun soupçon ! L'arrondissement tout entier le certifierait au besoin.

— Je n'en doute pas; je n'en ai jamais douté. Mais ne serait-ce pas un scandale des plus regrettables que l'arrestation et le séjour dans la prison pour dettes d'un membre de notre chambre haute ? Estimez-vous que le ministre de la justice fût disposé à récompenser par un bel avancement celui qui aurait provoqué tout ce tapage ? Ne serait-il pas bien plutôt d'humeur à signer la révocation du fonctionnaire coupable d'une telle maladresse ? Votre intelligence est trop saine, cher Monsieur, votre esprit trop clairvoyant, pour qu'il ne soit pas superflu d'insister sur de telles considérations. Avouez que si elles s'affirment par une logique inflexible, elles s'imposent aussi par une indéniable évidence.

— Croyez, Monsieur, qu'il n'est jamais entré dans mes projets de pousser les choses à l'extrême, dit l'honnête jeune homme qui déjà voyait poindre sa destitution dans la partie officielle du *Moniteur*.

— Quel est donc votre plan? que comptez-vous faire ? Je vous le répète : jouons cartes sur table. C'est notre intérêt à tous les deux.

— Je m'adresserai à M. de l'Oseraie, et respectueusement je formulerai ma requête.

— Et vous nourrissez le naïf espoir qu'on vous répondra?

— Assurément.

— Non-seulement vous n'aurez aucune satisfaction, mais vous n'aurez aucune réponse. Arrivons au fait. Que vous ai-je proposé dans les lettres que j'ai eu l'honneur de vous écrire?

— De vous mettre en mon lieu et place, dit le jeune homme dont l'embarras redoublait à chaque parole de M. Cordat.

— Oui ou non, acceptez-vous ma proposition?

— Je l'accepterais volontiers, balbutia M. Paul Loriot, si...

Il s'interrompit comme étranglé par une main invisible; et, faisant un violent effort, il ajouta en baissant la voix :

— Encore faudrait-il pour conclure l'affaire que je connusse vos conditions.

— Eh quoi! je ne vous les ai pas fait connaître? demanda M. Cordat avec une surprise si bien simulée qu'on eût juré qu'elle était de bon aloi.

— Pas que je sache.

— Il n'en serait fait mention dans aucune de mes lettres?

— Dans aucune.

— Vous en êtes sûr?

— Je puis vous montrer votre correspondance.

— C'est inutile. Je vais réparer mon oubli. Nous disons que la créance s'élève, tout compris?...

— A quatre-vingt sept mille deux cent quarante-neuf francs soixante-dix centimes.

— Je l'achète quinze mille francs et je paye comptant.

— Vous plaisantez sans doute.

— Nullement. Quel est donc votre prix?

— Il me semble que cinquante mille francs...

— C'est insensé. Et tous les gros risques à courir. En somme, je puis tout perdre... Songez-y donc.

— La preuve que j'y songe, c'est le rabais auquel je suis prêt à consentir.

— Je vous répète que de telles prétentions sont folles. Quelle somme supposez-vous que M. de l'Oscraie doive réellement?

— Mais celle qu'on lui réclame, j'imagine, balbutia le substitut en détournant la tête.

— Cette attitude seule prouve clairement que votre conviction n'est pas faite sur ce point délicat, mon cher Monsieur. Ignorez-vous que votre bien-aimé parent, dans sa longue et aventureuse carrière, a eu le désagrément de subir trois condamnations pour délit d'usure? Je ne prétends point dire qu'il payât ses clients avec des crocodiles empaillés comme faisaient ses confrères du temps de Molière ; mais les stocks de charbon incombustible du compère Loriot, ainsi que ses chargements de pavés en granit des Batignolles, sont passés à l'état de légende dans le monde des affaires équivoques et de la spéculation véreuse. On va même jusqu'à insinuer que c'est lui qui joue les Gigonnet et les Gobseck dans la *Comédie humaine* de Balzac.

Le jeune magistrat se leva brusquement.

— Assez, Monsieur, dit-il ; cessons un entretien dont vous faites une torture. Je vous cède la quittance à quarante mille francs.

— Voyons, soyez raisonnable... acceptez vingt mille francs et c'est marché conclu.

— Et vous, montez jusqu'à trente mille ; séance tenante, je signe le transport. Il me tarde d'en finir.

— Tenez, dit M. Cordat en tirant un portefeuille de sa poche, le désir que j'ai de ne pas m'être déplacé inutilement va me faire commettre une grosse sottise. J'offre vingt-cinq mille francs... Mais je vous donne ma parole la plus sacrée que je n'ajouterai pas une surenchère de vingt sous. Basez-vous sur cette déclaration formelle.

— J'accepte, dit le substitut en essuyant son visage où la honte avait mis ses sueurs brûlantes.

Les billets de banque furent comptés et le dossier Loriot contre l'Oseraie devint la propriété de M. Cordat, qui rentra le lendemain à Paris.

A dater de ce jour, il s'attacha aux pas de M. de l'Oseraie et de Mme de Morignac ; il les

« fila » avec la patience, la ruse et la sagacité du *détective* le plus habile, de l'agent le plus madré. Il savait combien de fois par semaine le marquis était reçu par la vicomtesse et combien de temps duraient ses visites. S'ils allaient au spectacle ensemble, il les y précédait ; et, de sa place, il comptait leurs paroles, il notait leurs sourires. Un soir, comme ils sortaient de l'Opéra, il les vit entrer au café Anglais par la porte des cabinets particuliers qui ouvre sur la rue de Marivaux, et il se dit en se frottant les mains :

— L'affaire est dans le sac !

Ce soir-là, il n'eût pas cédé sa créance pour quatre-vingt mille francs.

— Le mariage, pensait-il, se célébrera sans doute dans les premiers jours d'octobre et ma riche moisson se fera peu après.

Plusieurs fois chaque semaine il allait, dans leurs mairies respectives, prendre connaissance des publications affichées derrière les grillages de l'état civil. Non seulement il ne vit rien paraître, mais il crut s'apercevoir que, loin de s'approcher du but, le marquis semblait perdre du terrain. La vicomtesse montrait une certaine impatience lorsque son adorateur entrait dans sa loge. Il obtenait rarement la faveur de lui offrir le bras et de la mettre en voiture. Il advint même qu'il se présenta à l'hôtel de Morignac sans être reçu, alors que la jeune femme n'était pas sortie. Était-ce bouderie d'amoureux ? La vicomtesse était-elle occupée ailleurs ? voulait-elle dégager sa parole ? Une sourde inquiétude se glissa dans l'esprit de M. Cordat ; elle se changea bientôt en une vague terreur, et il se dit qu'il était temps de démasquer ses batteries.

Quatre fois il essaya de parlementer avec M. de l'Oseraie, sans réussir à dépasser le seuil de l'antichambre, et ce fut alors qu'il ouvrit les hostilités par l'envoi de cette lettre comminatoire dont la lecture, on ne l'a pas oublié, provoqua à un si haut point la fureur du pair de France.

Quoiqu'il n'eût pas assisté à la représentation de *Lucie*, M. Cordat ne fut pas moins instruit un des premiers de la scène étrange, inexplicable, dont les habitués des Italiens avaient été les spectateurs confondus. S'il avait été d'un tempérament sanguin, à coup sûr, le récit de l'aventure, telle qu'elle fut contée le lendemain dans le *Corsaire*, eût provoqué en lui les plus graves désordres ; peut-être même eût-elle déterminé un cas d'apoplexie foudroyante.

L'article signé seulement des trois initiales P. A. F., avait été écrit à la sortie du théâtre par un journaliste passé maître dans l'art terrible des perfidies les mieux calculées, des sous-entendus les plus malicieux, des réticences les plus cruelles. En guise de plume, il se servait d'un stylet italien à pointe acérée, et remplissait son écritoire de poisons parfumés venus en droite ligne de son pays natal. Ce compte-rendu de la représentation de *Lucie* fut un chef-d'œuvre parmi tant d'autres improvisés par un étranger qui maniait la langue française aussi habilement qu'un bon écuyer manie un cheval bien dressé. La présence de René Derville dans la loge n° 12 lui avait inspiré une centaine de lignes qui furent pendant quarante-huit heures l'admiration et le régal des raffinés et des délicats. Le petit roman par lui imaginé, en dépit de son manque absolu de vraisemblance, arrivait à se faire accepter par le lecteur, tant il l'avait paré des charmes de son style et des grâces de son esprit. Une femme du plus grand monde, une patricienne du plus haut rang, amoureuse d'un comédien de banlieue au point de se produire avec lui à une soirée de gala dans la salle Ventadour et de prétendre se le donner pour mari, c'était bien fait pour passionner la curiosité et la malignité parisiennes... Mais c'était fait aussi, on doit le comprendre, pour assassiner M. Cordat.

Vingt-quatre heures plus tard, quand il connut le départ subit de la vicomtesse Alice, ses angoisses redoublèrent. Était-elle partie seule? Selon la version du *Corsaire*, un acteur du théâtre de Grenelle était le héros du roman. L'avait-elle enlevé? Sans perdre une minute, il voulut aller au fond des choses.

— Au théâtre de Grenelle; dit-il au premier cocher qu'il rencontra sur son chemin.

Le cocher dit en rassemblant ses guides :

— Chut! bourgeois; pas si haut... Cocotte n'aurait qu'à vous entendre! Songez donc; une pauvre bête qui a déjà trente kilomètres dans les jambes!

On se mit en route et l'on chemina avec une lenteur désespérante.

M. Cordat, qui bondissait d'impatience sur les coussins de la citadine, passa la tête hors de la portière :

— Sacrebleu ! s'écria-t-il ; vous vous moquez de moi... Nous ne marchons pas.

Et le cocher de répliquer d'un ton goguenard :

— C'est votre faute, bourgeois. Cocotte a l'oreille fine ; elle aura entendu.

On arriva cependant. Le voyageur descendit devant le café du théâtre, désert à ce moment de la journée. Une jeune femme assez jolie, quoique chargée d'un embonpoint précoce et ruisselante de bijoux en chrysocale, trônait au comptoir, absorbée par la lecture du *Siècle*, où Alexandre Dumas publiait un de ces récits de cape et d'épée qui avaient le privilége de tenir, pendant des années entières, quarante mille abonnés attentifs aux inventions charmantes de l'inimitable conteur.

M. Cordat demanda un grog.

— Vous ne m'avez pas l'air d'être accablé de besogne, et votre patron ne fera pas vite fortune, dit-il au garçon qui se mettait en quatre pour le servir. C'est tout au plus si on parviendrait à organiser un whist avec tous vos clients réunis, et encore faudrait-il jouer avec un mort.

— Oh ! ce n'est pas toujours comme ça, riposta le garçon avec une légitime fierté. Le soir, nous regorgeons de monde. D'ici à cinq minutes, la répétition sera finie et nous aurons les artistes du théâtre.

— Ah ! les comédiens de Grenelle fréquentent cet établissement ?

— Autant dire qu'ils n'en bougent pas.

Enchanté de la tournure que prenait la conversation, M. Cordat demanda d'un ton indifférent :

— Sont-ils bons, ces artistes ?

— Dame, vous savez... C'est ici comme ailleurs ; quelques-uns ont un peu de talent, les autres n'ent ont pas du tout. Ah ! par exemple, nous pouvons nous vanter de posséder une étoile dramatique.

— Une étoile ! à Grenelle ! Vous m'étonnez considérablement.

— Oui, Monsieur, et de première grandeur encore ! Vous ne connaissez donc pas Boireau, notre jeune premier rôle ?

— Pour une étoile, et surtout pour un jeune premier, le nom n'est pas heureux.

— Il s'appelle Boireau, du nom de son père, c'est vrai ; mais son nom de théâtre est Saint-Alfred. On le verra un jour à l'Ambigu. Je ne vous dis que ça.

— En vérité ? Et quel âge a-t-il, ce Saint-Alfred ?

— Le bel âge : dans les vingt-sept à vingt-huit ans.

— Est-il bien de sa personne ?

— Il faut le croire, car les dames en perdent la tête ; elles en mangeraient à tous leurs repas, dit le garçon qui cligna de l'œil du côté du comptoir. Moi, ce ne serait pas mon type... je ne le trouve pas assez distingué. Mais le voici. La répétition est finie.

Saint-Alfred venait en effet de faire irruption dans le café, suivi de la plupart de ses camarades.

Avec sa vareuse de drap bleu, son béret de laine blanche orné d'un pompon rouge, son pantalon roulé dans les tiges de ses bottes, ses larges épaules et sa poitrine cambrée, il réalisait l'idéal du beau canotier, roi d'Asnières et de Chatou, souverain de Croissy et de Bougival.

— Théodore, ordonna-t-il d'une voix vibrante, Théodore, ma bonne pipe de Tolède et un bock ! Cette sacrée prose des auteurs de mélodrames, c'est comme une râpe ; ça vous écorche le larynx... ça vous éraille le gaboulet.

Et se campant devant le père noble de la troupe avec une pose à la Frédérick :

— Soupirail, dit-il, je te fais un piquet. Ça te botte-t-il, ma vieille ?

— Que veux-tu jouer ? demanda le comédien interpellé.

— Notre *consomm*, parbleu ! Cependant, si tu aimes mieux faire un rubicon à un louis le point, je suis ton homme. Je te préviens seulement que ça me gênera un tantinet, si je perds une vingtaine de mille balles, d'être obligé de te les porter demain avant midi. Mais allons-y tout de même. Je te connais ; tu n'es pas trop chien, toi, Soupirail. Tu m'accorderas bien le quart d'heure de grâce.

La dame de comptoir avait interrompu sa lecture ; elle dévorait Saint-Alfred du regard ; elle buvait chacune de ses paroles.

— Cet être-là serait l'amant de la vicomtesse Alice ! Allons donc, c'est impossible... Je le verrais que j'en douterais encore, pensait M. Cordat. C'est un canard de journaliste.

Et tout en payant généreusement son grog, il dit au garçon :

— Un renseignement encore : Saint-Alfred joue-t-il souvent ?

— Au piquet et au billard, tous les jours ; le drame et la comédie, tous les soirs. Jamais indisposé ; c'est fort comme un taureau, ce jeune homme. Il sera la fortune de l'Ambigu.

— A-t-il joué avant-hier ?

— S'il a joué avant-hier, jeudi ? Ah ! je le crois bien ! la *Tour de Nesle*, la *Chanoinesse*, le *Sonneur de Saint-Paul*... Rien que ça ! il est entré en scène à six heures moins cinq et il en est sorti à une heure trois quarts. C'était au bénéfice du père Soupirail. Ah ! les gaillards ! quelle noce après le spectacle !

— Décidément, ce n'était pas Saint-Alfred qui était jeudi aux Italiens, se dit M. Cordat en remontant dans sa citadine. Pourtant on a vu un homme dans la loge de Mme de Morignac... quel peut être cet homme ?

Il se flattait d'apprendre, à son retour chez lui, que M. de l'Oseraie était accouru dans la matinée, obéissant à l'ordre qu'il avait reçu ; et malgré son désir de le voir, il se réjouissait en songeant à la déconvenue, à la mauvaise humeur du pair de France, lorsqu'il constaterait l'absence de son créancier. Il aimait à se le représenter sonnant d'abord d'une main discrète, timide même, carillonnant ensuite et finissant par ébranler cette porte qui ne s'ouvrait pas. Hélas ! il en fut pour ses frais d'imagination. Indifférent à ses railleries comme à ses menaces, M. de l'Oseraie n'avait pas daigné se déranger.

Il réfléchit que, peut-être, il avait couru sur les traces de la belle fugitive et il voulut en avoir le cœur net.

Posté à l'angle de l'avenue de Matignon et de

la rue de Ponthieu, il le vit, le lendemain, passer en phaéton à l'heure du Bois, et il observa que ses traits étaient couverts d'une pâleur inaccoutumée. Trois nuits de préoccupation et d'insomnie avaient creusé un double cercle de bistre sous ses yeux éteints ; enfin, symptôme alarmant dont la gravité n'échappa pas à la pénétration de M. Cordat, la toilette du marquis révélait une négligence qui contrastait violemment avec ses habitudes de parfaite élégance et d'extrême correction.

— Se reconnaîtrait-il distancé ? S'avouerait-il vaincu ? La rupture serait-elle définitive? se dit-il avec terreur.

Il griffonna à la hâte ces quelques mots sur une carte de visite qu'il remit au valet de chambre de M. de l'Oseraie en la lui recommandant d'une façon toute particulière : « Dernier avertissement sans frais, Monsieur le marquis. Venez demain, ou gare la bombe ! Visible jusqu'à midi. »

M. de l'Oseraie ne vint pas ; et pourtant, malgré la mention *visible jusqu'à midi*, il l'attendit jusqu'à cinq heures et demie.

Un quart d'heure après, c'est-à-dire peu d'instants avant la levée du courrier des départements et de l'étranger, M. Cordat glissait dans la boîte du bureau de poste de la place de la Bourse une lettre adressée à Bruxelles.

— C'est aujourd'hui lundi, pensa-t-il ; donc c'est jeudi que la bombe éclatera. Quoi qu'il arrive, vous seriez mal fondé à dire que je vous ai pris en traître, Monsieur le pair de France !

IX

Ne vous est-il pas arrivé parfois de fermer les yeux et de rêver de ce paradis terrestre, de ce paradis perdu, d'où les premiers locataires furent si violemment expulsés par un juge inexorable, en expiation d'une faute punie aujourd'hui de trois semaines à trois mois de prison, tant il est vrai que la civilisation adoucit les mœurs et humanise les codes ! S'il vous plaît de concevoir une idée exacte de ce qu'était ce lieu de délices mis à la disposition d'Adam et d'Eve, parcourez lentement, à petites journées, la route de Toulon à Nice, avec arrêt obligatoire à Hyères, à Cannes et à Antibes. Dans ces contrées bénies où les champs de navets et de carottes sont remplacés par des champs de jasmins et d'orangers, où les violettes et les roses sortent tout naturellement de terre comme ailleurs les ronces et les orties, où le ciel et la mer sont si bleus, où le soleil est si radieux, tout est splendeur, enchantements, gaieté, parfum et lumière.

C'est à l'hôtel des *Iles d'or*, à Hyères, qu'il faut nous transporter pour retrouver la vicomtesse Alice. Chaque soir, depuis quinze jours, elle dit à sa femme de chambre : « Laurette, nous partons demain, » et chaque matin elle retarde son départ, ne se lassant pas d'admirer le panorama merveilleux qu'on découvre des fenêtres de son appartement. Et puis la vie est si calme, si libre et si douce ! Pas la moindre tante grondeuse dans le paysage ; pas l'ombre d'un adorateur quinteux à l'horizon. On reçoit peu de journaux dans le pays, et elle s'abstient de les lire. Glosez, médisez et calomniez donc à votre aise, messieurs les Parisiens ; vos méchants propos n'atteindront pas à la hauteur de son indifférence. A l'exemple des majestés lorsqu'elles sortent de leurs royaumes, elle voyage incognito. Ce n'est pas Mme de Morignac, c'est Mme Aubérin qui est inscrite sur le registre de l'hôtel. Elle se lève quand elle veut, déjeune et dîne selon son caprice, se couche quand il lui convient. Elle n'obéit qu'à une seule règle : sa fantaisie. Ses voisins sont de pauvres malades que leurs médecins ont envoyés se faire soigner par un docteur plus habile qu'eux tous : le docteur soleil. Ils n'existent pas pour elle ; elle n'existe pas pour eux. Combien de temps durera son absence ? Elle l'ignore. Où seront les colonnes d'Hercule de son voyage ? Elle ne veut pas le savoir.

Chaque après-midi, pendant une heure, la vicomtesse Alice s'enferme dans sa chambre. Est-ce pour faire la sieste, comme se l'imagine Mlle Laurette, et comme on le lui laisse croire ? Non. Si la camériste employait cet entr'acte à d'autres soins qu'à dormir, paresseusement pelotonnée sur un divan, dans une pièce voisine, elle entendrait la plume de sa maîtresse égratigner le papier. A qui la jeune femme écrit-elle ainsi avec tant de régularité et d'une main si rapide? A personne. Elle cause avec elle-même. Approchons-nous doucement et lisons par-dessus son épaule les lignes qu'elle trace sans prétention et à bâtons rompus :

« Il va sans dire que jamais je n'ai eu occasion de me rencontrer dans la chambre d'un officier de cuirassiers au moment où cet imposant guerrier vient d'y rentrer après de fatigantes manœuvres suivies d'une revue qui menaçait de ne pas finir, et cependant je jurerais que les choses se passent ainsi : il se délivre avec joie de ses grandes bottes et de son grand sabre, il se débarrasse avec ivresse de son casque et de sa cuirasse, et il pousse un *ouf!* formidable qui fait trembler les vitres de la maison.

» Ce sentiment de bien-être et de délivrance, je l'éprouve depuis que je suis ici. Je m'endors en faisant *ouf!* je me réveille en faisant *ouf!*

» Mon Dieu! que c'est donc bon de ne plus être bottée et cuirassée au moral et au physique, comme je l'étais à Paris!

» Ce matin, Laurette est entrée dans ma chambre au moment où je venais de faire mon premier *ouf!*

» Au lieu de m'aborder d'un air maussade, avec les deux phrases traditionnelles :

» — Mme de Balbans demande si Mme de Morignac peut la recevoir... Voici une lettre très pressée de M. de l'Oseraie pour Mme la vicomtesse.

» Elle m'a dit gaiement :

» — Il fait encore plus beau temps qu'hier, si c'est possible. Le patron de la barque loué par Madame désire savoir si Mme Aubérin est disposée à faire sa promenade en mer avant ou après le déjeuner ?

» Quel jour est-ce aujourd'hui ? Mardi. Quelle fête ! Je ne serai pas forcée de me traîner aux Italiens ! Et dire que demain je serai dispensée de me montrer à l'Opéra ! Quelle joie !

» Je m'interromps afin de mieux *oufer* tout à mon aise.

» Est-il permis d'avoir mené une existence aussi sotte, aussi nulle, aussi misérable que celle que j'ai eue jusqu'à présent ?

» Ferai-je prendre l'air, ce soir, à ma parure de diamants ou d'émeraudes, à mes perles ou à mes saphirs ? telles étaient les grandes préoccupations de mes journées sans but.

» Je rougis de confusion quand je pense que la Méditerranée m'était inconnue et que je n'ai encore aperçu l'Océan que dans la cuvette de Trouville.

» Si ce Monsieur qui venait « travailler » avec moi pendant des heures entières, et avec lequel je discutais si gravement la coupe définitive de mes robes de bal ; si ce Monsieur insupportable et ridicule osait se présenter à mes yeux, avec quel plaisir je le mettrais à la porte !

» Doivent-ils en dire de belles sur mon compte là bas, au Jokey et au cercle de *l'Union*, La Varenne surtout, qui de tout temps m'a cordialement détestée et auquel je rends honnêtement la monnaie de sa pièce !

» Combien de fois a-t-il répété au marquis avec sa brutalité d'ancien zouave (je crois l'entendre d'ici) :

» — Ah ça, Gaston, aurez-vous la faiblesse de pardonner cette fois encore à la vicomtesse? A votre place, mon bon, c'est moi qui *lâcherais* cette femme aussi dénuée de cœur que de cervelle ; *lâchez*-la donc. L'amitié vous le conseille et l'honneur vous l'ordonne.

» Eh ! mon Dieu ! que ce souhait s'accomplisse donc vite ! Le jour où j'aurai la certitude que les vœux de La Varenne sont exaucés, il n'y aura pas dans toute la cavalerie française un seul cuirassier capable de pousser un *ouf* de la force des miens. »

Elle ferma l'album confident de ses pensées intimes, en se disant comme le romancier qui a accompli sa tâche quotidienne :

— La suite à demain.

Cet album, nous allons avoir l'indiscrétion de le rouvrir, et nous profitons de son absence pour le feuilleter au hasard.

» Rien ne saurait peindre mon extase quand j'ai vu les beaux palmiers plantés sur la place où est bâti l'hôtel des *Iles d'or*. Il faisait nuit à l'heure où la chaise de poste s'y est arrêtée ; j'avais bien aperçu quelques arbres, mais je pensais que c'étaient des arbres comme les autres. Et bien ! pas du tout ; ce sont des palmiers, de vrais palmiers, des palmiers « pour de bon, » comme je disais au temps où j'étais petite fille.

» Pour comprendre et s'expliquer mon extase, il faut savoir qu'en fait de palmiers, je n'en connaissais pas d'autres que celui des bains de la Samaritaine, près du Pont-Neuf, lequel est en zinc, et ceux également en zinc du jardin Mabille... car, j'en fais l'aveu, je suis allée à Mabille.

» C'était un soir, après la représentation du Cirque des Champs-Elysées; je priai M. de l'Oseraie de m'introduire dans le temple chorégraphique de l'avenue Montaigne, curieuse de voir valser une demoiselle Fil-de-Soie, dont les journaux chantent les louanges, dont on expose le portrait, dont on vend la biographie.

» Il y avait un monde fou. A la demande du marquis, Chicard, le grand Chicard (il paraît qu'il se nomme Lévêque et qu'il est marchand de cuirs) a exécuté son fameux *cavalier seul*. Il est gai comme un croquemort qui aurait consommé beaucoup de *bières*. C'est un mot du marquis ; il n'est pas très fort ; mais, comme il dit, ce n'est pas son état de faire des mots. Alors, pourquoi s'avise-t-il d'en dire? Au tir, j'ai cassé plusieurs poupées. Nous avons bu quelque chose de violent, qui a un nom étranger, et qui s'aspire avec une paille. Il m'a été présenté un poète célèbre, un critique célèbre, un peintre célèbre et un journaliste célèbre. Deux jeunes gens du meilleur monde se sont pris de querelle, et il y a eu échange de cartes. Deux femmes du plus mauvais monde se sont battues et, à cette occasion, le journaliste célèbre a dit qu'elles aussi auraient pu échanger leurs cartes. On a souri ; je n'ai pas compris pourquoi. Un magicien logé dans une grotte m'a prédit qu'un riche étranger me ferait « un sort. » Je suis partie vers minuit avec la conviction de m'être extrêmement amusée.

» D'où vient qu'à présent je reproche à M. de l'Oseraie d'avoir cédé si facilement à mon caprice ? Pourquoi ai-je confusion de moi-même en songeant qu'on m'a vue en un tel lieu ?

» Depuis que j'ai commencé à noircir les pages blanches de cet album, c'est inouï ce que j'y sème de points d'interrogation auxquels je ne parviens pas à accrocher de réponses satisfaisantes ! »

. . . .

« Parmi les problèmes que ma curiosité pose fréquemment à mon esprit et que ma sagacité ne parvient pas à résoudre, il en est un dont je payerais l'explication le prix qu'on voudrait, si élevé qu'il fût.

» Quel est ce jeune homme qui a pénétré ainsi qu'une bombe dans ma loge, le soir de *Lucie* ?

» D'où venait-il ?

» Des gens étaient à sa poursuite ; mais pourquoi était-il poursuivi ?

» Pour quelle raison a-t-il désigné le numéro 12 des premières plutôt qu'un autre numéro ?

» Par quels sentiers inconnus et innommés descend-on au degré d'extrême misère que toute sa personne trahissait si cruellement ?

» Quand on est joli garçon comme il m'a semblé être, par quelle aberration laisse-t-on croître sa barbe et ses cheveux dans des proportions si désordonnées et si ridicules?

» J'ai été vraiment sotte de ne pas lui dire mon nom, ou tout au moins de ne pas lui demander le sien. J'aurais connu les moindres détails de son aventure, et je ne serais pas dans une situation analogue à celle où je me fusse trouvée si, pour un motif ou pour un autre, Eugène Suë m'avait plantée là au beau milieu de ses *Mystères de Paris.*

» Mon jeune inconnu serait-il un autre prince Rodolphe? »

. . . .

« Il y a aujourd'hui quatre ans que je suis veuve.

» C'est Laurette qui m'a rappelé cette date funèbre en me coiffant. J'avoue ingénûment que je n'y songeais guère.

» Je ferai dire demain deux messes pour le repos de l'âme d'Elzéar Symphorien de Morignac, n'étant pas certaine de lui avoir fait cette politesse l'an dernier, à pareille époque.

» Si réellement je me suis rendue coupable de cet oubli, c'est d'autant plus à regretter que l'âme en question est une de celles qui ont le plus besoin qu'on intercède en leur faveur.

» J'ai été mariée seulement pendant deux ans. Mais quelles années de torture! Quel supplice! Comme Dieu a été bon de l'abréger! On a bien raison de dire, Seigneur, que vous ménagez le vent à la brebis tondue. Si le boucher vivait encore, il y a beau temps que la brebis n'existerait plus. »

. . . .

« — Ma mignonne, me dit un jour ma tante

de Balbans, vous sentez-vous quelque vocation pour la vie religieuse?

» — Aucune vocation, ma tante.

» — Il ne vous serait pas doux de prendre le voile?

» — Le voile! m'écriai-je épouvantée. Où voulez-vous en venir avec ces étranges questions?

» — A ceci; vous n'avez aucune fortune, ma ma pauvre Alice.

» — Hélas! qui le sait mieux que moi? Après s'être ruiné, mon père ruina ma mère, m'avez-vous appris. Je dois tout à vos bienfaits.

» Ma tante reprit avec un soupir:

» — Mes revenus suffisent tout juste à nous faire bien vivre toutes les deux, et je ne suis pas assez riche pour vous doter, ma chère petite. Or, les filles sans dot, alors même que le ciel les a pourvues de beauté, ne sont pas recherchées avec grand empressement, cette année, sur le marché conjugal.

» — Eh bien! dis-je résolûment, je coifferai sainte Catherine,

» Mme de Balbans me fit observer qu'elle ne serait pas éternelle, que dans un temps, peut-être prochain, je serais seule au monde, et elle me confia que, dans le but d'améliorer son bien-être et le mien, elle avait placé la totalité de son capital à fonds perdus.

» Les larmes me montèrent aux yeux.

» — Ne vous désespérez pas ainsi, ma chère, me dit-elle; vous n'avez que dix-neuf ans; vous êtes aussi jolie qu'il est permis de l'être. Qui sait s'il ne se présentera pas un connaisseur assez riche pour estimer votre beauté à son juste prix et pour la payer ce qu'elle vaut ?

» Après un silence, elle ajouta d'un ton dégagé :

» A propos, nous avons un convive à diner ce soir. Ne manquez pas de mettre votre toilette rose. Elle vous sied à ravir.

» — Comment se nomme-t-il, ce convive ? demandai-je toute curieuse.

» — Ceci est un détail ; vous ne le connaissez pas. Qu'il vous suffise de savoir que c'est un beau nom bien porté.

» — Et lui, me connaît-il, ce Monsieur mystérieux ?

» — Il a vu votre portrait.

» — Comment me trouve-t-il ?

» — Vous lui plaisez beaucoup.

» — Il est jeune ?

» — Ni blanc-bec, ni vieillard ; ni Chérubin, ni Géronte.

» — Il a de la fortune ?

» — Une fortune invraisemblable.

» — C'est convenu, ma tante ; je mettrai ma toilette rose.

» — Ce qui me plaît surtout en vous, Alice, c'est que vous êtes une personne d'esprit avec qui on s'entend à demi-mot, dit ma tante en souriant. Venez çà, que je vous embrasse.

» Toute la journée, je ne fis pas autre chose que de songer à cet inconnu ni trop jeune, ni trop vieux, porteur d'un grand nom, possesseur d'une fortune invraisemblable, auquel mon portrait plaisait beaucoup.

» Or l'artiste qui a peint ce portrait me dit en me le remettant :

» — Je suis forcé d'avouer, Mademoiselle, que l'original est cent fois plus charmant que la copie.

» Ces artistes ont une imagination déréglée qui les fait toujours verser dans l'excessif. Cent fois, c'est trop dire ; mais c'est la pure vérité que la copie ne vaut pas l'original.

» Le convive de ma tante fut mieux qu'exact ; il fut empressé. Nous ne dînions qu'à sept heures ; il arriva en avance d'une grande demi-heure. J'étais encore à ma toilette lorsqu'il sonna à la porte. Les vibrations du timbre retentirent dans tout mon être. Je sentis que ma destinée était en jeu.

» Le domestique qui vint me prévenir que le dîner était servi me trouva agenouillée sur mon prie-dieu, adressant à ma patronne une muette oraison.

» Au moment où j'aperçus l'être pour qui j'avais mis ma toilette rose, je faillis jeter un cri d'épouvante et d'horreur. J'ai vu bien des hommes laids dans le monde, mais je ne pense pas que la laideur de M. de Morignac ait été tirée à deux exemplaires. Il avait l'œil atone, le crâne déplumé, les chairs flasques et la lèvre pendante des viveurs quinquagénaires qui ont passé leur existence à sacrifier démesurément sur l'autel impur des jouissances matérielles. Ses pieds, déformés par la goutte (il n'avouait que des rhumatismes), étaient logés dans des chaussures percées à jour. Un tremblement nerveux imprimait à sa tête de poussah un balancement perpétuel. Ma tante, qui voulait le prendre par son faible, avait fait préparer un repas exquis et plantureux. Il mangea comme un orgre et but en proportion, mêlant dans le même enthousiasme et dans la même admiration mes charmes souverains et l'excellence des sauces, s'extasiant dans les mêmes termes sur la perfection des vins et sur celle de ma beauté.

» Lorsque nous fûmes rentrés dans le salon, Mme de Balbans lui dit gracieusement :

» — Vous avez l'habitude de faire un petit somme après votre repas. Ne vous gênez pas, vicomte ; voici un bon fauteuil qui vous tend les bras.

» Il fit quelques difficultés pour la forme, accepta l'invitation et ne tarda pas à tomber dans le sommeil épais et lourd du boa qui digère un buffle..

» — Oh ! ma tante ! murmurais-je d'une voix étouffée en lui montrant le dormeur.

» — Chut ! fit-elle, nous causerons plus tard. Pas un mot, je vous prie.

» Elle prit un livre et me tourna le dos.

» — M. de Morignac dormait toujours et son sommeil était ponctué de hoquets monstrueux.

» A peine fut-il éveillé, il demanda sa voiture. En prenant congé de nous, il dit un « à demain, » qui me glaça de terreur.

» — Eh quoi ! il reviendra demain ? dis-je à ma tante, qui avait accompagné M. de Morignac jusque dans l'antichambre où ils causèrent pendant quelques minutes.

» — Je le recevrai non-seulement demain,

mais les jours suivants, ma chère petite ; le vicomte est fort de mes amis, ma maison lui est ouverte.

» Je vous demanderai la permission de me retirer dans ma chambre pendant ses visites.

» — Dispensez-vous de solliciter cette permission ridicule ; elle vous serait refusée.

» — Dans quel but M. de Morignac reviendra-t-il ainsi chaque jour ?

» — Pour faire sa cour et s'efforcer de plaire...

» — A qui se propose-t-il de plaire, grand Dieu ? interrompis-je avec éclat.

» — Petite masque, vous ne supposez pas que ce soit à moi, je pense, dit-elle avec un rire strident.

» — Espérez-vous donc que je consente à devenir la femme d'un tel homme ? m'écriai-je exaspérée par cet excès de gaieté inopportune.

» — Je ne me borne pas à l'espérer, ma chère ; j'y compte fermement.

» — Jamais ! Je me réfugierai dans un couvent. Je prendrai le voile.

» — Le seul voile que vous prendrez, ma belle, sera en point d'Angleterre et semé de fleurs d'oranger. Le vicomte vous adore ; je suis chargée de vous le dire officiellement.

» — Je me jetai aux genoux de Mme de Balbans ; je baisai ses mains, je les mouillai de mes pleurs... Elle m'ordonna de me relever d'un geste impérieux, et se penchant à mon oreille, elle me dit ces phrases hachées, en me tutoyant pour la première fois de sa vie :

» — Ecoute-moi bien, Alice... Tu ne sais pas

tout, ma chérie... Je suis ruinée... La misère est à notre porte... la misère la plus affreuse... Ton mariage avec M. de Morignac, c'est le salut pour nous deux, mon ange... Epouse-le, et il m'assure cent mille francs de rente... Une fois sa femme, et par contrat de mariage, il te donne la totalité de sa fortune... Quarante millions, Alice ! Tu entends, ma mignonne adorée : quarante millions tout de suite, et le veuvage en espérance... Sauve-moi... sauve-nous.

» Les rôles étaient intervertis ; ce fut elle qui baisa mes mains et les arrosa de ses larmes en se traînant à mes pieds. »

. . . .

« Il revint. Je ne sais ce que ma tante lui avait conté ; mais, quand nous eûmes pris place à l'Opéra, dans la grande loge d'entre-colonnes qu'il avait louée pour nous, il me dit :

» — Vous êtes bonne autant que belle, et je vous remercie de consentir à tolérer mes visites. Je vous aime passionnément ; aimez-moi un peu, et je vous ferai une existence si heureuse, que toutes les autres femmes envieront votre sort et sécheront de dépit.

» Il était assis derrière moi, et je sentais un souffle haletant et ardent courir sur mes épaules nues. Il s'empara d'une de mes mains et la serra dans les siennes avec tant de force, que je murmurai :

» — Prenez garde, Monsieur, vous me faites mal.

» Il eut comme un spasme, poussa un gémissement étouffé et s'affaissa sur son siège où, grâce au ciel, il ne tarda pas à s'endormir sans que les cris des chanteurs et les mugissements de l'orchestre parvinssent à le troubler.

» — Observez comme on vous regarde, me dit Mme de Balbans. Il n'est pas une lorgnette féminine qui ne soit braquée sur notre loge. Quelle jeune fille n'ambitionnerait d'être à votre place? Paris, qui n'est point sans avoir flairé les projets de M. de Morignac, salue en vous sa future souveraine. Croyez-moi, ma chère, ne laissez pas traîner les choses en longueur. Vous êtes sur le seuil de la terre promise ; tremblez qu'une attaque de goutte ou d'apoplexie ne vous en ferme l'entrée à jamais.

» C'était aussi mon avis d'en finir le plus promptement possible. Un mois après, le curé de Saint-Thomas d'Aquin appelait sur la tête de M. de Morignac et sur la mienne une rosée de célestes bénédictions qui ne devait pas s'y répandre.

» La cérémonie nuptiale fut célébrée passé minuit. Il était deux heures du matin lorsque nous rentrâmes à l'hôtel. Ma tante nous accompagnait.

» — J'ai faim, dit-elle subitement.

» — Moi aussi, j'ai faim, mais je ne souperai pas : c'est l'heure où les tourtereaux rentrent dans leur nid, soupira M. de Morignac en me regardant avec une expression et un sourire qui me forcèrent à détourner la tête et à baisser les yeux.

» — Ah ! vicomte, vous n'êtes pas aimable pour votre bonne tante, reprit Mme de Balbans. J'ai des crampes d'estomac et je suis sûre qu'un en-tout cas est dressé ; venez m'en faire les honneurs. Tandis qu'Alice va se mettre dans les mains de ses femmes, nous aurons bientôt fait de sucer une aile de jeune perdreau et du vieux bourgogne.

» — Va pour le verre de bourgogne et pour l'aile de perdreau, dit M. de Morignac incapable de résister à la tentation ; mais je vous préviens que dans cinq minutes je vous fausse compagnie. Allez, ma chère Alice, je vous rejoins dans un instant.

» Mme de Balbans me suivit jusqu'à la porte et me dit rapidement :

» — Couchez-vous : dormez tranquille, et ne faites pas de mauvais rêves. Il n'ira pas vous retrouver cette nuit, comptez sur moi.

» Sa prédiction se réalisa.

» Et le lendemain je sus par elle que M. de Morignac avait fait une longue station à table, qu'il s'y était comporté avec sa vaillance accoutumée et qu'après sa troisième bouteille de Musigny il était tombé à demi-congestionné sur un divan où il avait reposé jusqu'au matin.

» Mais hélas, hélas ! mon garde du corps ne se trouva pas près de nous tous les soirs, et M. de Morignac ne soupa pas toutes les nuits ! »

. . . .

» Tout le pays est en rumeur. Le canon de l'arsenal de Toulon a annoncé ce matin l'évasion de deux forçats.

» J'ai demandé au patron de ma barque :

» — Ces malheureux seront-ils réintégrés au bagne ?

» Il m'a répondu :

» — Oui, si on les repince.

» — On ne les arrête donc pas toujours?

» — Il y en a qu'on ne réussit pas à reprendre. Ils se cachent si bien qu'ils sont introuvables.

» — Où parviennent-ils à se cacher ainsi? sur quelles montagnes? dans quelles forêts?

» — A Paris, Madame. Paris est leur retraite la plus sûre.

» — A Paris!... Le jeune homme que j'ai recueilli dans ma loge serait-il un évadé de Toulon?

» Où s'égare mon esprit? Cette hypothèse est absurde et insensée.

» Un forçat n'a pas l'air distingué et les mains blanches de mon inconnu des Italiens. »

. . . .

« Ce matin, petite alerte et grande surprise. Rencontre imprévue. Une ancienne compagne de couvent m'apparaît soudain au bras de son mari, suivie d'une collection de babys échelonnés par rang de taille comme les roseaux d'une flûte de Pan; et la collection ne serait pas encore complète, à en juger pas sa rotondité. Grâce à sa myopie, elle a passé près de moi sans me reconnaître, ce qui a simplifié et arrangé les choses.

Que de bons et joyeux souvenirs cet incident a fait revivre dans ma mémoire!

» Arabella Dowlett ne savait pas un mot de français quand elle nous arriva de Liverpool, et moi je parlais déjà l'anglais très couramment. Bien qu'elle fût mon aînée de trois ans, je la pris sous ma protection et je me chargeai de lui donner les premières notions de la science qu'elle était venue chercher à Paris.

» Au début, je m'acquittai de ma mission avec tout le zèle, toute la conscience désirables ; puis un jour, à la suite d'une discussion philologique souvent renouvelée entre nous, je lui tendis un piége où elle se prit avec une naïveté dont je ris encore après tant d'années écoulées.

» Bella, ainsi que nous la nommions afin d'économiser les syllabes, soutenait que la langue anglaise est plus riche que la nôtre.

» — C'est ainsi, me dit-elle subtilement, que nous avons deux verbes bien distincts pour exprimer notre pensée, selon que nous voulons peindre notre affection pour quelqu'un ou notre goût pour quelque chose. Tandis que vous dites indifféremment : « J'aime ma mère et j'aime le bœuf, » nous disons, nous : « I *love* my mother, and i *life* the beef ; » comprenez-vous, Alice, à quel sentiment de délicatesse nous obéissons ! N'est-ce pas le comble du *shoking* que de donner à penser qu'on aime le bœuf de la même façon qu'on aime sa mère ?

» Tout ceci dit en anglais, bien entendu, et avec de grands yeux bleus levés sentimentalement vers le ciel.

» Humiliée de cette infériorité sur laquelle Bella revenait et s'appesantissait plus qu'il ne me plaisait, j'imaginai une vraie gaminerie de pensionnaire et de pensionnaire très mal élevée, il faut bien en faire l'aveu.

» Je dis d'un ton doctoral :

» — Nous n'avons pas moins de délicatesse que vous, veuillez le croire, et vous en serez persuadée aussitôt que vous en saurez un peu plus long. En Angleterre, qu'on réponde affirmativement à un inférieur ou à un supérieur, invariablement on répond *yes*.

» — Eh bien ! interrompit-elle, est-ce qu'en France vous ne répondez pas *oui* à tout le monde ?

» Je repris sans me départir de mon grand air magistral :

» — C'est une erreur ; il y a des circonstances où l'on dit *zut*. Oui est familier, *zut* est respectueux. Exemple : Madame la supérieure, je suppose, vous fait l'honneur de vous demander si vous commencez à vous acclimater ; vous vous gardez de répondre : Oui, Madame. Vous dites ; *Zut*, Madame ; et chacun de penser : Voilà une jeune fille anglaise très convenable.

» — Je ne manquerai pas de dire *zut*.

» — Vous ferez sagement.

» — Je vous suis très reconnaissante de vos bonnes leçons, Alice.

» — Il n'y a pas de quoi, Bella.

» Le hasard voulut que notre vénérable directrice, une heure après, lui adressât la parole et lui posât cette question :

» — Commencez-vous à comprendre et à parler un peu le français, mon enfant ? Répondez-moi sans vous troubler.

» Et ma Bella de répliquer avec son calme britannique :

» — *Zut*, Madame.

» Je fus privée de sortie et de dessert pendant trois mois... Mais qu'on s'est donc amusé, ce jour-là, au Sacré-Cœur !

» Tandis que j'écris ces folies, Bella préside à l'emballage de sa progéniture dans la gigantesque voiture surchargée de malles et de paquets qui les conduit en Italie à petites journées. Après avoir passé en revue tous ses enfants et s'être assurée qu'elle n'en oublie aucun, elle se hisse dans l'arche à côté de son mari. Le postillon fait claquer son fouet ; l'attelage agite ses grelots... Ils partent... ils sont partis.

» Quelle pluie de bénédictions sur leurs têtes, s'il est vrai que Dieu bénisse particulièrement les familles nombreuses ! »

. . . .

» On a organisé des courses à Toulon et le propriétaire de l'hôtel m'offre de m'y conduire avec sa femme, dans son breack. Je l'ai remercié de cette politesse, étant blasée au possible sur ce genre de spectacle.

La dernière fois que je me suis montré sur un hippodrome, c'était au commencement d'octobre, à la réunion d'automne, à Chantilly, et je peux me vanter d'y avoir appris des choses fort intéressantes et fort instructives, concernant mon immuable adorateur, M. de l'Oseraie.

» Si j'étais une de ces héroïnes de roman qui rêvent d'être aimées pour « elles-mêmes, » quel coup de poignard m'eût donnée en plein cœur la causerie de deux jockeys, de deux simples jockeys, dont un morceau me fut porté par une favorable brise, alors que je fumais une cigarette russe dans l'enceinte du pesage !

» Je m'aperçois, un peu tard, que la phrase que je viens d'écrire est construite tout de travers et qu'elle pèche par un excès condamnable d'amphibologie. Il est bien entendu, quand je parle d'un morceau qui me fut porté, qu'il s'agit, non d'un morceau des jockeys, mais d'un fragment de leur causerie que je traduis de l'anglais avec une fidélité littérale.

» Le plus petit dit au plus grand :

» — C'est vrai, ce qu'on prétend, John ? Vous entrez chez le marquis de l'Oseraie ?

» — C'est complètement vrai, Paddy.

» — En ce cas, vous avez complètement tort, mon ami John.

» — Pourquoi ai-je eu tort, mon ami Paddy, d'accepter les propositions de cet honorable gentleman ?

» — Pour une bonne raison : cet honorable gentleman est complètement ruiné.

» — Je le sais véritablement.

» — Si vous le savez véritablement, je ne comprends pas que vous consentiez d'être attaché à une écurie dépavée.

» — Je vois que vous ignorez que cette écurie sera bientôt repavée avec des dalles en or.

» — Et qui les fournira, John, ces belles dalles en or ?

» — Les bons millions d'une dame que M. de l'Oseraie va épouser, Paddy. Et Dieu sait s'il se marie pour autre chose !

» — A-t-elle au moins beaucoup de millions, cette dame si généreuse ?

» — Beaucoup fort, en vérité.

» — Tant mieux pour elle ; autrement il est certain qu'elle mourrait sur la même paille que les *outsiders* de son mari. Mais la troisième course va commencer. Je vous salue, John.

» — Paddy, je vous salue.

« Honnête Paddy, si je savais où te trouver,

je t'enverrais une gratification de cinquante louis. Quant à toi, mon pauvre John, lorsque ton maître n'aura plus de chevaux, et je crois que ça ne tardera guère, je te prendrai à mon service. »

. . . .

« Mon Dieu ! est-on assez bête quand on dort... Quel rêve absurde m'a tourmenté l'autre nuit ! Il se divise, ce songe insensé, en une foule de tableaux avec changements de décors précipités comme dans les drames de Shakespeare et dans les fantaisies d'Alfred de Musset.

» 1er TABLEAU. — Ma chambre à coucher dans mon hôtel de la rue de l'Université. Laurette vient de se retirer. Après une demi-heure de lecture, je sens mes paupières s'alourdir et j'éteins ma lampe. Au milieu de la nuit, je m'éveille en sursaut. Deux hommes masqués se tiennent près de mon lit « armés jusqu'aux dents. » Je veux crier ; ils me bâillonnent et m'accordent cinq minutes pour faire mes préparatifs de départ.

» 2e TABLEAU. — Une échelle de corde est accrochée à ma fenêtre ; c'est par ce chemin périlleux que je descends dans le jardin.

» 3e TABLEAU. — Un carrefour désert. Une voiture stationne à quelques pas, on m'y installe de force et j'entends l'un des deux hommes qui dit à son compagnon : « Brûlons le pavé ; nous n'avons pas une minute à perdre. Moins de deux heures pour faire plus de trois cents lieues ! et tu sais que Rinaldo n'aime pas qu'on soit en retard. »

» 4e TABLEAU. — Une lande inculte. Paysage

sauvage et désolé. La voiture s'arrête. Je mets pied à terre et je m'enfuis en courant. Les deux hommes masqués s'élancent sur mes traces ; ils ne tardent pas à me rejoindre et « me couvrent de chaînes. »

» 5e TABLEAU. — Une grotte au fond des entrailles de la terre. Un homme s'avance dans le lointain ; tout à coup, je le reconnais à la lueur des torches... c'est l'inconnu du Théâtre-Italien ! « Mon nom est Rinaldo, me dit-il ; ma profes- » sion, chef de brigands. Je t'aime, je te prends » pour compagne ; je t'associe à mon existence » et à mes dangers. Tes chaînes de fer vont se » changer en chaînes de fleurs. » Orgie, ballet, flammes de Bengale, musique enivrante et voluptueuse.

» 6e TABLEAU. — Une forêt. La bande de Rinaldo est enveloppée et assaillie par des carabiniers ; combat acharné. Rinaldo tombe criblé de balles. « Alice, » s'écrie-t-il, tu dois mourir avec moi ! » Il arme son revolver ; j'entends une détonation ; je m'affaisse sanglante à ses côtés et je pousse un cri qui met fin à ce ridicule cauchemar.

» Voilà ce que c'est que d'ouïr parler constamment, comme c'est l'usage ici, de forçats évadés du bagne et de diligences arrêtées dans les défilés de l'Estérelle par des scélérats que la gendarmerie du Var ne parvient pas à détruire ! »

Rouvrons l'album de la vicomtesse et lisons les lignes qu'elle vient d'y tracer et qui n'ont pas eu le temps de sécher.

« J'étais résolue à partir demain matin, et j'avais prié l'hôtelier de me faire monter ma note.

» — Qu'est-ce que cela ? ai-je dit en apercevant sur un plateau, à côté de la note demandée, une large enveloppe scellée de cire noire.

» — C'est une lettre pour Madame, a répondu le garçon.

» — Vous devez vous tromper, mon ami.

» — Je ne crois pas ; le nom de Madame est sur l'adresse.

» — Qui vous a remis cette lettre ?

» — Personne ; je l'ai trouvée dans la case de Madame ; j'ai pensé que c'était peut-être une affaire pressée...

» — Vous avez eu raison ; je vous remercie.

» J'ai tourné et retourné cette enveloppe entre mes doigts avant de me décider à l'ouvrir. Elle ne porte pas le timbre de la poste ; les deux initiales qui se détachent en relief sur la cire noire du cachet, un R et un D, ne m'apprennent rien. En relisant l'adresse que j'avais regardée d'abord d'un œil distrait, j'ai fait une découverte. Immédiatement après mon nom, ou plutôt après le nom que j'ai pris, Madame Aubérin, lequel est écrit en gros caractères, mon correspondant a ajouté entre deux parenthèses et en caractères minuscules : (A. DE M.), comme s'il tenait à me faire connaître qu'il n'est point dupe de mon déguisement et que la vraie Mme de Morignac ne lui est pas cachée par la fausse Mme Aubérin.

» J'ai ouvert l'enveloppe et voici ce que j'ai lu :

« Madame,

» J'arrive de loin pour avoir l'honneur de vous voir et de causer avec vous. On m'annonce que vous partez demain à la première heure. Il est trop tard pour que je prenne la liberté de me présenter chez vous. J'ose donc vous supplier de vouloir bien ajourner votre départ.

» Si étrange que ma prière doive vous paraître, daignez l'accueillir, Madame, et croyez à mes sentiments profondément respectueux.

» René Derville. »

» Les deux initiales ne m'avaient rien appris; les deux noms me laissent dans la même ignorance. Quel est ce René Derville? J'ai ordonné à Laurette de se mettre immédiatement en campagne et de récolter tous les détails qu'elle pourra se procurer concernant ce Monsieur un peu bien sans-gêne. S'il est possible de savoir quelque chose sur son compte, elle le saura. Il est minuit, j'attends le retour de cette fine mouche.

» Enfin, elle est revenue, et voici, fidèlement transcrit, le dialogue que nous avons échangé :

» — Parlez vite... Qu'avez-vous appris?

» — Rien.

» — Vous êtes une fille insupportable.

» — Mais je l'ai vu.

» — Ah!

» — C'est le prince charmant, Madame. Ils m'ont demandé en bas à quelle heure il faudra venir m'éveiller. J'ai répondu que Madame a changé d'avis et que le départ est différé jusqu'à nouvel ordre.

» — De quoi vous êtes-vous avisée, je vous prie ?... Votre prince Charmant était-il présent quand vous avez fait cette belle déclaration ?

» — Oui, Madame ; il préparait un verre de citronade.

» — Vous a-t-il entendue ?

» — Il n'a pas perdu une seule de mes paroles.

» — Qui vous le fait supposer ?

» — Son émotion. En apprenant que le séjour de Madame se prolongera ici, il s'est mis à trembler si fort que le verre qu'il portait à ses lèvres s'est échappé de ses mains et s'est brisé sur la table.

» — Laurette...

» — Madame...

» — Est-ce qu'il a une grande barbe et de grands cheveux, ce prince charmant ?

» — Non, Madame ; il est rasé et coiffé comme tout le monde, vêtu de noir, et porte un crêpe à son chapeau.

» Il finit par m'intriguer sérieusement, ce M. René Derville. Serait-ce un ambassadeur de M. de l'Oseraie ? Est-ce un espion de Mme de Balbans ? Je lui donnerai audience ; je saurai de quoi il retourne et partirai immédiatement après.

» J'ai écrit ces simples mots sur une feuille de papier de l'hôtel, — le mien est marqué à mon chiffre et à mes armes : « Mme Aubérin « recevra M. Derville à midi. » Laurette fera tenir ce billet à son adresse.

» Présentement, couchons-nous, et fasse le ciel que le spectre du terrible Rinaldo ne trouble pas mon sommeil ! Il est nécessaire que je passe une bonne nuit ; l'insomnie enlaidit... Or c'est surtout quand elle attend la visite du prince Charmant qu'une femme est désireuse de posséder tous ses moyens. »

X

Alors que la puissante compagnie de chemin de fer qui devait, quelques années plus tard, populariser le célèbre monogramme P. L. M., était encore dans les limbes ; alors que le trajet de Paris à Marseille s'accomplissait par la voie des Messageries royales et des diligences Laffitte et Gaillard, c'était véritablement entreprendre une excursion au long cours que de franchir la distance qui sépare la rue de Richelieu de la Cannebière et Montmartre du château d'If. A peine étaient-ils parvenus à leur destination finale, les voyageurs, brisés de fatigue, écartelés et rompus par les cahots de cette route interminable, s'abattaient sur les caravansérails du voisinage et couraient s'enfermer dans leurs chambres, impatients d'ablutions bienfaisantes, avides de repos et de sommeil.

Ceux qui débarquèrent à Marseille dans l'après-midi, par une belle journée de novembre 1843, n'eurent rien de plus pressé que d'accomplir de point en point ce programme stéréotypé. Un seul pourtant fit exception à la règle commune. Son premier soin, à peine eut-il touché le pavé de la capitale phocéenne, fut de s'informer des heures de départ pour Toulon. Satisfait sans doute des renseignements qu'il obtint, il poussa une exclamation joyeuse et, guidé par un commissionnaire chargé de son léger bagage, on le vit se diriger à grands pas vers une diligence dont les six chevaux s'enlevèrent peu après au grand trot, animés par les claquements de fouet du postillon, excités par la fanfare brillante que le conducteur exécutait sur son cornet à piston.

Ce voyageur infatigable, c'était René Derville.

Aussitôt mis en possession des renseignements achetés par lui au suisse de Mme de Morignac, il avait fait ses préparatifs de départ. Combien la route lui parut longue ! Avec la malle-poste, il eût aisément gagné une journée ; mais les trois places étaient prises, et il dut se contenter de celle qu'il courut retenir au bureau de la rue Notre-Dame-des-Victoires.

La manœuvre qu'il avait exécutée à Marseille il la renouvela à Toulon, où il entra à neuf heures du soir. Cinq minutes après, il roulait sur la route d'Hyères, où l'on devait arriver à onze heures. A dater de ce moment, refrénant les impatiences excessives qu'il n'avait cessé de témoigner depuis quatre jours et quatre nuits, il commença à trouver qu'on dévorait l'espace avec une célérité exagérée, et il se prit à regretter l'allure extrarapide de l'attelage. En même temps que les kilomètres succédaient aux kilomètres, à mesure qu'il approchait du but, il se sentait envahi par une terreur intense qui suspendait les battements de son cœur et mouillait d'une sueur froide la racine de ses cheveux.

Madame de Morignac était-elle encore à Hyères? Si elle n'y était plus, où la rejoindre? Comment retrouver sa trace perdue? Et au cas où il aurait la bonne chance qu'elle ne fût pas partie, quel accueil lui serait fait? consentirait-elle seulement à le recevoir?

Ces trois mille francs qu'elle lui avait fait accepter, à son insu, il est vrai; cet argent dont il n'avait consenti à faire usage qu'opprimé, étranglé par les circonstances les plus tragiques, les plus douloureuses, et qu'il était dans l'impossibilité de restituer en totalité, le plaçaient vis-à-vis de la jeune femme dans une situation d'infériorité morale qui blessait toutes ses délicatesses, qui froissait toutes ses pudeurs. Par quel miracle d'audace oserait-il, dans les conditions anormales où il se trouvait, faire l'aveu de son amour? Ne risquerait-il pas de revêtir la honteuse apparence d'un misérable exploiteur, encouragé par une facile victoire, alléché par un premier succès? En admettant même qu'elle l'autorisât à parler, plus ses paroles auraient d'entraînement et d'éloquence, plus elle serait fondée à se mettre sur ses gardes et à se tenir en défiance. Il ne fallut rien moins que l'affection profonde qu'il avait toujours eue pour sa mère et le respect dont il entourait sa mémoire chérie pour qu'il lui pardonnât l'acte de faiblesse et d'aveuglement qui l'avait dépouillé de sa petite fortune. Quant à celui qui la lui avait volée, il fit le serment, si le hasard lui en donnait l'occasion, de le citer à son tribunal vengeur, et de s'ériger en impitoyable justicier.

. Nous avons dit à quelle ruse René eut recours pour faire parvenir sa lettre à Mme de Morignac, et l'on sait par l'incident du verre brisé quelle fut son émotion. Il lui sembla impossible que la vicomtesse n'eût pas deviné, dès le premier abord, que le signataire de la lettre et le malheureux qu'elle avait couvert de sa généreuse protection ne faisaient qu'une seule et même personne. De là à tirer des inductions de bon augure de l'empressement qu'on avait mis à exaucer sa prière, il n'y avait qu'un pas, et il ne résista point à la tentation de le franchir. Poursuivi par cette heureuse chimère, en dépit de l'extrême lassitude sous laquelle il succombait, il ne ferma pas l'œil de la nuit.

Le soleil piquait déjà de ses flèches d'or les flots bleus de la Méditerranée, lorsqu'enfin il s'endormit. Il s'éveilla aux sons de la cloche de l'hôtel annonçant aux assidus de la table d'hôte que le déjeuner allait être servi.

Le lit sur lequel René était couché faisait face à la porte de sa chambre, et le premier objet qu'il aperçut en ouvrant les paupières fut une lettre glissée sous la porte pendant son sommeil, et dont l'enveloppe blanche se détachait vivement sur le fond noir du tapis. C'était le billet écrit la veille par Mme de Morignac. La camériste n'obtenant pas de réponse, en dépit des coups nombreux qu'elle avait frappés de son petit poing rageur, s'était résignée à expédier par cette voie inusitée le message de sa maîtresse. René le serra pieusement sur son cœur, non sans l'avoir couvert de baisers passionnés. Après qu'il eut procédé aux soins d'une minutieuse toilette, il déjeuna rapidement dans sa chambre, et au premier coup de midi se dirigea vers l'appartement de la vicomtesse Alice.

L'entrevue se prolongea longtemps. A peine eut-il pris congé de la jeune femme, elle s'empara de son album et plusieurs pages furent bientôt couvertes de ses élégantes pattes de mouche. Attendu qu'en matière d'indiscrétion, il n'y a que le premier pas qui coûte, penchons-nous de nouveau sur son épaule et lisons ce qu'elle écrit d'une main un peu fiévreuse :

» Il n'a eu besoin de rien dire, de rien expliquer ; quoiqu'il fût méconnaissable, tout de suite je l'ai reconnu.

» Le mystérieux visiteur du Théâtre-Italien, le terrible Rinaldo de mon rêve, c'est lui, c'est le prince Charmant, comme Laurette l'a baptisé, et nulle marraine ne donna jamais à son filleul un nom qui lui convînt aussi bien que celui-là. C'est une vraie trouvaille.

» La vérité est qu'il est charmant quand il pleure et charmant quand il rit, car son histoire, ainsi qu'il me l'a contée et mimée, a fait naître tour à tour le sourire sur nos lèvres et les larmes dans nos yeux.

» Ah ! le pauvre garçon ! quelle fortune que la sienne ! Quelle odyssée lamentable, quel mélodrame sinistre ! Est-il possible qu'en plein Paris, en pleine civilisation et en plein dix-neuvième siècle, il se passe de telles aventures ailleurs que sur les théâtres et dans les romans ?

» Le suicide de sa mère m'a fait pleurer comme une Madeleine : ses heures d'attente à la Morgue, sa nuit à Bicêtre, m'ont fait froid dans le dos. Brrrrr ! Je suis glacée jusqu'au fond des moelles en songeant à l'hydrothérapie barbare du docteur Perrier.

» En revanche, l'épisode du billet de mille francs et ses vaines tentatives près des deux changeurs récalcitrants m'ont extrêmement divertie. Et son M. Dublanc qui, en réalité, lui filoute cinq cents francs quand il croit lui faire cadeau de vingt-cinq louis, comme il m'a amusée !

» Cette bagatelle que je lui ai donnée avec tant de plaisir et à laquelle je ne songeais, plus, semble jouer un très grand rôle dans ses préoccupations et dans ses tristesses. Il m'a été impossible de lui faire comprendre que je suis assez riche pour distraire trois malheureux mille francs de mon revenu annuel sans risquer de m'appauvrir.

» Il insistait pour me rendre sur-le-champ la somme qu'il n'a pas dépensée, et il me proposait de souscrire un billet à mon ordre pour le surplus. Afin de lui fermer la bouche sur ce chapitre, j'ai été forcée de lui dire :

» — Je possède un château quelque part en Touraine, sur les bords du Cher. Il est orné d'une petite chapelle gothique dont les quatre murs sont d'une blancheur immaculée. J'ai toujours souhaité de les voir couverts de fresques religieuses. C'est à vous que je confie ce travail. Quand vous l'aurez terminé, nous compterons ensemble, et loin d'être mon débiteur, c'est vous qui serez mon créancier, car vous pensez bien que je ne vous offrirai pas trois francs par jour, sans la nourriture, comme vos pingres de confrères Raphaël, le Titien et Paul Véronès. Considérez donc les trois mille francs comme une simple avance.

» J'ai souvent entendu dire que les peintres n'ont pas le caractère de tout le monde. Avant de devenir des artistes, ils ont commencé par être des rapins, et l'on assure qu'ils conservent toute leur vie, même les plus sérieux et les plus célèbres, un grain de spirituelle gaminerie qui donne à leur esprit et à leur conversation un ragoût particulier. A présent, je suis convaincue de la réalité de cette observation physiologique ; René Derville en est la preuve vivante. Nous avons causé pendant plus de trois heures, et je n'ai pas éprouvé un seul instant d'ennui.

» J'ai fait une remarque : le souvenir de sa mère est toujours dans sa pensée et son nom revient sans cesse dans ses paroles ; de son père, pas un mot. Ce silence a raison d'être. Je me figure qu'il est l'enfant de l'amour, et il faut convenir qu'il est bien fait pour que la race de ces enfants-là se perpétue glorieusement.

» Il m'a redit mot à mot la causerie de ses deux voisins du balcon, le soir de *Lucrezzia Borgia*. On me croit amoureuse d'un acteur d'un théâtre de la banlieue. En vérité, ces pauvres Parisiens sont bêtes à manger du foin ! Pour peu que ma tante et le marquis soient logés à la même enseigne que les autres, quels jolis duos ils doivent chanter ensemble ! Comme ils me déchirent à belles dents, dirais-je, si j'avais moins souvent accompagné Mme de Balbans chez son dentiste et si je ne connaissais à fond les mystères et les ruines de son palais antique.

» En fait de dents irréprochables, parlez-moi de celles du prince Charmant : une collection de perles de la blancheur la plus éclatante, de l'orient le plus pur.

» Il m'est bien démontré que le hasard seul l'a porté à donner le numéro de ma loge aux contrôleurs du théâtre, plutôt que tel ou tel autre numéro. Voilà un hasard intelligent ! Je n'éprouve nul désir d'exagérer ma philantropie et mon courage, mais il me sera permis de penser que sa tentative désespérée aurait eu un tout autre dénouement s'il avait indiqué les numéros des deux loges qui encadrent la mienne.

» A droite, il dégringolait au milieu de jeunes filles anglaises qui eussent ameuté la salle par leurs cris d'orfraie. A gauche, c'eût été pis encore. Il y a là un riche banquier qui, le prenant pour un disciple de Lacenaire, l'eût fait mettre au poste sans autre forme de procès.

Mon peintre ordinaire a une façon de regarder les gens avec ses grands yeux de velours qui, plus d'une fois, n'a pas laissé que de me causer un certain embarras. S'il regarde les autres femmes de la même manière et avec la même expression, il doit exercer de cruels ravages parmi les filles d'Eve, depuis qu'il a l'âge de déraison.

» Il m'a demandé s'il n'aurait pas, un jour, la faveur de faire mon portrait. Il prétend qu'avec un tel modèle il serait sûr de faire un chef-d'œuvre. J'ai répondu que c'est là une grave affaire et que nous en causerions plus tard.

» Voici ce que j'ai combiné et arrêté dans ma haute sagesse:

» Je partirai pour Nice dans une heure, j'y coucherai ce soir ; j'y resterai une quinzaine de jours, après quoi je rentrerai à Paris. M. Derville partira demain ; il se rendra directement à la Renaudière et commencera immédiatement les travaux que je veux depuis longtemps faire exécuter dans la chapelle du château. S'il a réellement du talent, je me charge de sa réputation et de son avenir. Je m'intéresse sérieusement à ce jeune homme. C'est mieux que le hasard, c'est la Providence qui l'a mis sous ma protection. Une fortune comme celle dont je dispose crée des obligations, elle impose des devoirs. Je n'y ai jamais failli ; je ne commencerai pas aujourd'hui.

» Il eût préféré débuter par mon portrait ; il prétend qu'une dizaine de séances suffiraient... Mais je ne l'entends pas ainsi. Il est inutile qu'on le voie à Nice pendant que j'y serai. Il est temps que tous les sots propos débités sur mon compte aient une fin.

» Lorsque Paris m'aura vu calme et insouciante au théâtre, à l'église, au bal, au Bois, partout où l'on se montre, lorsqu'il sera convaincu que je n'ai enchaîné à mon char aucun comédien de Grenelle, ni d'ailleurs, j'irai passer une semaine à la Renaudière; j'inspecterai les travaux de M. Derville.

» Tandis que j'écris, on a descendu mes malles et on les a chargées sur la voiture, qui doit m'emporter. Dans cinq minutes, j'aurai quitté cette oasis où je me plaisais tant. Adieu, beaux palmiers ! Prince Charmant, au revoir ! »

Par ordre, René avait été consigné dans sa chambre, mais il ne lui était pas interdit de regarder par la fenêtre et il vit Mme de Morignac monter en voiture. Il échangea avec elle un imperceptible salut et un fugitif sourire. Lorsque la calèche eut disparu au tournant de la rue, lorsque le roulement des roues sur le pavé eut cessé de bruire à son oreille attentive, un sanglot lui monta à la gorge et il s'écria d'une voix brisée :

— Mon Dieu ! ayez pitié de moi ! je l'aime à en mourir !

Ce n'était point qu'il eût à se plaindre de la réception qui lui avait été faite. Il était impossible de la souhaiter plus avenante et plus cordiale. Cette façon délicate et ingénieuse de le mettre en mesure de s'acquitter honorablement par son travail était faite pour apaiser sa conscience et réjouir son esprit ; enfin la certitude qu'il reverrait la vicomtesse dans un temps très prochain avait dû le pénétrer de joie et combler tous ses désirs. D'où vient que son cœur était rempli d'amertume ? Pourquoi ses yeux étaient-ils pleins de larmes ? Il souffrait cruellement de cette brusque séparation ; il ne s'accoutumait pas à la pensée de vivre un mois, plus longtemps peut être, loin de Mme de Morignac, et par-dessus tout il se disait : « Elle ne m'aimera jamais ! »

Il sortit ; il étouffait ; il avait soif de locomotion et de grand air. Pour gagner l'escalier, il lui fallait passer devant l'appartement que la jeune femme venait à peine de quitter. La porte était ouverte et il entra. Tout trahissait le désordre d'une fuite précipitée. En proie à des terreurs de larron à ses débuts et à des timidités de collégien amoureux, il glissa dans la chambre à coucher, toute imprégnée de parfums pénétrants et doux qu'il aspira avec volupté, dont il s'enivra avec délices. La place où la jeune femme avait appuyé sa tête pendant son sommeil était encore moulée dans le creux de la batiste. Il s'empara de l'oreiller, le serra sur son cœur et le pressa sur ses lèvres, lui prodiguant les plus ardentes caresses. Un nœud de rubans et une paire de gants oubliés sur un meuble, un bouquet de violettes de Parmes abandonné dans un vase, devinrent sa proie, et il s'enfuit comme un avare qui a découvert et qui emporte un trésor.

Le lendemain, au lieu de partir pour la Renaudière, selon l'itinéraire qu'on lui avait tracé, il partit pour Nice, persuadé que son étoile le guiderait sûrement vers l'hôtel où elle était descendue. Ce ne fut qu'après l'avoir lancé sur de fausses pistes et s'être plue à l'égarer un temps assez long que son étoile le mit dans la bonne voie. Mme de Morignac avait loué une villa sur la route de Villefranche : c'est là que le billet qu'on va lire lui fut remis dans la soirée :

» Me pardonnerez-vous, Madame, d'être ici malgré la défense que vous m'avez faite de vous suivre ? Dieu m'est témoin que je voulais vous obéir... Si je n'en ai pas eu le courage, c'est que, sans vous en douter, vous avez emporté mon cœur, vous avez emporté ma vie.

» Je n'ai pas le droit de vous aimer, et je vous adore... Je devrais vous taire mon secret, et j'ose vous en faire l'aveu... M. Perrier aurait-il dit vrai ? Suis-je donc devenu fou ?

» Il ne fallait pas me sauver du désespoir et de la misère... J'aurais eu le sort de ma pauvre mère, ou bien l'on m'eût trouvé mort de faim dans un taudis. C'était mon destin. Triste destin, penserez-vous. Eh bien, non ! j'aurais moins souffert, n'ayant pas connu les tortures immenses que j'endure depuis le jour où vous m'êtes apparue.

» Pourquoi la passion insensée qui me dévore ne m'a-t-elle pas foudroyé ? Hélas ! elle me fait vivre et elle me tue. Je la hais et je la chéris tout à la fois ; je la bénis et je la maudis tout ensemble.

» Vous êtes bonne, vous êtes charitable... ; ne repoussez pas ma prière ; permettez-moi de vous revoir quelques instants..., que j'entende votre voix, que ma main effleure votre main ; laissez-moi faire une provision de patience et de courage. »

Le messager de René lui rapporta cette réponse concise :

« Nous nous reverrons à la Renaudière, où vous ne me reverrez jamais. Choisissez. »

Son choix fut bientôt fait. Il n'hésita pas... Il partit.

— J'ai été avisé de l'arrivée de Monsieur, dit l'intendant du château en l'installant dans la chambre qu'on lui avait préparée. Monsieur trouvera dans la chapelle tout ce qui est nécessaire pour commencer les travaux que lui a commandés Mme la vicomtesse de Morignac.

XI

Cependant la bombe Cordat avait éclaté avec fracas.

Nous avons laissé cet ingénieux financier au moment où il venait de glisser dans la boîte du bureau de la place de la Bourse, une lettre adressée à Bruxelles. Le destinataire s'était empressé de faire usage de la communication qu'il lui avait expédiée. Ce destinataire n'était autre que le rédacteur-propriétaire d'une feuille belge qui, sous prétexte d'offrir à ses lecteurs la primeur des renseignements politiques et la virginité des informations mondaines, accueillait avec gratitude tout ce qu'on lui envoyait, sans contrôler les sources, sans même chercher à connaître les noms de ses correspondants, le plus souvent anonymes. Cette feuille, depuis longtemps disparue, grâce à Dieu, et qu'ont remplacée d'honnêtes journaux qui accomplissent honnêtement leur « sacerdoce, » portait ce titre caractéristique : *la Bouche de bronze*, c. le diable sait tout ce que cette bouche a vomi de médisances, de mensonges et de calomnies pendant les quatre ou cinq années de sa misérable et honteuse existence.

Or voici la petite note que contenait un des numéros de *la Bouche de bronze* qui entrèrent en France à la fin du mois de novembre 1843 :

« On nous écrit de Paris :

» Un grand scandale se prépare. Une de-
» mande en autorisation de poursuite ne tar-
» dera pas à être déposée sur le bureau de M. le
» président de la Chambre des pairs par un ho-
» norable négociant que l'incurie, pour ne pas
» dire la mauvaise foi de son débiteur, menace
» d'une ruine complète et prochaine.

» Puisse cette fâcheuse affaire s'arranger à
» l'amiable. S'il en était autrement, nous n'hé-
» siterions pas à révéler un nom que nous vou-
» lons bien taire aujourd'hui, par un sentiment
» de réserve que nos lecteurs apprécieront et
» dont M. le marquis de X... nous sera recon-
» naissant, nous aimons à le supposer. »

Si cette note n'avait été publiée que par *la Bouche de bronze*, le mal n'eût pas été mortel; mais elle fut reproduite aussitôt par les journaux de l'opposition, heureux de lui donner leur publicité, et ce fut *le National* qui la porta à la connaissance de M. de l'Oseraie. Il achevait de déjeuner quand elle tomba sous ses yeux. Il s'habilla à la hâte et, sans donner le temps d'atteler, il monta dans une voiture de place et se fit conduire au numéro 66 de la rue Vivienne.

— M. Cordat ?... dit-il au concierge.

— M. Cordat ne reçoit pas.

— Vous devez vous tromper; il est visible jusqu'à midi; je le sais.

— C'est justement parce qu'il est visible jusqu'à midi qu'il n'est pas visible, reprit le concierge auquel on avait fait la leçon. Il est midi depuis cinq minutes à toutes les montres, à toutes les horloges et à toutes les pendules du quartier. Il est exact et il aime l'exactitude, cet homme!

M. de l'Oseraie éprouva un violent désir d'assommer le portier; mais il fit cette réflexion sage que le bruit qui s'ensuivrait attirerait sur lui l'attention du public et le désignerait clairement comme le héros de l'histoire contée par *la Bouche de bronze*.

— Je néglige Mme de Balbans, pensa-t-il; c'est une maladresse... elle doit avoir des nouvelles de sa nièce ; si j'allais l'interroger?

La vieille dame croquait paisiblement dans un petit hôtel de la rue de La Rochefoucauld les cent mille francs de rente qu'elle tenait de la munificence de M. de Morignac. Bien qu'elle fût occupée des derniers soins de sa toilette, elle donna l'ordre d'introduire M. de l'Oseraie, qui la surprit promenant d'une main agile sur les cavités de son visage une houppe d'où neigeait de la poudre de riz. De légers pinceaux faits de poil de blaireau trempaient dans des pots mignons de porcelaine remplis de liqueurs diversement colorées. Les cils et les sourcils de pastel septuagénaire sortaient du pot noir, les veines du pot bleu. Le pot rouge avait fourni aux joues leur teinte rosée et aux lèvres leur éclat purpurin.

— Vous le voyez, mon cher, dit-elle sans s'interrompre, je tâche de réparer des ans l'irréparable outrage, et je ne m'en cache pas. Je me montrerais telle que je suis en réalité, personne n'y gagnerait, que je sache, et j'y perdrais, c'est certain.

Le marquis dit en baisant la main osseuse et parcheminée de Mme de Balbans :

— Vous êtes la Ninon de Lenclos de notre temps, ma chère amie.

— Oh ! oh ! reprit-elle, qu'est-ce à dire ? Tout flatteur vit aux dépens de celui qui l'écoute. Vous venez me demander un service ?

— C'est vrai.

— Je ne suis guère riche en ce moment ; mais j'ai encore là, dans un coin, quelques centaines de louis à votre disposition.

— Merci, dit M. de l'Oseraie, qui ne put s'empêcher de rougir ; ce n'est pas un service d'argent que j'attends de votre amitié.

— En vérité?

— En vérité.

— J'en suis ravie, non qu'il m'eût déplu de vous obliger, mais parce qu'il me plaît bien davantage de voir que mes hypothèses ont fait fausse route.

— Quelles hypothèses ?

— Vous ne saisissez pas le sens de ce que je veux dire ?

— Je ne vous comprends pas.

— Alors vous n'avez pas lu la *Gazette de France*, mon cher de l'Oseraie ?

— Non, ma respectable amie.

— Tout s'explique.

— Qu'est-ce qu'elle raconte, cette bonne *Gazette?* Des méchancetés, la chose va de soi.

— C'est la vérité qu'ils sont malins comme des singes, dans ce journal... Mais, voyez vous-même... Au beau milieu de la première page.

— « On nous écrit de Paris, lisons-nous dans un journal de Bruxelles... » Est-ce cela ?

— Précisément. Lisez.

— J'ignore quel est ce marquis de X..., reprit M. de l'Oseraie après lecture, et à vrai dire j'imagine que c'est une méchante invention des folliculaires de *la Bouche de bronze*. Ces gredins sont coutumiers du fait. Ah çà... vous avez donc cru qu'il s'agissait de moi ?

— J'en étais persuadée, mon pauvre ami.

— Pourquoi moi plutôt qu'un autre ?

— Parce que vous passez pour être fort bas dans vos affaires.

— Comme si vous ne saviez pas qu'il ne faut jamais croire que la moitié du bien que nos bons amis pensent de nous, et que la moitié du mal que disent de nous nos bons ennemis !

— La *Gazette* serait-elle donc votre ennemie? A quel propos vous aurait-elle déclaré la guerre?

— Ennemie jurée. Songez donc : un marquis de l'Oseraie, fils d'un ami particulier de Charles X, qui ne se signale pas par son opposition brutale à l'usurpateur Louis-Philippe Ier. N'est-ce pas là un crime sans rémission ?

— Vous m'en direz tant ! Mais, au fait, vous êtes venu réclamer un service ; de quoi est-il question ?

Le marquis dit avec un soupir :

— Je m'étonne que vous n'ayez pas deviné tout d'abord qu'il s'agit de votre nièce.

— Vous l'aimez encore ? s'écria Mme de Balbans.

— Plus que jamais.

— Et vous songez toujours à devenir son mari ?

— Assurément.

— Malgré le scandale du Théâtre-Italien ?

— Oui.

— En dépit de sa fuite inexplicable et inexpliquée ?

M. de l'Oseraie fit un signe de tête affirmatif et soupira derechef.

— Et vous n'êtes pas ruiné ! Mort de ma vie ! mon cher, je ne sais si je dois plus vous admirer que vous plaindre, ou plus vous plaindre que vous admirer ! Mais c'est votre affaire, et je n'insiste pas sur ce côté de la question. En revanche, il est un autre côté qu'il est urgent de mettre sous vos yeux. Chérubin vous en remontrerait en matière de stratégie amoureuse, mon pauvre ami. Voulez-vous réussir près d'Alice? Débarrassez-vous une bonne fois de votre défroque de berger d'Arcadie, et jetez-la par dessus les moulins de Cythère. Armez-vous en guerre de pied en cap et prenez pour devise le cri de l'affreux Danton : De l'audace, de l'audace et encore de l'audace!

— Où est-elle?

— Vous ne le savez donc pas?

— Puisque je vous le demande!

— Ainsi vous ne lui avez pas écrit?

— Puisque j'ignore le lieu de sa retraite!

— Eh bien! vous pouvez vous vanter d'ignorer aussi l' *a b c* de votre métier d'amoureux. Ma nièce est à Nice, route de Villefranche, villa Boldini, sous le nom de Mme Aubérin; elle vit seule, ne voit pas un chat et s'ennuie mortellement. Ce n'est point qu'elle en convienne, mais je le tiens de bonne source. Donc, relisez la *Nouvelle Héloïse* et accablez-la d'épîtres incendiaires. Tâchez de mettre le feu à sa tête, sinon à son cœur. Le soleil, la mer, les bois d'orangers, tout cela est fort beau, mais on finit par s'en fatiguer. Une femme ne se lasse jamais d'entendre dire qu'elle est belle entre les plus belles et qu'on l'adore comme aucune femme ne fut jamais adorée. C'est vieux comme le monde, et ça réussit toujours.

— Je n'aurai pas besoin de m'inspirer de Jean-Jacques; je m'inspirerai de mon cœur! s'écria M. de l'Oseraie avec feu. Ma première lettre partira ce soir.

— C'est parfait ; recommencez demain et persévérez avec énergie. Il se peut qu'on ne décachète ni le numéro un, ni le numéro deux, ni le numéro trois ; soyez sûr qu'on lira le numéro quatre et les suivants. C'est très sincèrement que je souhaite que vous épousiez Alice. Je pourrais insinuer que j'ai grand désir de voir grouiller dans mon salon une légion d'adorables petites-nièces et de non moins adorables petits-neveux... Je mentirais. Sur ce chapitre, je pratique la religion de l'abbé Maury : je déteste les enfants, hormis les enfants qui crient, parce que ceux-là, on les envoie coucher ! Si je forme des vœux pour votre prompte réussite, je ne vous dissimule pas que c'est surtout au point de vue de ma tranquillité. Tant que cette endiablée vicomtesse ne sentira pas l'autorité d'un seigneur et maître ; en un mot, tant qu'elle n'aura pas un éditeur responsable de ses œuvres, je serai tourmentée de la crainte de lui voir commettre quelque sottise grosse comme une maison.

— Saperjeu ! vous êtes franche ! dit M. de l'Oseraie, qui n'avait pas écouté cet exposé de principes sans faire une légère grimace.

— En effets, la franchise est une de mes vertus, ou un de mes vices, comme il vous plaira, ricana la vieille dame ; je descends en droite ligne de Saint Jean « Bouche d'Or. » Je ne vous retiens pas, marquis ; on m'attend à une matinée musicale chez Erard ; et quoique le bénéficiaire m'ait fourré plusieurs billets, je ne vous jouerai pas le mauvais tour de vous y traîner avec moi.

— Ce serait avec plaisir que je vous servirais de chevalier, dit le pair de France, qui se hâta de prendre sa canne et son chapeau ; mais nous avons une séance importante au Luxembourg, et il est possible que je sois appelé à demander la parole.

— Tâchez donc de connaître le nom du personnage dont il est fait mention dans le journal.

— Je n'y manquerai pas, et si j'apprends quelque chose, je vous en informerai sans retard ; mais, je le répète, il y a gros à parier que c'est pure calomnie.

Ce jour-là, quoi qu'il en eût dit, non-seulement M. de l'Oseraie ne monta pas à la tribune, mais il ne parut même pas à la séance, heureux de se soustraire aux commentaires peu charitables de ses collègues et aux allusions désobligeantes du président Pasquier.

Cependant, comme il ne se sentait pas d'humeur à rompre avec le genre humain, il se rendit à son club. A cette heure relativement matinale, les salons étaient déserts, ce qui lui permit d'improviser avec tout le soin désirable une lettre destinée à incendier le cœur le plus réfractaire. Ce tour de force accompli, il passa chez M. de La Varenne, son partenaire habituel au whist, qu'il n'avait pas vu depuis quelques jours. L'ex-zouave gardait la chambre, le bras droit en écharpe, la jambe gauche étendue sur une pile de coussins. Deux blessures, souvenirs glorieux de ses expéditions dans la petite et la grande Kabylie, se réveillaient et le tourmentaient à certaines époques de l'année, et son humeur, en tout temps batailleuse, devenait alors particulièrement farouche et tragique.

Aussitôt qu'il aperçut son visiteur, il s'écria avec animation :

— Enfin, c'est vous ! je vous attends depuis ce matin... Je sais ce qui vous amène... Pour le moment, il me serait impossible de me mettre en route avec vous ; mais patientez un peu. D'ici à trois ou quatre jours, je serai en état de vous accompagner, et j'ai l'espoir que nous rirons bien.

— Pardon, interrompit M. de l'Oseraie, je ne saisis pas... Où voulez-vous m'accompagner ?

— A Bruxelles, parbleu !

— A Bruxelles ! et pourquoi faire ?

A cette question, la surprise de M. de La Varenne fut si forte qu'il resta muet quelques instants.

— Pourquoi faire ! s'écria-t-il enfin en gesticulant malgré son bras malade, et en marchant à grands pas malgré sa jambe éclopée ; ah ça ! vous n'avez donc pas lu *la Bouche de bronze ?* Vous ignorez donc ce qu'on se permet d'imprimer sur votre compte ? Pourquoi faire ! Mais quand je vous ai vu entrer, j'ai été convaincu que vous veniez me dire : « La Varenne, je pars ce soir pour Bruxelles ; je vais donner un bon coup d'épée à un faquin. Voulez-vous assister à la petite fête ? » Est-ce que je me serais trompé, par hasard ?

— J'ai parfaitement lu l'article en question, dit M. de l'Oseraie d'un ton sec ; qui vous porte à croire que ces lignes malfaisantes me concernent plutôt qu'un autre de mes collègues ?

L'ex-zouave reprit d'un ton non moins sec :

— Si ce n'est pas de vous qu'il s'agit, mon cher, mettez que je n'ai rien dit ; mais je suis trop votre ami pour vous taire que je ne serai malheureusement pas seul à établir cette regrettable confusion.

Il se dirigea vers la fenêtre et tambourina sur un carreau : *As-tu vu la casquette, la casquette?* la fanfare populaire dans toute notre colonie d'Afrique.

Un silence embarrassant et pénible régna dans la chambre pendant quelques minutes. Ce fut M. de l'Oseraie qui le rompit le premier :

— Vous ne vous êtes pas égaré dans vos suppositions, dit-il avec effort ; j'ai eu tort de vouloir vous cacher la vérité. Je fouillerais tout Paris sans trouver un confident plus discret, un camarade plus sûr et plus loyal que vous. Agréez mes excuses, La Varenne, et donnez-moi la main.

Les deux hommes échangèrent une poignée de main énergique.

— Alors, c'est convenu, reprit l'ancien zouave ; nous partirons pour Bruxelles aussitôt que ma sacrée jambe me le permettra. J'emporterai mes épées ; vous savez qu'elles vous servent bien.

— Non, mon ami ; vos bonnes épées sont inutiles. Admettons que je tue l'éditeur de *la Bouche de bronze,* en quoi serais-je plus avancé ? Je devrai toujours la somme qu'on me réclame, n'est-il pas vrai ? J'ajoute que la tapage qui sortirait de ce duel serait bien fait, convenez-en, pour donner l'alarme à mes autres créanciers et redoubler l'ardeur de leurs poursuites.

— Ils sont nombreux, ces créanciers ?

— Je ne les compte plus.

— Comment vous tirererez-vous d'affaire ? Quels sont vos projets ? Quel est votre plan ?

— Si je n'épouse pas Mme de Morignac, dit le marquis d'une voix grave, un jour prochain, dans une partie de chasse, en franchissant une haie, je m'arrangerai de façon que les deux balles de ma carabine, que j'aurai eu l'imprudence de ne pas désarmer, me frappent au cœur.

— Vous ne ferez pas cela, l'Oseraie ! s'écria M. de La Varenne en s'élançant vers son ami.

— Je le ferai, mon cher ; c'est un dénoûment comme un autre.

— Voulez-vous vingt mille francs ? Vous me les rendrez ou vous ne me les rendrez pas... ça m'est égal.

— Merci ; ce n'est pas avec un verre d'eau qu'on éteint un incendie.

— Diable ! c'est que je n'ai pas un fleuve à ma disposition, et je le regrette.

— Je n'en doute pas, mon ami, et quoique je refuse votre argent, soyez persuadé que ma gratitude est sincère et profonde.

— Vous parliez tout à l'heure d'épouser la vicomtesse Alice..., demanda M. de La Varenne, serait-elle rentrée à Paris ?

— Pas encore.

— Vous savez donc où elle se cache ?

— Elle ne se cache pas ; elle est à Nice.

— Seule ?

— Avec sa femme de chambre.

— Vous en êtes sûr ?

— Parfaitement sûr.

— Tant mieux ; je n'ai jamais cru un iota de toutes les sottises qu'on débite à son sujet depuis tantôt un mois et il m'est infiniment agréable que vous me confirmiez dans l'attitude que j'ai prise à son égard. Reste l'épisode du Théâtre-Italien, dont vous ne savez pas le fin mot.

— C'est exact ; mais la vicomtesse est partie le surlendemain pour Nice, seule, je vous le répète, et j'affirme qu'elle vit dans l'isolement le plus complet, dans la retraite la plus absolue.

— N'irez-vous pas la retrouver ?

— A quoi bon ? Elle ne tardera pas à revenir.

— Lui écrivez-vous, au moins ?

— Assurément, et même je n'ai pas une minute à perdre si je veux que ma lettre parte aujourd'hui.

Lorsqu'ils se séparèrent, M. de La Varenne se campa en face de M. de l'Oseraie et lui dit avec une émotion que trahissait le chevrotement de sa voix :

— Il est bien convenu, n'est-ce pas, que si vous preniez la résolution d'aller tirer un chevreuil un de ces jours, j'en serais informé à l'avance ?

— C'est convenu.

— Vous me le jurez ?

— Je le jure.

— Sur votre honneur, Gaston ?

— Sur mon honneur, mon ami.

M. de l'Oseraie regagna son domicile par les boulevards et le faubourg Saint-Honoré, sans observer qu'à la hauteur du palais de l'Elysée un homme embusqué dans l'angle d'une porte cochère sortit de sa retraite et le suivit pas à pas, réglant son allure sur la sienne jusqu'au moment où le pair de France entra dans sa maison.

L'homme entra après lui. Il monta l'escalier et s'arrêta au premier étage ; l'homme monta sur ses talons et s'arrêta également.

Quelles que fussent les préoccupations qui remplissaient son esprit, M. de l'Oseraie s'aperçut enfin du manége.

— Que faites-vous là ? dit-il en se retournant brusquement. A qui en avez-vous ?

— A vous, monsieur le marquis, répondit une voix humble.

— Que me voulez-vous ?

— Mon nom vous expliquera tout : Je m'appelle Cordat.

— Cordat (Jean-Baptiste) ? demanda le pair de France en s'éloignant par un mouvement machinal.

— Ce sont mes prénoms.

— Vous demeurez rue Vivienne, 66 ?

— C'est mon domicile.

— Vous êtes visible jusqu'à midi ?

— C'est mon heure.

— Entrez, dit M. de l'Oseraie, et pas un mot devant mes gens.

— Recommandation inutile, monsieur le marquis ; quoiqu'on n'ait pas été bercé sur les genoux d'une duchesse, on se pique de savoir vivre et d'avoir du monde.

Lorqu'ils furent seuls, M. Cordat reprit avec un sourire patelin :

— Une politesse en vaut une autre ; vous avez daigné vous déranger ce matin à mon intention et, vous le voyez, je m'empresse de vous rendre votre aimable visite.

— C'est vous qui avez envoyé à une feuille de Bruxelles la note qu'ont reproduite la plupart des journaux de ce jour ? demanda M. de l'Oseraie en fixant sur l'usurier des yeux qui flamboyaient comme des diamants noirs.

— C'est moi-même.

— Dans quel but ?

— Afin de pouvoir pénétrer dans votre forteresse, monsieur le marquis ; afin d'avoir avec vous l'entretien qui nous est indispensable à tous les deux et que vous vous obstinez à me refuser depuis trois mois.

M. de l'Oseraie dit avec abattement :

Vous m'avez perdu, monsieur Cordat.

— Dites plutôt que je vous sauverai, pour peu que vous m'en facilitiez les moyens. Il faut [illegible] votre mariage s'accomplisse ; il le faut pour moi autant que pour vous. Ma fortune est liée à la vôtre, votre désastre entraînerait ma ruine. Ne vous offensez pas de ma brutalité apparente et souffrez que je vous dise les choses crûment. Vous avez engagé une grosse partie, et vous la jouez avec l'étourderie inexcusable du novice qui écarte ses atouts, qui néglige de marquer le roi qu'il a eu la veine de tourner sur le tapis vert. La nuit où je vous vis entrer au café Anglais, en sortant de l'Opéra, vous aviez des atouts plein les mains et pourtant vous vous êtes laissé battre par votre adversaire.

— Assez de métaphores ! s'écria M. de l'Oseraie. Où voulez-vous en venir? parlez nettement.

— Du moment où la langue poétique n'a pas le don de vous charmer, je reviens à la modeste prose. La note du journal belge vous a mis le feu sous le ventre, et je m'en réjouis ; je parierais cinquante contre un que vous avez plus agi dans cette seule journée que vous ne l'avez fait depuis quatre semaines. Vous vous serez mis en campagne, vous aurez connu la mystérieuse résidence de Mme de Morignac... Vous lui auriez déjà écrit que ça ne m'étonnerait pas.

— C'est vrai ; je sais où elle est, et je lui ai écrit il y a deux heures, dit M. de l'Oseraie surpris de tant de pénétration.

— J'en étais certain. Le roman imaginé par le *Corsaire* est absurde. Je me suis livré à une enquête sérieuse : le jeune premier de Grenelle, le beau Saint-Alfred, est aussi étranger à la vicomtesse Alice que je le suis, moi, à la princesse de Trébizonde. A vrai dire, je le déplore. Cette faute, si elle l'avait commise, nous livrerait la dame pieds et poings liés. Donc, le cadavre n'est pas là ; mais il y en a un, je le flaire, je le sens, et il importe que nous le sortions de terre. « Savoir où gît le cadavre, » c'est encore le moyen le plus efficace, le plus rapide pour arriver au but qu'on se propose. Voulez-vous que j'entreprenne la recherche du cadavre? Si je réussis, comme je l'espère, si grâce à moi Mme de Morignac devient Mme de l'Oseraie, à quel prix estimerez-vous mes services? Quelle somme serai-je en droit d'exiger de vous?

— Fixez-la vous-même, dit M. de l'Oseraie qui subissait sans en avoir conscience la fascination de l'escompteur.

— Voilà une spirituelle parole qui vous économise cinquante mille francs, reprit M. Cordat. Autant je méprise les chipoteurs et les marchandeurs, autant j'estime les clients qui savent se montrer ronds en affaires. Le jour où, grâce à ma précieuse collaboration, vous manipulerez les splendides revenus de votre femme, car je me plais à croire que vous serez le chef de la communauté et que vous vous attribuerez la clef du coffre-fort conjugal, vous m'alignerez trois cents billets de mille en paiement de mes honoraires et du dossier Loriot. M. de Foy vous coûterait plus cher. Il est entendu que tous les frais de voyage seront à mes frais. Il est entendu aussi que *la Bouche de bronze* rétractera sa maladresse. La presse est semblable à la lance d'Achille, dirais-je, si vous n'aviez horreur des métaphores. Elle guérit les blessures qu'elle a faites ; elle ressuscite les gens qu'elle a occis.

— Comment vous y prendrez-vous pour obtenir un si heureux résultat?

— Rien de plus simple. On lira dans *la Bouche de bronze:* « C'est à tort que nous avons » annoncé qu'une demande en autorisation de » poursuites allait être adressée à M. le prési- » dent de la chambre des pairs ; c'est sur le » bureau de M. le président de la Chambre des

» députés qu'elle sera réellement déposée. Le » marquis de X. ne siége pas au Luxembourg, » comme une erreur typographique nous l'a » fait dire, mais au palais Bourbon. Nous avons » trop bonne opinion de la loyauté de nos con» frères pour n'être pas sûrs que ceux qui ont » reproduit notre allégation erronée s'empres» seront d'insérer la rectification que nous fai» sons aujourd'hui spontanément et de notre » plein gré. »

— Et vous me répondez de l'insertion textuelle de cette note ?

— Je vous la garantis de la façon la plus formelle. Nous disons donc que Mme de Morignac réside actuellement...

— A Nice, route de Villefranche, villa Boldini. Elle a pris un pseudonyme ; vous aurez affaire à Mme Aubérin.

M. Cordat prit note du nom et de l'adresse sur son agenda.

— Fasse le ciel qu'elle y soit encore lorsque vous y arriverez ! soupira M. de l'Oseraie.

— Si le nid est vide, je retrouverai l'oiseau, c'est mon affaire. Ne vous inquiétez de rien. Quand aurai-je l'honneur de vous revoir, monsieur le marquis ?

— Demain, à la même heure ; je vous attendrai.

— Parfait. J'apporterai un petit sous-seing que monsieur le marquis aura l'extrême obligeance de vouloir bien orner de sa signature si, comme je n'en doute pas, la rédaction lui convient. Présentement, qu'il me permette de lui offrir un conseil, et un bon : qu'il se montre ce soir au théâtre et au club ; qu'il soit demain le premier au Luxembourg, qu'il en sorte le dernier. Il serait à propos qu'on lût deux ou trois fois dans le compte-rendu de la séance : « Monsieur le marquis de l'Oseraie demande la parole, « dût-il ne la point prendre. Enfin, qu'il ne change rien à ses habitudes. Où monsieur le marquis dîne-t-il aujourd'hui ?

— Chez moi, sans doute.

— Encore une faute ; il est utile qu'on le voie au café de Paris. Autre recommandation, la dernière : depuis quelque temps, monsieur le marquis se néglige ; je ne saurait trop l'engager à redevenir ce qu'on l'a connu, la fleur des pois parisiens, le roi de la mode française, le modèle désespérant de la jeunesse contemporaine !

Enchanté de son mot de la fin, persuadé qu'il ne trouverait rien de mieux, il salua respectueusement M. de l'Oseraie. En se retirant, il eut la satisfaction de lui entendre dire à son valet de chambre :

— Je ne dîne pas chez moi. Venez m'habiller et souvenez-vous, à quelque heure que M. Cordat se présente, que je suis toujours visible pour lui.

XII

Madame

Madame Aubèrin,

Villa Boldini,

Route de Villefranche,

Nice.

« Madame,

» On consomme tant et tant de soleil dans le gai pays où vous avez la cruauté de prolonger votre séjour, qu'on ne parviendrait pas, pour tout l'or du monde, à s'en procurer le plus petit rayon dans le département où vous m'avez exilé. En cette saison, le ciel de la Touraine est absolument gris, et c'est tout au plus s'il m'est possible de travailler cinq heures par jour. Or qui de vingt-quatre heures ôte cinq, reste, dix-neuf. Vous plaît-il de savoir de quelle façon j'emploie dix-neuf heures complémentaires? Je les emploie à penser à vous. N'objectez pas qu'il faut défalquer le temps consacré au sommeil :

1 je ne dors guère ; 2 lorsque je fais tant que de dormir, c'est pour rêver de vous. Vous le voyez, Madame, mon arithmétique est d'une exactitude rigoureuse.

» J'ai mille compliments à vous faire sur votre château de La Renaudière. Je ne dirai pas que c'est le plus beau que j'aie jamais habité... la louange serait médiocre et de peu de valeur dans ma bouche... vous devinerez aisément pourquoi.

» — Monsieur connaît-il Chenonceaux ? m'a demandé votre intendant, qui parle toujours à la troisième personne quand il parle à ma personne.

» Quelque confusion que j'en aie éprouvée, j'ai dû répondre que je ne connais point Chenonceaux.

» — Eh bien ! a-t-il repris, La Renaudière passe à juste titre pour être la réduction de cette merveille architecturale ; c'est comme qui dirait un Chenonceaux vu par le gros bout d'une lorgnette.

» Quel entassement de magnificences ! Ah ! les beaux meubles en chêne sculpté ! Ah ! les splendides faïences ! Ah ! les admirables armures, sans compter les tapisseries et les vitraux de couleur ! Le musée de Cluny ne possède rien de plus précieux et de plus rare. Et des tableaux à se mettre à genoux devant, les Ruysdaë et les Breughel surtout. Savez-vous, Madame, que vous possédez un Vélasquez, un Vélasquez authentique, comme on n'en voit pas dans les galeries du Louvre ?

» Au plafond de ma chambre est suspendu

un amour de petit lustre vénitien que je ne me lasse pas d'admirer. Si j'étais femme, un soir de bal je me passerais la fantaisie de l'accrocher dans mes cheveux. Ce serait peut-être un peu étrange et un peu incommode..., mais quelle humiliation pour les autres diadèmes !

» Une chose que vous devez ignorer, c'est que votre salon est déshonoré, absolument déshonoré par un portrait hideux et exécrable, de la peinture à quinze francs le mètre carré. Il représente ou est censé représenter un homme d'environ cinquante ans, d'une laideur monstrueuse. Est-ce la faute du peintre ou celle du modèle, si ce Monsieur est si peu agréable à contempler ? Je croirais volontiers que c'est la faute de tous les deux. Je me suis abstenu de toute critique et de tout commentaire... cet affreux personnage est probablement de vos parents ou de vos amis. Chaque fois que je le regarde, il me prend des envies féroces de le poignarder et de le jeter au feu. Je vous en supplie, Madame, lorsque vous serez ici, donnez des ordres sévères pour que cette croûte infâme soit réléguée dans un inacessible grenier. Une personne dans une situation intéressante n'aurait qu'à fixer ses yeux sur ce Caliban... Songez aux désastreux résultats de votre fatale imprudence, et frémissez !

» Puisse le bon point que mérite ma remarquable modération compenser le mauvais point que j'ai encouru par mon insigne maladresse. J'ai commis un lâche forfait et je le confesse humblement, avec l'espoir que ma sincérité provoquera votre indulgence.

» L'intendant, qui me gâte de plus en plus, m'a dit l'autre matin, parlant toujours à la troisième personne :

» — Serait-il agréable à Monsieur de tuer un lièvre ou un faisan ? Le parc de madame la vicomtesse est un des plus giboyeux qui soient à vingt lieues à la ronde.

» Cette gracieuse proposition me causa un embarras extrême. J'ai avoué que je ne connais pas Chenonceaux ; je ne pouvais déclarer congrûment que je n'ai jamais chassé ni tiré un coup de fusil de ma vie.

» C'est pourquoi j'ai répondu avec l'aimable désinvolture d'un Nemrod émérite :

» — Vous allez au devant de mes désirs. Rien ne me sera plus agréable que de massacrer les lièvres et les faisans de Mme de Morignac.

» — Monsieur désire-t-il que le garde l'accompagne ? Il indiquerait à Monsieur les bons endroits.

» — C'est inutile ; quand je chasse, j'aime à être seul et marcher au hasard.

» L'intendant décrocha de la panoplie un fusil à deux coups, me prévenant que le canon droit était chargé avec du plomp n° 5 et le canon gauche avec du plomb n° 7 ; on détacha Zambeau, qui me sauta littéralement sur les épaules, me couvrit de caresses, exécuta mille gambades folles, et je m'enfonçai dans le parc, tandis que diverses voix me criaient en chœur du haut du perron :

» — Bonne chance et bonne chasse, monsieur Derville.

» Je marchai pendant un quart d'heure sans apercevoir d'autre gibier que de petits oiseaux grelottant sous leurs plumes ébouriffées. Ils sautillaient sur la terre gelée, tout en cherchant péniblement leur vie, et je les respectai comme indignes de moi.

» Soudain Zambeau s'élance, fait quelques bonds énormes et tombe en arrêt devant un lièvre majestueux. J'épaule mon fusil, je vise avec soin et je lâche mes deux coups. Horreur ! le lièvre s'enfuit ; le chien pousse un hurlement, se débat, agonise, me jette un long regard humide et il expire devant son assassin !

» Savez-vous ce que j'ai fait, Madame ? Je me suis procuré une bêche ; j'ai creusé une fosse, et j'ai enterré le corps de mon infortunée victime au pied d'un chêne séculaire.

» — Vos vœux ne m'ont pas porté bonheur, dis-je à l'intendant de longues heures après, lorsque j'osai enfin affronter sa présence. Je revient bredouille.

» — Zambeau s'est-il bien comporté ? il est sujet à caution ; je parie qu'il aura chassé pour son propre compte, au lieu de chasser pour le compte de Monsieur ?

» — C'est vraisemblable, répondis-je en baissant les yeux et en me hâtant de m'éloigner. Au détour de la première allée, il a pris le galop et je ne l'ai plus revu.

» — Brigand de Zambeau ! s'écria le garde ; il n'en fait jamais d'autres. Quand il rentrera, à l'heure du dîner, c'est moi qui lui tremperai une jolie soupe et qui lui flanquerai une jolie danse !

» Et depuis ce jour, j'ai l'âme bourrelée de remords toute les fois que j'entends dire par un de vos gens :

» — Ce brigand de Zambeau n'est pas encore rentré ! où peut-il être allé, ce brigand de Zambeau ?

» Hélas ! Madame, le seul brigand dans toute cette affaire, vous le connaissez.

» Permettez-moi, Madame, de ne point parler des travaux que j'ai commencés dans la chapelle du château. Grâce à mon silence, vous aurez le plaisir de la surprise ; qui sait si ce n'est pas le seul qui vous soit réservé ? Certes je fais de mon mieux, et si j'étais capable de produire des chefs-d'œuvre, c'est vous qui me les inspireriez. Mais combien je serais mieux inspiré, vous sachant près de moi ! Supprimez l'influence de la Fornarina, Raphaël n'était peut-être qu'un artiste secondaire. »

Monsieur René Derville,

Château de La Renaudière,

Par Saint-Avertin.

(Indre-et-Loire.)

» Or çà, Monsieur mon peintre ordinaire, perdez-vous l'esprit ? Non content d'avoir fusillé mon plus brave chien, vous rêvez à présent de poignarder mon époux, comme on dit en style noble. Sachez, jeune iconoclaste, que le portrait dont vous souhaitez la destruction, et que vous avez la suprême impertinence de vouloir reléguer au grenier, représente au naturel feu mon mari, M. le vicomte Elzéar-Symphorien de Morignac.

» En vérité, on n'est pas plus mal-appris que vous, monsieur Derville! Vous inférez, eu égard à la place d'honneur qu'il occupe dans mon salon, que le portrait qui a le malheur de vous déplaire pourrait bien reproduire les traits chers et vénérés d'un de mes parents ou d'un de mes amis, et il n'est sorte d'horreurs que vous ne débitez au sujet de cette malheureuse peinture! Veuillez, je vous prie, à l'avenir, honorer davantage M. de Morignac. Lorsque vous traverserez le salon, et ce sera le juste châtiment de vos fautes, j'exige, entendez-vous? j'exige que vous fassiez une courte station devant cette toile calomniée, et que vous lui tiriez votre plus belle révérence. Etes-vous allé à l'Opéra un soir où Duprez chante le chef-d'œuvre de Rossini? Souvenez-vous de la toque en velours du farouche Gessler et des nombreux désagréments que s'attire Guillaume Tell lorsqu'en passant devant la toque susdite, il refuse de se découvrir avec respect. Souvenez-vous et tremblez... Ces désagréments, et d'autres encore, sont suspendus sur votre tête en cas de désobéissance à mes ordres souverains.

» A cette heure, je ne sais pas du tout si vous êtes bien ou mal inspiré lorsque vous tenez le pinceau et la palette en main; mais quelle bonne inspiration vous avez eue, mon Dieu! le jour où vous vous obstinâtes à partir seul pour la chasse! Je frissonne d'épouvante et d'horreur en songeant que si Bernard vous eût accompagné, ce serait Bernard, et non pas Zambeau, qui serait enfoui au pied d'un chêne. Je n'oserais plus me promener seule, le soir, dans mon parc. Je vous en conjure, si vous éprouvez de nouveau le désir de tuer un lièvre ou un faisan, privez-vous de la société de mon garde. Ayez la charité de le laisser à la maison. Bernard est marié, Bernard est père de quatre enfants ; ne semez pas le deuil à La Renaudière ; n'y faites pas de veuve, n'y laissez pas d'orphelins !

» Qu'avez-vous eu l'aplomb de m'écrire à propos de la Fornarina et de son heureuse influence sur le génie de Raphaël ? Qu'est-ce que c'est que ce monstrueux paradoxe ? Raphaël connaissait-il sa boulangère, lorsqu'il peignit, à peine âgé de dix-sept ans, pour l'église de Citàdi Castello le saint Nicolas de Tolentino qui commença sa réputation ? L'influence de la Fornarina ! vous êtes encore honnête, monsieur Derville... Elle consiste à avoir tué Raphaël à trente-sept ans... Jolie influence, convenez-en ! D'ailleurs, s'il suffisait qu'un peintre fût doublé d'une Fornarina pour qu'il devînt un artiste supérieur, Paris serait peuplé de grands artistes. Quel atelier ne recèle la sienne ? Et vous-même cher Monsieur, n'avez-vous pas eu les vôtres ? Un de ces jours de brouillards où il ne vous sera pas loisible de travailler, contez-moi donc quelques-un de vos cas de *fornarinisme* ; dites-moi si vous avez beaucoup *fornariné*. Ce récit aura le mérite de m'amuser et l'avantage de vous distraire. »

René répondit par le retour du courrier :

» Sans doute, Madame, vous allez me trouver encore plus bête et plus maladroit que vous ne pensez, même après ce que vous savez de ma remarquable sottise et de mon insigne maladresse en tant que chasseur... Peu importe, je vais satisfaire votre curiosité sans farder la vérité.

» Votre peintre ordinaire est décidément un personnage extraordinaire, Madame : le voilà arrivé à sa vingt-sixième année, et il n'a jamais aimé, ou pour mieux parler, il n'avait jamais aimé avant de vous avoir vue. Ce n'est point à dire qu'il n'ait pas eu d'amourettes; mais je vous le répète, je vous l'affirme, il ne connaissait pas l'amour.

» Du plus loin qu'il me souvienne, je me suis créé un type difficile à réaliser pour tout le monde, absolument irréalisable pour un pauvre diable tel que moi. L'empereur Napoléon Ier disait souvent : « Le boulet qui doit me tuer n'est pas encore fondu. » Que de fois je me suis dit : « La femme que j'aimerai n'est pas encore créée, ou si elle existe, je mourrai sans l'avoir connue. » Songez donc, Madame : cette femme vous ressemblait comme deux sœurs jumelles se ressemblent entre elles. Comment supposer avec une apparence de raison que je vous rencontrerais un jour ? Quand je réfléchis à l'entassement considérable de circonstances inouïes qui ont dû s'accumuler les unes sur les autres pour que je sois arrivé en votre présence, volontiers je crierais au miracle.

Admirez, je vous prie, tout ce qu'une cervelle humaine peut contenir d'inconséquence et d'illogisme : je suis pauvre, je m'appelle Derville tout court, je n'ai rien de commun avec Antinoüs, j'habitais un humble réduit dans une maison vermoulue... et j'avais l'ambition de ne donner mon cœur qu'à une femme très belle, très noble et logée dans quelque palais somptueux !

» Les Fornarinas taillées sur ce patron idéal ne courent pas les rues ; encore moins courent-elles les ateliers. Vous devez donc comprendre, Madame, comment il se fait que je sois parvenu à mon âge sans avoir aimé.

» Cette disposition d'esprit follement romanesque, ma mère l'avait pénétrée ; c'était pour elle une source de grande affliction.

» — Mon cher enfant, me disait-elle, tu seras toujours malheureux. Tu vis trop dans le bleu.

» Elle avait raison ; je vis dans le bleu. Mais je suis ainsi fait : j'aime cent fois mieux, mille fois mieux être malheureux dans le bleu qu'heureux dans le gris ou dans le noir. M. Perrier soutiendrait que je suis fou ; je prétends, moi, que je suis sage.

» Dans la belle saison, le dimanche, je laissais les camarades partir pour la campagne avec leurs amoureuses. Je leur souhaitais tous les plaisirs imaginables, et j'inventais un prétexte qui me dispensât de les suivre. A peine étais-je seul, je courais au Louvre et je passais mon après-midi à contempler les portraits de Mignard et les pastels de Latour. Là, pendant des heures, plongé dans de muettes extases, j'adressais les déclarations les plus ardentes aux plus illustres beautés des règnes de Louis XIV et de Louis XV, toutes duchesses ou marquises, ayant toutes tabouret à la cour.

» Et maintenant, Madame, vous pouvez concevoir quelles flammes dévorantes s'allumèrent en moi et incendièrent mon cœur lorsque vous apparûtes à mes yeux éblouis. Mon rêve n'était pas seulement réalisé, il était dépassé !

» Mais je m'égare sur un chemin périlleux ; il y a des pièges à loup de l'autre côté du mur ; tandis qu'il en est temps encore, ne le franchissons pas tout à fait, redescendons sur la terre ferme.

» N'ayez aucun souci sur le sort de Bernard. Je ne ferai point de veuve ; je ne laisserai point d'orphelins. Je chasse tous les matins, mais je continue à chasser seul ; je ne veux même pas de la compagnie de votre meute. Saint Hubert sait pourtant que vos chiens ne courent pas l'ombre d'un danger. Mon coup d'œil s'est rectifié, ma main s'est affermie. Oui, Madame, je suis devenu la terreur de votre parc. Du plus loin qu'ils m'aperçoivent, les lièvres se disent : « C'est lui ! » et ils détalent au plus vite ; les faisans se disent :« Le voilà ! » et ils s'envolent à tire-d'aile. C'est là précaution inutile. J'ajuste, je vise, la capsule s'enflamme, le plomb vole et les victimes s'entassent dans mon carnier triomphant.

» Vous me demandez si je connais *Guillaume Tell ?* Oui, Madame, je sais ce qu'il en coûte à Baroilhet de ne pas saluer la toque d'Alizard. C'est un épisode du premier tableau, au troisième acte... Eh bien ! quoique je sois le plus soumis de vos serviteurs, je ne crains pas de vous désobéir sur la question des révérences devant certain portrait que je n'ai plus à qualifier. Ne froncez pas le sourcil. Je ne suis pas aussi coupable que j'en ai l'air au premier abord. Vous allez vous en convaincre. Je n'ai pas mis une seule fois les pieds dans le salon où ce malencontreux portrait est visible et je ne les y mettrai pas tant que durera mon séjour à La Renaudière. Donc, ne le voyant pas, comment le saluerais-je?

» Je me suis fait un ami chez vous, Madame. Le cygne majestueux qui glisse avec tant de grâce sur le cristal de votre étang, s'est accoutumé à ma figure, et il paraît qu'elle ne lui déplaît pas trop. Notez que je ne l'ai pas corrompu par mes bienfaits et que j'en suis encore à lui offrir sa première bouchée de pain. Je l'appelle, et aussitôt il accourt à ma voix. Je lui parle tout bas de sa belle maîtresse, et il me permet de caresser ses plumes blanches, tandis que son cou flexible se balance avec des ondoiements voluptueux. A propos, je l'ai nommé « Ernest. » J'espère que ce nom n'est porté par nul de vos parents ou de vos amis, et que vous ne vous offenserez pas de la liberté que j'ai prise. Observez aussi, je vous prie, que je ne l'ai baptisé ni Symphorien, ni Elzéar.

» Hier, comme j'avais envie de me dégourdir les jambes, je suis allé me promener à Tours de mon pied léger; j'ai été surpris par la pluie à quelques portées de fusil de La Renaudière. La pluie s'étant changée en averse, l'averse s'étant convertie en déluge, j'ai ouvert la porte d'une maison isolée sur la route, je suis entré et je suis tombé en pleine misère : le père est alité, la mère se tient à peine sur ses jambes ; une nichée d'enfants pâles et maigres se disputait quelques os où il n'y avait plus rien à ronger.

» Ce spectacle affligeant m'a fendu le cœur en quatre, et j'ai demandé à ces pauvres gens ce qu'on pouvait faire pour eux.

» La paysanne m'a dit en essuyant une grosse larme :

» — Ah ! mon bon Monsieur, priez la bonne Vierge et tous les saints du paradis que Mme de Morignac revienne bientôt à La Renaudière. Quand elle est au château, il n'y a plus de misère dans le pays. Par malheur, il y a deux ans qu'on ne l'a vue ici.

» J'ai dit à la pauvre femme que je transmettrais à Mme de Morignac le vœu si touchant qu'elle venait d'exprimer. Vous voyez, Madame, que je suis fidèle à ma promesse.

» Tandis que je vous écris, le vent du nord a balayé la brume et dissipé les nuages. Je m'empresse d'utiliser cette éclaircie et je me rends à la chapelle où je me propose de piocher avec ardeur.

» Quand viendrez-vous inspecter mes travaux qui commencent à prendre une certaine tournure ? »

La vicomtesse Alice ne répondit ni le jour même, ni le lendemain. Ce ne fut qu'après quarante-huit heures de réflexion, et non sans avoir déchiré trois ou quatre lettres commencées, qu'elle confia à Mlle Laurette le soin de mettre sa réponse à la poste. Elle était conçue en ces termes :

» J'ai beaucoup et longuement réfléchi dans ma solitude, cher monsieur Derville. Décidément, je n'irai pas voir vos peintures murales, persuadée d'avance que vous achèverez à votre honneur la tâche entreprise, à condition de n'être point troublé par des visites importunes.

» A force de vous entendre répéter que vous m'aimez, je finis par croire à la sincérité de vos paroles. Cet amour, il faut vous hâter de l'arracher de votre cœur avant qu'il ne l'occupe tout entier, par la raison qu'on n'attend pas que la maison soit en cendres pour sonner le tocsin.

— Je serais inexcusable d'encourager un sentiment que je ne puis ni ne dois partager. Madame votre mère prophétisait juste : vous ne serez jamais heureux, vivant dans le bleu comme vous le faites. Descendez de votre nuage et revenez sur la terre ; sortez de votre rêve et éveillez-vous ; brûlez votre narghiléh et ne fumez plus d'opium.

» Votre esprit me plaît ; votre figure ne me déplaît pas plus qu'elle ne déplaît à Ernest. (Appeler un cygne *Ernest*, est-ce assez rapin, grand Dieu !) Je serai donc enchantée de vous recevoir chez moi, à Paris lorsque vous serez devenu raisonnable, lorsqu'on pourra causer avec vous sans être exposée à vous voir rouler des yeux blancs et à vous entendre pousser des soupirs énormes.

» Les énormes soupirs des uns, les yeux blancs des autres, si vous saviez comme ils me poursuivent et comme ils m'assomment depuis que je suis veuve !

» Me remarierai-je ? Il y a lieu de penser que non. Ainsi que vous, je me suis créé un type. J'ai allumé la lanterne de Diogène : j'ai cherché un homme ; je ne l'ai pas trouvé.

» C'est vous qui vous marierez. Je me charge de vous choisir une compagne. Elle ne sera pas duchesse ; elle n'aura pas tabouret à la cour. Les jeunes artistes ne forment de telles alliances qu'au dernier chapitre des feuilletons et à la dernière scène des vaudevilles... Mais vous verrez que vous serez heureux tout de même. Je retiens votre petit premier ; je veux être sa marraine. Vous aurez l'extrême obligeance de ne pas me faire attendre trop longtemps.

» Je bénis l'averse qui vous a fait entrer sous le toit de cette humble femme qui regrette si fort mon absence. M. Pirard reçoit aujourd'hui l'ordre de visiter ces pauvres gens, il visitera aussi tous ceux qui souffrent de la même maladie dans un rayon de huit kilomètres. « La mendicité est interdite dans le département d'Indre-et-Loire, » avez-vous pu lire sur un écriteau cloué à l'entrée de Saint-Avertin. Je ferai placer à côté une pancarte sur laquelle on lira : « La misère est interdite aux alentours de La Renaudière. »

René repondit séance tenante :

» Si je n'étais un honnête homme, si je n'avais à cœur de payer mes dettes, je ne serais plus votre hôte, Madame : j'aurais déjà franchi pour ni jamais rentrer, le seuil de votre demeure. Mais je n'oublie pas que je suis votre obligé, et je n'en sortirai que le jour où sera terminé le travail qui doit m'acquitter envers vous.

» Ce jour-là, je ne me dirigerai pas vers Paris. Où irai-je ? je n'en sais rien. Toutefois, rassurez-vous : j'irai si loin, si loin, que mon nom n'arrivera plus jusqu'à vous.

» Eh quoi ! est-ce vraisemblable ? ai-je bien lu ? vous daignez vous intéresser à ma destinée à ce point que vous ne seriez pas éloignée de vous occuper de mon mariage ? A qui donc voulez-vous me marier ? A votre femme de chambre ? C'est trop de bonté. Et vous consentiriez à servir de marraine à mon premier né ? En vérité, vous me comblez, Madame.

» Malheureusement, j'entrevois bien des obstacles, et la réussite d'un si joli petit projet me semble quelque peu douteuse... Une femme de chambre de si bonne maison doit nourrir des ambitions proportionnées à sa situation sociale. Consentirait-elle à descendre jusqu'à moi ? Un si beau mariage ne rentre-t-il pas dans la catégorie de ces unions féeriques qui, selon vous, ne se célèbrent que dans les vaudevilles et les feuilletons ?

» Ah ! que d'un mot vous avez bien su me remettre à ma place ! C'est pourtant vrai que mon amour pour vous est le chef-d'œuvre de l'absurde et le maximum de l'insanité. Qu'est-ce donc que cette folie contagieuse qui fait que les vers de terre s'énamourent des étoiles ?

» Avais-je donc pensé que je serais votre mari ? Ai-je supposé un instant, un seul, que la vicomtesse de Morignac se résignerait à n'être plus que Mme Derville ? Non, non, mille fois non ! Il y a trop de millions entre nous. Ce que j'imaginais, je peux l'avouer, à présent que, certain de ne plus vous revoir, je n'aurai pas à rougir devant vous de l'aveu que je vais faire. Je rêvais qu'un jour viendrait, où convaincue et pénétrée de l'immensité de mon amour, vous inclineriez votre tête adorée sur mon épaule en murmurant à mon oreille : « Prends-moi ; je me donne. »

» Voilà pourtant à quel degré d'hallucination on parvient quand on se nourrit d'opium et qu'on élit domicile dans les nuages. Grâce à la douche bienfaisante que vous m'avez administrée, le jour s'est fait dans mon esprit et il fait clair dans ma raison. Quel service vous m'avez rendu ! Excusez-moi si je ne vous remercie pas.

» Adieu, Madame, adieu ! »

Quelques jours après, le facteur rural déposait à l'adresse de René un billet ainsi conçu :

« Madame la vicomtesse de Morignac informe M. Derville qu'elle sera à La Renaudière samedi prochain et qu'elle y séjournera vingt-quatre heures. Mme de Morignac prie M. Derville de communiquer cet avis à M. Tirard, qui devra envoyer une voiture à Tours. Compliments distingués. »

XIII

Ce fut avec une impatience mêlée de terreur que René attendit l'arrivée de la vicomtesse Alice. Ce dernier billet qu'il savait par cœur et qu'il se récitait à lui-même à chaque instant du jour, nul doute qu'elle ne l'eût écrit dans une heure d'irritation et de colère. Cette irritation s'était-elle calmée? Cette colère durait-elle encore? Il ne se dissimulait point qu'il avait brûlé ses vaisseaux. Quand il vit atteler le coupé qui devait ramener la voyageuse, il fut pris d'un frisson qui fit trembler ses membres et claquer ses dents.

— Il y a une place pour vous, monsieur Derville, lui dit l'intendant ; Mme de Morignac m'interrogera certainement sur vos travaux ; les renseignements que je donnerai auront bien peu d'intérêt, comparés à ceux que vous êtes en mesure de fournir.

— C'est impossible, répondit René ; je suis souffrant ce matin.

— Le fait est que vous êtes pâle comme un mort. Voulez-vous qu'en passant à Saint-Avertin je prévienne le docteur Granger? C'est un excellent médecin.

— Je vous remercie ; j'espère que ce malaise s'en ira tout seul comme il est venu. Croyez-vous que le séjour de Mme de Morignac à La Renaudière soit aussi court qu'elle l'a annoncé, cher monsieur Picard?

— Je ferai tous mes efforts pour que madame la vicomtesse le prolonge. J'ai des comptes à rendre, des projets à soumettre, des baux à renouveler et à faire signer. Je ne la tiens pas quitte à moins d'une semaine. Décidément vous ne venez pas? Adieu donc, monsieur Derville ; ou plutôt au revoir, dans deux heures.

— Dans deux heures! Je la verrai dans deux heures... balbutia René, qui fût tombé sur le sable s'il n'avait eu la précaution de s'adosser à un arbre.

L'intendant arriva juste à point pour aider Mme de Morignac à descendre de la diligence et la conduire à sa voiture.

— Où allez-vous donc? lui dit-elle en voyant qu'il se disposait à s'asseoir à côté du cocher. Laissez cette place à Laurette et montez près de moi, à moins que je ne vous fasse peur. Nous avons à causer, mon cher monsieur Pirard. Qu'y a-t-il de neuf à La Renaudière?

L'intendant se redressa et dit en accentuant ses mots avec majesté, comme si c'était lui qui fît la pluie et le beau temps :

— Alors que tous nos voisins étaient ravagés par la grêle en août et en septembre, il n'est pas tombé un seul grêlon chez nous.

— En vérité? demanda la vicomtesse d'un ton de parfaite indifférence.

— C'est comme j'ai l'honneur de l'annoncer à Madame; aussi avons-nous fait cinq cent quatre-vingt treize barriques de vin.

— C'est un chiffre abominable, dit la jeune femme qui pensait à autre chose qu'à sa récolte.

— Cinq cent quatre vingt-treize, un chiffre abominable! répéta M. Pirard, qui croyait rêver; nous ne l'avions jamais atteint, Madame. Même dans les meilleures années, je ne me souviens pas qu'on ait dépassé cinq cent quatre-vingts pièces.

— C'est quatre-vingt-treize qui est un chiffre abominable, reprit-elle en riant. Que ces treize pièces supplémentaires soient distribuées aux buveurs d'eau de votre connaissance.

Après un silence, elle demanda:

— L'artiste que je vous ai envoyé est-il toujours chez moi, cher monsieur Pirard?

— Toujours, Madame.

— Son travail avance-t-il? comment le trouvez-vous?

— C'est un jeune homme extrêmement distingué; je ne supposais pas qu'un simple peintre...

Elle interrompit d'un ton bref:

— C'est au sujet de sa peinture et non de sa personne que je vous interroge. Veuillez répondre.

M. Pirard reprit non sans quelque embarras:

— Je ne suis pas très bon juge en ces matières ; il me semble pourtant que Madame sera satisfaite.

— Pense-t-il avoir bientôt fini ?

— Je ne saurais répondre à cette question ; je vois bien que l'absence de modèles le contrarie, et je pense qu'elle sera une cause de retard. Il demande à tous les échos une Vierge et un Judas. En cherchant bien, on finirait peut-être encore par lui trouver sa Vierge à La Renaudière ; je défie qu'on y trouve un Judas.

Mme de Morignac dit avec hauteur :

— Je m'étonne que ce Monsieur si distingué n'ait pas eu l'idée de venir me saluer à Tours.

— Je le lui ai proposé, Madame, se hâta de riposter Mr. Pirard.

— Si vous le lui avez offert, pourquoi n'est-il pas venu ?

— Il a refusé.

— Vraiment ? Et pour quel motif a-t-il refusé ? Il aura préféré égorger mes infortunés lapins.

— Non, Madame, le prétexte est sérieux... ce jeune homme est souffrant.

— M. Derville est malade ! s'écria la jeune femme.

Elle baissa la glace de la portière, et dit en anglais au cocher dont l'attelage filait pourtant avec une rapidité vertigineuse :

— Est-ce que vous dormez, William ? Nous marchons comme des tortues.

Profondément blessé dans sa « respectabilité, » le cocher poussa un *A oh !* indigné et fouetta les chevaux qui dévorèrent l'espace, semant sur les cailloux du chemin des traînées d'étincelles.

L'intendant tira divers papiers de son portefeuille et dit avec solennité :

— Puisque j'ai l'honneur de pouvoir causer avec Madame, je sollicite la permission de soumettre quelques idées essentiellement pratiques relatives à de nombreuses améliorations que je rêve d'introduire dans la culture des vignes et dans l'aménagement des bois. Il y a aussi la question du drainage qui ne manque pas d'importance et sur laquelle j'appellerai...

— C'est bien, interrompit la vicomtesse : vous me direz cela plus tard. D'ailleurs le temps vous manquerait pour développer vos idées. William s'est enfin réveillé et nous sommes arrivés.

On venait de franchir le saut-de-loup hérissé de crocs de fer, et par la grille d'honneur ouverte à deux battants, on était entré dans le parc. Une allée plantée de marronniers antiques et majestueux comme ceux qui ombragent le jardin des Tuileries, conduisait par une pente douce au perron du château, dont les tourelles élancées reflétaient leurs poivrières dans les eaux bleues de deux vastes étangs reliés entre eux par une élégante passerelle.

Quand elle aperçut son cygne, qui nageait à la poursuite des petits poissons, Mme de Morignac s'écria gaiement :

— Tiens ! voici Ernest ! Bonjour, Ernest !

— Ernest ! répéta l'intendant ; de qui Madame parle-t-elle ? Je ne connais aucun Ernest dans le pays.

Elle dit sans se préoccuper de son interrogation :

— Monsieur Pirard, faites-moi le plaisir d'aller vous informer de la santé de M. Derville. Vous donnerez vos nouvelles à Laurette, qui me les transmettra. Je tombe de fatigue, et je vais m'enfermez dans mon appartement. Que le dîner soit servi à sept heures. — Post-scriptum : Je vous invite, ainsi que M. Derville. Chargez-vous du soin de le prévenir.

Un quart d'heure après, Mlle Laurette, tout effarée, pénétrait chez sa maîtresse :

— M. Derville, dit-elle, n'aura pas l'honneur de dîner avec Madame.

— Eh quoi ! il refuserait mon invitation ? Êtes-vous certaine de ce que vous avancez ?

— Il est couché ; il a une fièvre très forte ; il se plaint de violentes douleurs dans la tête et il bat la campagne.

— Un homme à cheval ! qu'on aille chercher le docteur Granger et qu'on revienne vite. Surtout que le docteur ne s'en aille pas sans me parler.

En proie à une agitation qui excluait toute idée de repos et tout désir de sommeil, Mme de Morignac jeta une pelisse fourrée sur ses épaules, et se rendit à la chapelle, avide de voir les peintures commencées par René et d'apprécier leur mérite. Si peu avancé que fût son travail, la conception générale de l'œuvre se dégageait nettement, et elle fut frappée de la correction du dessin, de la fermeté de l'exécution et de l'éclat du coloris.

— Il a du talent ! pensa-t-elle après une

inspection longue et minutieuse des quatre fresques, dont trois n'étaient encore que crayonnées au fusain. L'autre était terminée, sauf deux personnages qu'un caprice de l'artiste semblait avoir décapités à plaisir.

— Les têtes absentes sont évidemment celles des modèles qui lui font défaut, se dit la vicomtesse qui se souvint des confidences de M. Pirard.

Dans un coin de la chapelle transformée en atelier, elle vit une toile tournée du côté de la muraille et que dissimulait à demi un entassement de cartons et de boîtes à couleurs. Elle retourna la toile et jeta un cri.

Elle venait de se reconnaître. C'était elle, en effet, telle qu'elle s'était montrée dans toutes ses splendeurs aux abonnés du Théâtre-Italien, le soir de *Lucie*. Aucun détail de sa toilette n'avait été oublié.

— Il faut que mon souvenir se soit gravé bien profondément dans son cœur pour que sa mémoire ait accompli ce tour de force ! pensa-t-elle. Et elle resta toute rêveuse devant le portrait.

Mme de Morignac rêvait encore lorsque trois coups discrets furent frappés à la porte de la chapelle. Elle n'eut que le temps de remettre la toile à la place où elle l'avait prise ; le docteur entra.

— Eh bien ! cher monsieur Granger, demanda la vicomtesse Alice, est-ce grave ?

— Les symptômes sont alarmants, Madame, dit le médecin après lui avoir respectueusement baisé la main ; je redoute une fièvre typhoïde.

— Une fièvre typhoïde! répéta-t-elle avec effroi en s'affaissant sur une chaise.

— Il ne me sera possible de me prononcer que dans trois jours. Le malade est jeune, ce qui est une chance favorable pour combattre le mal et en triompher ; mais il a beaucoup souffert et sa constitution n'est pas robuste, ce qui diminue d'autant la chance heureuse que je viens de vous signaler. Pourriez-vous me dire, Madame, si M. Derville a subi récemment de grandes déceptions?

— Vous n'ignorez pas que la vie des artistes est féconde en déceptions ; il est probable que M. Derville en a eu sa bonne part, comme tous ses confrères.

— Je ne parle pas de déceptions artistiques, reprit M. Granger ; elles n'occasionnent pas de tels ravages.

La vicomtesse dit en affermissant sa voix qui tremblait un peu :

— Si vous me questionnez touchant les amourettes de ce jeune homme, comment voulez-vous que je réponde? En vérité, docteur, je ne vous comprends pas.

M. Granger reprit avec gravité :

— Il ne s'agit point d'amourettes, mais d'un amour très réel, très sérieux, et c'est de cet amour que M. Derville peut mourir. Toutes ses pensées sont fixées sur une femme dont il parle sans cesse dans son délire et dont il paraît tout à la fois souhaiter la venue et redouter la présence.

Mme de Morignac se leva de son siége comme

si elle eût été poussée par la détente d'un ressort.

— Cette femme, dit-elle avec angoisse, l'a-t-il nommée?

— Non, Madame ; aucun nom n'a été prononcé, et c'est précisément le motif qui m'a fait vous demander si vous la connaissiez. Je vous eusse priée de lui écrire sans retard.

— Vous pensez donc que la vue de cette femme serait faite pour le soulager?

— C'est ma conviction.

— Docteur, dit la vicomtesse après quelques instants de réflexion, est-il nécessaire que M. Derville soit veillé cette nuit?

— C'est indispensable, Madame; il serait donc à propos qu'on envoyât chercher une garde-malade à Tours.

— Ce sera fait; mais comme elle ne viendra sans doute que demain, je suppléerai à son absence.

— Vous, Madame?

— M. Derville est mon hôte; l'hospitalité impose des devoirs. Je prêterai une oreille attentive à ses divagations, et si elles me mettent sur la voie de la vérité, j'agirai dans le sens que vous avez dit. Il est entendu que vous dînez avec moi. On va vous préparer une chambre. Je vous en prie, docteur, ne vous éloignez pas avant de savoir si ce jeune homme est menacé réellement d'une fièvre tyhpoïde.

— Je suis à vos ordres, Madame; je vais écrire à ma femme qu'elle ne m'attende pas ce soir.

— Vous êtes bon, dit-elle en lui serrant la main ; merci.

Restée seule, la vicomtesse Alice s'agenouilla sur les marches de l'autel.

— Mon Dieu ! s'écria-t-elle avec transport ; mon Dieu ! faites qu'il ne meure pas !

Le dîner fut rapide et silencieux.

Avant de se mettre à table, le docteur avait fait une visite au malade, et son attitude sérieuse trahissait l'anxiété qui tourmentait son esprit. Dans le but louable de raviver la causerie défaillante, l'intendant essaya d'amener sur la nappe la question palpitante du drainage, mais un sévère : « De grâce, M. Pirard ! » lui ferma la bouche et cadenassa ses lèvres.

On avait servi le dessert, et depuis plusieurs minutes pas une parole n'avait été échangée entre les convives. Le silence qui régnait dans la salle à manger, vaste pièce éclairée par un lustre et par des torchères, meublée en chêne, tapissée de cuir de Cordoue, n'était troublé que par le tic-tac régulier du balancier de la pendule, un vrai monument de bois de rose avec des incrustations de nacre et de cuivre, que surmontait un trio de Renommées en bronze doré soufflant à pleines joues dans leurs trompettes traditionnelles.

Tout à coup la vicomtesse Alice se leva brusquement.

— Il est indispensable, dit-elle, que je prenne quelques heures de repos, si je tiens à remplir utilement mon rôle de garde-malade : Ma femme de chambre s'est installée au chevet de M. Derville. Je la remplacerai à minuit. Je me retire ; excusez-moi, Messieurs.

L'intendant dit en sucrant sa tasse de café :

— Madame la vicomtesse veillera ce pauvre garçon... Son état est donc réellement grave ?

— J'ai soigné bien des fièvres typhoïdes, je n'en ai pas vu qui s'annonçât avec un caractère si redoutable et des prodromes si menaçants.

M. Pirard tressauta sur sa chaise.

— Une fièvre typhoïde ! s'écria-t-il avec effroi ; cette maladie n'est-elle pas contagieuse ? Répondez-moi franchement ; au cas où elle le serait, il y aurait à prendre des précautions...

Le médecin interrompit d'une voix aigre :

— J'ose espérer que ce n'est pas pour votre peau que vous tremblez si fort ?

— Ne me faites pas cette injure ; je n'ai ni femme ni enfants ; je ne ferais faute à personne et je me soucie de ma vieille carcasse comme d'une coquille de noix. Ce que je dis, c'est pour Madame qui va s'exposer...

— A la bonne heure ! je vous rends mon estime... Mais, soyez sans crainte, Mme de Morignac ne court aucun danger.

— Le ciel vous entende !

— Monsieur Pirard, permettez-moi une question, dit M. Granger lorsque les domestiques furent sortis.

— A vos ordres, docteur ; parlez.

Le clair et pénétrant regard du vieux médecin dévisagea l'intendant, et il lui demanda :

— Depuis qu'il est ici, M. Derville a-t-il reçu beaucoup de lettres ?

— Des lettres? Deux ou trois tout au plus, toutes de Madame et toutes relatives aux fresques de la chapelle.

— Vous en êtes sûr?

— Parfaitement sûr.

— Les auriez-vous lues par hasard?

— Certes, non.

— Alors, comment savez-vous si bien ce qu'elles contiennent?

— Par induction : si Madame, écrivant à un peintre, ne parlait pas peinture, de quoi lui parlerait-elle? je vous le demande, monsieur Granger.

— C'est juste; vous avez cent fois raison. Mme de Morignac connaît-elle ce jeune homme depuis longtemps?

— Je ne saurais vous éclairer sur ce point.

— M. Derville a dû vous entretenir de la vicomtesse; en quels termes vous a-t-il parlé d'elle?

— Dans les termes les plus respectueux et les plus mesurés; je ne pense pas d'ailleurs que le nom de Madame ait été prononcé quatre fois entre nous.

— Lui a-t-il écrit souvent?

— Il a répondu aux lettres qu'il a reçues, rien de plus, rien de moins. Madame l'interrogeait relativement à son travail, et il ne pouvait se dispenser de fournir les renseignements qu'on lui demandait.

— C'est encore très juste : vous avez toujours raison. Décidément, vous êtes un logicien de premier ordre, mon cher Pirard.

— De premier ordre, c'est peut-être beaucoup

dire, insinua l'intendant avec modestie ; le fait est que je crois posséder une certaine dose de logique.

— M. Derville a-t-il reçu de nombreuses visites à La Renaudière ?

— Pas que je sache.

— Est-il allé plusieurs fois à Tours !

— Une seule fois il a manifesté le désir de s'y rendre, et je me rappelle que le mauvais temps l'arrêta à moitié route.

— Connaît-on le lieu où réside sa famille ?

— Il est orphelin ; son père est mort depuis de longues années et il porte le deuil de sa mère.

— Vous avez vu M. Derville dans la journée d'hier, je suppose ?

— Et dans la soirée aussi, docteur.

— Était-il déjà souffrant ? s'est-il plaint ? vous a-t-il paru malade ?

— Pas du tout.

— A quel moment vous êtes-vous aperçu, aujourd'hui, qu'il était indisposé ?

— Ce matin, lorsque je partis pour aller chercher Madame, j'observai pour la première fois le frisson qui faisait trembler son corps et la pâleur livide qui couvrait ses traits.

M. Granger alluma un cigare et tomba dans une profonde méditation.

— Vous n'avez plus de questions à m'adresser, docteur ? demanda l'intendant après une longue pause.

M. Granger fit un signe de tête négatif.

— C'est un interrogatoire en forme que vous

m'avez fait subir ; vous aviez bien plus l'air d'un juge que d'un médecin.

— Mon cher Pirard, tout médecin qui sait bien son métier doit être doublé d'un juge d'instruction, dit M. Granger, qui ralluma son cigare éteint et retomba dans sa rêverie interrompue.

A minuit, Mme de Morignac gratta timidement à la porte de René.

— Eh bien ! fit-elle à voix basse, comment se trouve-t-il ?

— Depuis une heure, M. Derville est dans un grand accablement, murmura Mlle Laurette ; quand il parle, c'est pour se plaindre qu'on lui brise le crâne à coups de marteau.

— Vous a-t-il reconnue?

— Je le crois, Madame. Quand il m'a vue entrer, il s'est écrié : « Ah ! vous êtes enfin revenue de Nice ! » Il a repris avec colère : « Veut-elle toujours nous marier? Vous pouvez lui dire que je n'y consentirai jamais ! » Que signifient ces paroles, Madame ? J'avoue que je n'ai pas compris ce qu'il a voulu dire.

— Vous savez bien qu'il bat la campagne... Allez prendre du repos, ma pauvre fille ; vous l'avez bien gagné.

La chambre n'était que très faiblement éclairée par la lueur vacillante d'une veilleuse. Bien qu'un épais tapis étouffât le bruit léger de ses pas, la jeune femme se dirigea vers le lit, marchant sur la pointe des pieds, et elle prit place dans le fauteuil qu'avait occupé sa camériste, sans que le malade s'aperçût de la substitution.

René, tout empourpré des flammes de la fièvre, avait le visage baigné d'une sueur brûlante qu'elle essuya doucement avec son mouchoir.

— Son parfum ! dit-il d'une voix rauque, et sans ouvrir les yeux ; c'est son parfum... Ah ! vous lui volez ses parfums !

— Chut ! fit la vicomtesse : ne parlez pas, Monsieur Derville.

— Et sa voix aussi... Vous lui volez sa voix ! C'est inutile... Je ne vous aime pas, vous... c'est elle que j'aime... elle seule... Oh ! ma tête, ma tête... Que je souffre, mon Dieu !

Il se tut pendant quelques instants ; puis son agitation redoubla et il continua d'une voix haletante :

— Où est-elle ? A Paris... dans quelque théâtre, entourée, fêtée, admirée, adorée. Si elle était près de moi, je serais guéri. Que lui importe que je vive ou que je meure ?... Que suis-je pour elle ? Moins qu'un chien... J'ai tué Zambeau et elle a pleuré... Elle me tuera, moi, et ma mort ne lui coûtera pas une larme.

Il se dressa sur son oreiller et par trois fois, avec des intonations déchirantes, il appela :

— Alice ! Alice ! Alice !

Mme de Morignac se leva ; elle prit la main de René et lui dit avec douceur :

— Vous m'appelez, mon ami ; j'accours. Vous désirez me voir... Me voici.

Il la contempla avec des yeux où se peignirent des joies immenses, des béatitudes célestes ; il voulut parler, mais la voix expira dans son gosier. Peu à peu sa tête s'inclina en arrière, ses paupières se fermèrent et il s'endormit, conservant dans sa main la main qu'elle lui avait abandonnée et qu'elle ne songea à retirer de ce doux étau que longtemps après, quand elle vit entrer le docteur Granger.

— Comment la nuit s'est-elle passée? demanda-t-il.

— Plus bas, dit-elle ; il dort.

— Il dort ! répéta le médecin étonné ; depuis combien de temps ?

— Depuis sept heures tout au moins.

— D'un sommeil paisible ?

— Comme celui d'un enfant.

M. Granger tâta le pouls de René.

— Il est sauvé, dit-il ; mais pas un mot... M. Derville s'éveille.

C'est à peine s'il faisait jour ; il se retira dans l'embrasure de la fenêtre, où il écrivit une ordonnance. Le jeune homme et la jeune femme restèrent en présence l'un de l'autre.

— Ce n'était donc pas un rêve ? dit René en essayant de l'attirer vers lui.

Elle lui montra le docteur, posa un doigt sur ses lèvres et s'éloigna à pas lents. Elle se soutenait à peine, terrassée par les émotions de cette longue nuit où elle avait tant prié, tant pleuré, tant souffert.

XIV

Le lendemain, M. Granger vint prendre congé de la belle châtelaine, et comme elle lui reprochait de s'éloigner si précipitamment, il la rassura en ces termes :

— Ma présence à La Renaudière n'est plus utile, Madame. Je dois à M. Derville le spectacle bien doux et bien rare d'une résurrection. Les souffrances et la fièvre ont cessé comme par enchantement. J'ai autorisé mon malade, ou, pour parler plus correctement, mon ex-malade à se lever dès aujourd'hui. Qu'il reste quelques jours sans travailler, qu'il fasse, quand le temps le permettra, une promenade en voiture, et je suis prêt à lui signer un long bail de santé.

— C'est merveilleux ! dit Mme de Morignac ; avant-hier vous considériez son état comme désespéré.

— Avant-hier, en effet, il m'inspirait les inquiétudes les plus graves.

— Et vos inquiétudes se sont calmées ?

— Calmées n'est pas assez dire, Madame ; elles se sont dissipées complètement.

— Voilà une cure qui vous fait le plus grand honneur, cher monsieur Granger. Les princes de la science, comme nous appelons, à Paris, les médecins qui ont l'esprit de tarifer deux louis leur visite, ne s'en fussent pas tirés aussi bien que vous.

— Vos éloges me sont bien doux, Madame; mais je ne saurais les accepter, dit M. Granger tout en pétrissant entre ses doigts une pincée de tabac qu'il venait de puiser dans une belle tabatière en or guilloché.

— C'est trop de modestie de votre part, observa poliment Mme de Morignac.

— Non, Madame; les médecins, y compris vos princes de la science, savent bien peu de chose. Le père de la chirurgie française, l'illustre Ambroise Paré, avait coutume de dire en parlant de ses clients :

« Je les pansai ; Dieu les guérit. »

— Selon vous, ce serait Dieu seul qui aurait fait le miracle?

— Dieu est assez puissant pour n'avoir besoin du concours de personne. C'est évident, Madame; cependant je n'ose affirmer que la gloire du présent miracle lui revienne tout entière.

Un nuage rose passa sur le visage de la jeune femme qui tendit silencieusement la main au vieux médecin.

— C'est singulier, dit-il ; est-ce que la fièvre n'aurait abandonné M. Derville que pour se loger chez vous? Votre main est brûlante ; vous sentiriez-vous un peu souffrante?

— Moi? s'écria-t-elle en s'efforçant de sourire ; cette fois, votre science est en défaut. Je ne me suis jamais mieux portée.

— Vous m'en voyez ravi, tout médecin que je suis. Je pars donc tranquille... Si vous avez besoin de mes services un mot, et j'arrive. Souvenez-vous que moi et les miens nous vous sommes dévoués corps et âme.

— Je le sais ; j'en suis fière et je vous en remercie.

Elle accompagna le docteur jusqu'à la porte du petit boudoir où elle l'avait reçu. Cette porte ouvrait sur le grand salon qu'il fallait traverser dans toute sa longueur pour arriver au vestibule et de là au perron, près duquel la jument de M. Granger hennissait d'impatience, tenue en main par un homme d'écurie.

— Tiens ! dit le docteur en s'arrêtant court devant un panneau vide ; je n'aperçois pas le portrait de M. de Morignac. Qu'est-il donc devenu ?

— L'humidité l'a fortement endommagé, se hâta de répondre la vicomtesse ; j'avais écrit à M. Derville de restaurer cette toile ; il l'aura transportée dans son atelier.

Et comme elle se sentait rougir jusqu'à la pointe des cheveux, à peine eut-elle proféré ce gros mensonge, elle salua le docteur et battit en retraite. Qu'était devenue, en réalité, la précieuse image d'Elzéar-Symphorien ? Avait-elle été livrée aux flammes ou reléguée dans un noir grenier ? Non ; on s'était contenté, par ordre supérieur, de la transférer dans la lingerie, où elle terrifiait les lingères.

Depuis la nuit passée au chevet du malade,

la vicomtesse et René ne s'étaient pas revus. Promue aux fonctions de courrier de cabinet, Mlle Laurette allait et venait dix fois par jour de l'appartement de sa maîtresse à la chambre de Derville. Le docteur n'était pas au milieu de l'avenue des marronniers qu'elle montrait sa petite tête fine et ébouriffée à la porte du boudoir.

— Le prince Charmant sollicite l'honneur d'une audience, dit-elle avec enjouement.

— Vous oubliez, Mademoiselle, que je vous ai défendu de vous exprimer si légèrement, interrompit la jeune femme avec un accent qu'elle tâcha de rendre sévère.

— C'est vrai, Madame, je l'avais oublié. Je disais donc que M. René Derville demande si madame la vicomtesse consent à le recevoir.

— Où est-il ?

— Là-bas, tout au bout du grand salon, dont il regarde les quatre murs comme s'il y cherchait quelque chose.

— Qu'il entre, dit Mme de Morignac devenu blanche comme un lis.

Elle ferma les rideaux à demi et elle eut soin de se placer à contre-jour.

— Que vous êtes pâle ! dit-elle en l'invitant à s'asseoir. Si votre médecin ne m'avait rassurée, j'hésiterais à croire que vous êtes guéri. Heureusement, j'ai en lui une confiance absolue. C'est un habile docteur que ce bon M. Granger ! Il a ordonné des promenades en voiture... Je vous conseille d'aller le voir. Votre visite lui fera plaisir.

René balbutia d'une voix étranglée :

— Je ne conteste pas la science du docteur ; mais ce n'est pas à lui que je dois ma guérison.

— Prenez garde de vous montrer ingrat ; lui seul vous a soigné.

— Il m'a soigné, je ne le nie pas ; mais c'est vous qui m'avez sauvé.

— Quelle folie ! Ainsi, selon vous, l'honneur des guérisons reviendrait aux infirmiers et non aux médecins ? Cette opinion n'est pas soutenable. Qu'ai-je fait, après tout ? En quoi consiste le rôle providentiel qu'il vous plaît de m'attribuer ? Je suis restée quelques heures près de vous tandis que vous dormiez paisiblement, et c'est tout.

— Mon salut dépendait de ce sommeil paisible ; M. Granger ne me l'a pas dissimulé, et moi aussi, j'ai une foi entière dans sa parole. Or pourquoi ai-je sommeillé ? Parce que vous étiez près de moi. Ai-je dormi tant qu'une autre personne a occupé le fauteuil où vous l'avez charitablement remplacée ?

— Cette pauvre Laurette ! Vous avez été très méchant pour elle, paraît-il. Où donc avez-vous pris que j'aie jamais songé à vous la donner pour femme ? Est-il nécessaire de dire que ce n'est point à elle que je pensais lorsque je vous ai écrit la lettre qui m'a attiré une réponse si foudroyante ?

— Je vous en supplie, Madame, ne pensez ni à elle ni à personne et pardonnez-moi. Je vous ai offensée. Ma vie entière ne sera pas assez longue pour racheter mes torts envers vous, dit-il en ployant le genou devant Mme de Morignac.

— Relevez-vous, et qu'il ne soit plus fait allusion au passé. « Soyons amis, Cinna, c'est moi qui t'en convie, » dirais-je, si les plus simples convenances ne me défendaient de vous tutoyer.

Il y eut un silence dont elle comprit le danger et qu'elle s'empressa de rompre.

— Vous n'êtes pas seul à avoir des torts, dit-elle avec une gentillesse et une grâce irrésistibles. En vraie fille d'Ève que je suis, j'ai péché par curiosité et je m'en accuse. Je suis entrée dans la chapelle...

— Vous avez vu ?... s'écria René.

— J'ai tout vu, interrompit-elle ; vous êtes un artiste, monsieur Derville. De beaux succès vous attendent. Soit que vous abordiez la peinture historique, soit que vous vous consacriez au portrait, vous arriverez vite à un grand renom et à une grande fortune. Eh bien ! qu'avez-vous donc ? Est ce que vous vous trouvez mal?

— J'étouffe dans ce boudoir ; j'ai besoin de prendre l'air, murmura Derville dont le cœur battait avec violence et dont les oreilles étaient pleines de sifflements.

— Ne restez pas longtemps dehors ; montez dans votre chambre et ne descendez qu'en entendant la cloche du dîner. Le docteur a réglé vos menus, et l'on se conformera à l'ordonnance. Il paraît que le perdreau est essentiellement nutritif ; je vous avertis que vous êtes, pendant une semaine, condamné aux perdreaux forcés. Mais ne les avez-vous pas tous massacrés ? En reste-t-il encore en Touraine ?

René eut le courage d'esquisser un sourire et s'éloigna rapidement.

— J'ai rêvé, s'écria-t-il quand il fut seul ; elle ne m'aime pas !

Et deux grosses larmes roulèrent le long de ses joues amaigries. Au même instant, la vicomtesse soupirait avec un grain de mélancolie :

— Allons ! le voilà devenu tout à fait raisonnable... et j'en suis bien heureuse, en vérité.

La pensée qu'il dînerait en tête-à-tête avec Mme de Morignac avait jeté René dans un trouble extrême. Quand il entra dans la salle à manger, convoqué par la cloche de sept heures, et qu'il aperçut trois couverts, il se sentit débarrassé du poids qui oppressait sa poitrine. La certitude que la présence d'un tiers transformerait en trio un duo qu'il jugeait plein de périls fut pour lui un soulagement et une délivrance. Ce troisième convive se produisit sous les traits de l'excellent M. Pirard. Servi à souhait par le mutisme presque complet de ses deux co-dîneurs, encouragé par l'attention qu'on semblait prêter à ses discours, il déploya une faconde intarissable. La question des améliorations à apporter dans l'aménagement des bois et dans la culture de la vigne fut donc traitée par lui avec de vastes développements. Quant à la question palpitante du drainage, il la tourna dans tous les sens et la retourna sous toutes ses faces d'une façon copieuse et magistrale.

— On ne se lasse pas de vous écouter, dit enfin la vicomtesse. Vous êtes le Mario de l'agriculture, et c'est un ravissement de vous entendre roucouler vos cavatines champêtres. Cependant...

Enhardi par ce triomphe inusité, M. Pirard se permit de l'interrompre ; il dit avec une feinte modestie :

— Madame la vicomtesse est trop bonne... Au cas où je ne l'aurais pas suffisamment convaincue j'ai encore un stock d'arguments en réserve.

Elle s'écria avec admiration :

— Un stock d'arguments nouveaux ! après tous ceux que vous venez de dépenser ! C'est miraculeux. Gardez-les pour une autre occasion. D'ailleurs, reprit-elle en consultant la pendule, il se fait tard et voici un convalescent qui n'a pas encore droit à la permission de dix heures.

S'adressant à René qu'enivrait le timbre musical de cette voix adorée :

— Vous savez, monsieur Derville, que le docteur ordonne des promenades quotidiennes en voiture. Vous commencerez demain, si le temps nous favorise. Je dis *nous*, parce que, si ma société vous agrée, je ferai cette petite excursion en votre compagnie. Je ne connais aucune des résidences historiques qui entourent La Renaudière et je rougis de mon ignorance.

Parlant ainsi, elle lui tendit affectueusement la main. René s'inclina sans répondre, et lorsque sa chair fut en contact avec la chair de la jeune femme, il éprouva une sensation violente. Il trébucha et dut s'accrocher au bras de M. Pirard, qui le conduisit tout chancelant jusqu'à la porte de sa chambre.

— Voilà qui est particulier, dit l'intendant en éclatant d'un bon gros rire, c'est moi qui ai fêté copieusement le vin de Vouvray de Madame, et c'est vous qui avez l'air d'être un peu lancé, monsieur Derville. Avouez que c'est drôle !

La journée du lendemain fut exceptionnellement belle. Un soleil radieux étincelait dans le ciel limpide, et, sans l'indiscutable démenti donné par l'almanach, on se serait cru en plein été de la Saint-Martin.

— Je sortirai en voiture découverte ; qu'on attèle le panier, avait dit la vicomtesse après avoir consulté le thermomètre. Il y a longtemps que je n'ai conduit ; je me donnerai ce plaisir.

Tandis que l'Angelus de midi carillonnait joyeusement dans tous les clochers du voisinage, ils partirent côte à côte. Au moindre cahot, leurs genoux frémissants se touchaient sous la peau d'ours qui les couvrait jusqu'à la ceinture.

— On voit bien que Fergus mène une vie de chanoine en mon absence ; il a le diable au corps, dit la jeune femme en serrant les guides et en calmant de la voix le magnifique alezan qui semblait tout disposé à s'emballer. Avez-vous peur ? demanda-t-elle à René.

— Moi, Madame ! A quel sujet aurais-je peur ?

— Fergus peut nous jouer un mauvais tour.

— A condition que je meure sur place et que vous n'ayez pas une égratignure, je lui pardonne d'avance.

— D'où vous vient ce détachement de la vie ? Êtes-vous donc si à plaindre ?

— Tout au contraire, Madame, et c'est précisément parce que j'ai le cœur en fête que je voudrais mourir aujourd'hui. Il y a une intensité de bonheur que l'homme n'atteint qu'une fois et qu'il ne saurait dépasser, vécût-il cent années.

— Étant admis que ce soit un bonheur surhumain que de courir les routes d'Indre-et-Loire, vous retrouverez cette félicité dans vingt-quatre heures.

— Non, Madame, car demain vous serez partie.

— Partie ! Mais tous mes projets sont changés. Ma présence est indispensable à La Renaudière, m'a démontré Mario Pirard... Sans compter que Paris est odieux et méprisable aux approches du jour de l'an. C'est aux pauvres de ce pays que je consacre mes étrennes. A quoi songez-vous, monsieur Derville ?

— A un pauvre qui ne participera pas à vos largesses, et je plains ce malheureux.

— Qui vous fait croire qu'il ne recevra rien ?

— Ce qu'il oserait solliciter de votre charité, vous le lui refuseriez, Madame.

— C'est possible, après tout ; on a affaire parfois à des pauvres d'une exigence... Qu'il accepte au moins un bon conseil. Je lui ai donné mon amitié, qu'il s'en contente ; que veut-il de plus ?

D'une voix à peine articulée, René balbutia :

— Votre amour !

Soit qu'elle n'eût pas entendu, soit qu'elle ne voulût pas entendre, Mme de Morignac ne répondit pas. Elle fit sentir à Fergus la mèche de son fouet, et les deux voyageurs dévorèrent plusieurs kilomètres sans échanger une parole.

— Monsieur Derville, dit tout à coup la vicomtesse, racontez-moi donc votre existence.

— Ce triste récit, j'ai déjà eu l'honneur de vous le faire à l'hôtel des *Iles-d'Or*, Madame.

— Je ne sais rien de vos premières années.

— C'est que peut-être il m'est défendu d'en parler, dit René avec un soupir.

— Si j'insiste, ne mettez pas mon désir au compte d'une curiosité vulgaire.

— Dieu m'en garde ! Si je persiste à me taire, c'est par respect pour une mémoire tendre et vénérée. Ma mère nous écoute, Madame.

— Ainsi, ce nom de Derville que vous portez si bien, que vous illustrerez un jour...

— Ce n'est pas le nom de mon père, interrompit René, dont les joues se teignirent de pourpre.

— Je vous ai blessé, et je le regrette ; mon repentir est sincère ; pardonnez-moi, dit-elle en l'enveloppant d'un regard timide et doux. Causons de choses folles et joyeuses, voulez-vous ? Contez-moi des histoires d'atelier. Vous voyez devant vous une malheureuse femme qui s'ennuie depuis qu'elle est au monde. La charité, mon bon Monsieur... Un petit éclat de rire, s'il vous plaît.

René s'exécuta et son succès fut complet. Au retour, Mme de Morignac le remercia avec effusion.

— De ma vie, lui dit-elle, je ne me suis tant amusée. Mais j'y pense... un peu tardivement, par exemple... Nous n'avons visité aucun château. C'était pourtant le but de notre promenade, si j'ai bonne mémoire.

— Vos châteaux en Touraine ne sont que des masures comparés aux miens, dit René avec une emphase comique.

— Les vôtres ! Et où sont-ils bâtis ?

— En Espagne.

— J'aurais dû le deviner, Monsieur le fumeur d'opium. Croyez-moi, ne vous y attardez pas trop. Ces châteaux-là finissent toujours par s'écrouler sur la tête de leurs propriétaires.

— Ce dénouement n'a rien qui m'effraye, Madame.

— Ce qui m'effraye, moi, c'est la bise glacée qui commence à souffler. Rentrez vite. Je vais vous faire préparer un grand bol de thé bien chaud, corsé d'un petit verre de vieux rhum, qu'on vous portera dans votre chambre, où je vous consigne près du feu jusqu'à l'heure du dîner. Telle est mon ordonnance.

— J'obéis, docteur, dit René en effleurant de ses lèvres la main que la vicomtesse lui avait abandonnée.

Ils rougirent tous les deux et se séparèrent brusquement.

Le lendemain, on ne sortit pas ; une neige épaisse, tombée toute la nuit, fit ajourner à des temps meilleurs la promenade projetée. Le déjeuner terminé, la vicomtesse ouvrit son piano et berça René avec les plus suaves mélodies de Prudent, de Schubert et de Chopin. Étonnée de l'immobilité silencieuse de son auditeur, elle dit avec peu d'impatience.

— Vous dormez, monsieur Derville?

Il répondit :

— Moi, Madame ! Je pleure. Continuez donc, je vous prie.

— Non certes, dit-elle en se levant vivement. « Pas d'émotions trop vives, pas de travail trop assidu. » Ce sont les recommandations expresses de mon confrère M. Granger.

— Il a dit cela, ce cruel docteur?

— En propres termes.

— Soyez moins barbare que lui. Permettez-moi de peindre pendant une toute petite heure.

— Dans cette vieille chapelle où il doit faire un froid de loup? Je vous le défends.

— Pas dans la chapelle, ici. J'ai la vanité de croire que deux ou trois séances me suffiraient pour mériter les éloges que votre extrême indulgence veut bien accorder à certain portrait commencé de souvenir.

La palette, les pinceaux, la boîte aux couleurs, le chevalet et la toile ébauchée furent bientôt portés et installés dans le boudoir. René se mit à l'œuvre avec une ardeur fiévreuse.

— Quelle pose dois-je prendre? demanda Mme de Morignac.

— Celle qui vous plaira, Madame ; je ne demande qu'une seule chose à mon modèle, c'est de parler.

— L'obligation n'a rien de pénible pour un

modèle féminin. Interrogez-moi, je répondrai.

— Je vous préviens que je serai peut-être un peu indiscret.

— Votre *peut-être* et votre *un peu* sont admirables. Vous serez indiscret outre mesure, nous en sommes certains d'avance tous les deux.

— J'ai sur les lèvres une question que je meurs d'envie de vous adresser depuis longtemps. M'autorisez-vous à la formuler ?

— Formulez donc, je vous prie.

— Vous le voulez ?

— Je l'exige.

— Qu'est-ce que c'est que M. le marquis Gaston de l'Oseraie ?

— D'où connaissez-vous M. de l'Oseraie ? demanda la jeune femme sincèrement intriguée.

— Je ne le connais pas.

— Qui vous a révélé son existence ?

— Mes deux voisins du balcon des Italiens, le soir de la représentation de *Lucrezzia Borgia*.

— Que vous ont-ils appris sur son compte ?

— Qu'il vous aime.

— C'est vrai.

— Qu'il veut vous épouser.

— C'est exact.

— Il est bien, ce marquis ? dit René avec une rage sourde.

— Un homme superbe.

— Jeune ?

— Quarante ans.

— Quand le mariage se fera-t-il ?

— Jamais.

— Pourquoi ?

— Voilà un point d'interrogation que vous ferez bien de qualifier de « peut-être un peu indiscret, » dit Mme de Morignac en riant. Ce mariage ne se fera pas parce qu'il ne me plaît pas qu'il se fasse. Je n'ai pas d'autres raison à donner.

— Elle me satisfait pleinement, votre raison.

— C'est encore bien heureux. Avez-vous d'autres questions qui vous brûlent les lèvres ?

— Comme dirait M. Pirard, j'en possède encore un stock.

— C'est trop pour une seule fois. J'autorise deux questions, mais pas une de plus.

— Quel fut votre sentiment quand vous m'aperçûtes debout sur le seuil de votre loge ? dit René sans oser lever les yeux.

— Un sentiment de vive terreur, je le confesse naïvement.

— Quel sentiment lui succéda ?

— Un sentiment de profonde pitié.

— Et votre sentiment actuel, quel est-il ?

Elle dit en le menaçant du doigt :

— Vous oubliez nos conventions ; je n'ai permis que deux questions. Je crains que vous ne vous fatiguiez, monsieur Derville, reprit-elle d'un ton sérieux. A demain, si vous avez besoin d'une nouvelle séance.

La vicomtesse se leva et, malgré la défense de René, elle jeta un regard furtif sur son travail.

— Vous n'êtes qu'un détestable flatteur ! s'écria-t-elle confuse et rougissante ; vous me faites beaucoup trop jolie.

— Vous nous jugez mal tous les deux, Madame. J'ai devant moi le modèle le plus accompli qu'un peintre puisse rêver et je suis loin de réussir à le représenter aussi charmant que je le vois.

— Comment vous êtes-vous souvenu si fidèlement de la toilette que je portais le soir de notre première rencontre ?

— Demandez-moi plutôt comment j'aurais fait pour ne pas m'en souvenir.

Le jour baissait ; il n'y avait plus moyen de peindre. Un domestique apporta les lampes et ils entamèrent une causerie coupée de longs silences pendant lesquels ils se regardaient à la dérobée. Parfois, leurs regards se rencontraient et tout aussitôt ils baissaient les yeux comme des écoliers en faute.

Quand elle fut seule, la nuit, en tête-à-tête avec sa conscience, Mme de Morignac prit une grande résolution.

— Je dois partir, se dit-elle, il le faut... Je partirai demain... Il n'est que temps.

Mais, le lendemain, il lui fut impossible de mettre son projet à exécution.

Le thermomètre marquait dix degrés au-dessous de zéro ; la neige s'était durcie et les routes étaient impraticables. M. Pirard, consulté, déclara que les chevaux, n'étant pas ferrés à glace, se casseraient infailliblement les jambes et briseraient la voiture à la descente de Saint-Avertin.

La journée fut calquée sur celle de la veille. Il peignit ; elle fit de la musique ; ils causèrent. Au dîner, un mot imprudent de M. Pirard donna l'éveil à René. Il se contint ; mais à peine furent-ils seuls dans le boudoir, il éclata en sarcasme et en reproches amers.

— J'ai terminé votre portrait, dit-il en s'élevant peu à peu jusqu'à la violence ; et vous supposez que j'ai vidé mon sac aux histoires drôlatiques ; rien ne vous retient plus, n'est-ce pas ? Et, malgré votre promesse, vous voulez me fuir ! Ainsi, demain que la température s'adoucisse, que la neige fonde, et vous retournerez à Paris près de M. de l'Oseraie, près de tous ceux qui vous adorent... Et vous pensiez que je resterais ici ?... Mais c'est insensé, Madame. Où vous irez, j'irai... Ma vie est liée à la vôtre. Pourquoi ce départ ? Vous me haïssez donc bien ?

— Si je voulais vous fuir, soupira-t-elle, c'est que je vous aime, René !

Et, tombant dans ses bras, elle appuya la tête sur son épaule en murmurant à son oreille :

— Prends-moi... Je me donne.

Le ciel s'ouvrit et se ferma sur eux.

XV

On dit volontiers : « Les peuples heureux n'ont pas d'histoire, » et cet aphorisme explique suffisamment le nombre considérable d'*Histoires de France* qui ont été publiées et qu'on publiera encore, gardez-vous d'en douter. Laissons donc quelques feuillets blancs entre les pages qui précèdent et celles qui vont suivre. Le lecteur les remplira à sa guise. D'ailleurs, si l'on essayait de raconter fidèlement la semaine heureuse par dessus laquelle on prend le sage parti de sauter à pieds joints, fatalement on arriverait à ce résultat déplorable : ne satisfaire personne, mécontenter tout le monde. Où le lecteur n'a jamais aimé, et dans ce cas notre récit serait par lui taxé d'exagération et de folie ; ou il a été amoureux, et alors il hausserait les épaules avec dédain en se reportant à ses chers souvenirs.

Un matin, M. Pirard annonça à la vicomtesse qu'un homme à demi-mort de faim et de froid avait été trouvé, la veille au soir, couché à la porte du parc.

— Je pense, dit-elle, qu'on a recueilli ce pauvre diable et qu'on lui a donné à manger.

— Madame peut en être sûre.

— Quel est cet homme?

— Je ne le connais pas.

— D'où vient-il et où va-t-il?

— Il vient d'Azay et il se rend à Tours, en quête de travail. Il se dit ouvrier fumiste.

— Les cheminées de La Renaudière fument-elles?

— Non, Madame! dit l'intendant outragé par cette seule supposition.

— Qu'il déjeune; donnez-lui vingt francs et qu'il s'en aille.

— Je dois faire connaître à Madame qu'il semble exténué de fatigue.

— Eh bien! qu'il se repose vingt-quatre heures.

— Madame suppose-t-elle que M. Derville ait toujours besoin d'un modèle pour son Judas?

— Assurément. Comme vous l'avez observé, grâce à Dieu, il n'y a point de Judas à La Renaudière. Cet ouvrier fumiste aurait-il le malheur de pouvoir représenter exactement un si vilain personnage?

— A vrai dire, Madame, je ne me le figure pas autrement.

— M. Derville résoudra la question. Où est-il en ce moment?

— A la chapelle, où il travaille. Tout à l'heure, en passant, je l'ai entendu qui chantait et j'ai bien ri. Il s'agit de quatre hommes, d'un caporal et d'une baronne de Follebiche...

— Une semblable poésie en un tel lieu ! dit Mme de Morignac en fronçant le sourcil.

— Que Madame ne s'alarme pas. Le jour où la chapelle a été transformée en atelier, j'ai eu soin d'enlever le Christ, les vases sacrés, tout ce qui sert à la célébration du culte.

— Vous avez fort bien fait, mon cher monsieur Pirard. Conduisez cet homme près de M. Derville. Nous en causerons au déjeuner.

Hormis les jours, et ils étaient rares, où les nécessités de son service l'appelaient et le retenaient dans quelque ferme éloignée, l'intendant s'asseyait à la table de Mme de Morignac. Lui ayant fait cet honneur au début, elle avait pensé qu'il serait imprudent de rompre tout d'un coup avec cette tradition, en dépit des supplications de René qui finit par prendre son mal en patience et par se résigner. M. Pirard n'était pas un « gêneur » bien incommode. Les phrases à double sens, les allusions voilées, les madrigaux ardents où la passion s'aventurait sous le masque d'une politesse galante, rien n'avait le privilège de l'émouvoir et de l'inquiéter. René était un *artiste ;* donc il avait le droit de s'exprimer et d'agir autrement que les autres humains. Il en usait, ce qui lui semblait naturel ; il n'en abusait pas, en somme, et il estimait qu'on devait lui savoir gré de cette modération relative. Il avait lu dans un journal qu'un peintre en réputation, invité à dîner dans le plus grand monde, était entré dans le salon en faisant la roue et en marchant sur les mains. Derville marchait comme tout le monde, sur ses pieds. Que pouvait-on lui demander de mieux ?

Quant à la vicomtesse, elle était placée si haut dans l'estime et dans la considération de M. Pirard ; son respect pour elle était si profond : la distance qui la séparait d'un « simple peintre » lui paraissait tellement infranchissable, que si la pensée d'un amour possible entre cet artiste et cette patricienne eût effleuré son esprit, il s'en fût effrayé comme d'un commencement de folie et se serait mis incontinent entre les mains du docteur Granger. Heureusement pour lui et pour tout le monde, il avait la vue basse : il ne remarqua donc pas un soir qu'il s'était baissé pour ramasser sa serviette, que la bottine de René et celle de la vicomtesse entretenaient ensemble, sous la table, une causerie des plus intimes et des plus assidues.

— Eh bien ! monsieur Derville, dit la jeune femme, vous avez vu l'homme dont M. Pirard m'a parlé ? Réalise-t-il votre idéal ?

— Il le dépasse. Avec la barbe fauve dont j'ornerai son menton, il sera le plus bel Iscariote qu'on puisse rêver.

— Consent-il à vous servir de modèle ?

— Ma proposition l'a transporté de joie.

— Quand commencerez-vous ?

— Aujourd'hui même, et je tâcherai qu'une seule journée me suffise. J'aime mieux le savoir couché à Tours qu'à La Renaudière.

— Le croyez-vous donc, à l'exemple de son Sosie, capable de trahison moyennant trente deniers ?

— Je suis convaincu que le drôle trahirait pour une somme beaucoup moindre.

— Vous êtes sévère pour ce malheureux, monsieur Derville.

— Sévère, mais juste, Madame, à l'instar de l'instituteur Petdeloup, dont je vous ai narré l'aventure. Ce n'est pas impunément qu'on est affligé de ce visage sournois et perfide.

— J'avais le désir d'assister à la séance ; ce que vous me dites m'en ôte toute envie.

— Tant mieux, Madame ; j'aurais fermé la porte de la chapelle avec le regret de ne vous la point ouvrir. Il est inutile que ce gaillard vous voie. Bonne et charitable comme vous êtes, il eût exploité votre sensibilité au profit d'une misère qui n'est peut-être pas aussi poignante qu'il a intérêt à le faire croire.

— Voulez-vous qu'un domestique soit en tiers avec vous ? Un tête-à-tête de plusieurs heures avec un tel personnage n'a rien de fort rassurant.

— Soyez sans crainte. J'ai mangé tant de perdreaux que je suis en possession d'un biceps parfaitement respectable.

Les bottines échangèrent un tendre et dernier adieu, et René courut rejoindre son modèle.

— Avez-vous déjà posé ? lui demanda-t-il en préparant sa palette.

— J'ai souvent fait poser les autres, mais c'est la première fois que je pose moi-même.

— Vous faites des mots ?

— A l'occasion.

— Comment vous appelez-vous ?

— Fardin.

— Quelle est votre profession ?

— Si j'avais eu le choix, j'aurais embrassé la profession de rentier ; faute de pouvoir suivre cette carrière avantageuse, j'ai pris celle de fumiste.

— Est-ce un bon état ?

— Il y a des mortes saisons.

— Nourrit-il son homme ?

— Mal ; et, vous pouvez vous en convaincre en regardant mon costume, il ne l'habille pas mieux. Nous disons donc que mon profil aura l'agrément de figurer dans une de ces fresques. Quel est le personnage que je vais avoir l'honneur de représenter ?

— Il me faut un Judas ; vous aller me poser mon Judas.

— Ça n'est pas très flatteur.

— Pour qui ?

— Pour moi.

— Vous auriez préféré poser en archange Michel, je comprends ça... Mais la profession d'archange, mon cher, c'est comme celle de rentier : ne l'embrasse pas qui veut. Assez causé ; placez-vous de trois quart. Très bien... vous y êtes... Ne bougeons plus !

Tout en travaillant, René entonna à pleine voix le premier couplet de la chanson que M. Pirard avait entendue le matin. Que de fois il l'avait chantée en chœur, avec les camarades de l'atelier du boulevard Montparnasse !

> Il était un' fois quatre hommes
> Conduits par un caporal
> Qu'éprouvaient tous les symptômes
> D'un embêt'ment général.

L'un disait : « Comme on barbotte ! »
Le deuxième : « Ah ! c'est qu'il pleut ! »
Le troisièm' : « Ça fait de la crotte ! »
L'quatrièm' : « Qu'est-ce qu'on y peut ? »
Le caporal dit : « C'est comm'ça...
» Quand il pleut, dam' ça vous mouille...
» Sapristi ! qu'est c' qui patra
» La goutte à la pa, pa, pa ;
» Sapristi ! qu'est-ce qui patra
» La goutte à la pa, patrouille ? »

Quel que fût son désir de débarrasser promptement le château de la présence d'un vagabond qui lui inspirait une répugnance invincible, René dut lever la séance avant d'avoir terminé son travail. Un brouillard, qu'alimentaient les eaux dormantes des deux étangs de La Renaudière, obscurcissait l'atmosphère et ne laissait filtrer, à travers les étroites fenêtres en ogive de la chapelle, qu'un de ces jours ternes, indécis et brouillés qui sont le désespoir des peintres. On prit rendez-vous pour le lendemain et René se promit à lui-même que son modèle ne passerait pas une troisième nuit sous le même toit que la vicomtesse.

Après avoir soupé à la cuisine, Fardin sollicita de messieurs les marmitons, dont il avait partagé la pitance, la permission de s'arracher aux délices de leur compagnie, permission qui lui fut accordée avec un empressement significatif. Parvenu dans le petit réduit mansardé où on l'avait relégué sous les combles du château, l'ouvrier fumiste s'enferma, poussa un large soupir de satisfaction et se dit en se frottant les mains :

— Ça marche comme sur des roulettes. Dix heures viennent de sonner. A minuit toute la valetaille sera couchée... Je donnerais cinq cents francs pour être plus vieux de deux heures.

Au premier coup de minuit, il se déchaussa, et timidement, à tâtons, il s'aventura dans un long et obscur corridor qui mettait l'aile gauche du château en communication avec l'escalier d'honneur. Appuyé sur la rampe de fer forgé, découpée comme de la guipure, le corps penché dans l'espace, il prêta une oreille attentive. Tout reposait dans un silence que troublaient seuls lesaboiements lointains des chiens de garde, qui semblaient se transmettre les uns aux autres une consigne de surveillence. Immobile comme une statue dans sa niche, il attendit pendant une heure, se demandant s'il n'était pas venu trop tard. Enfin, à l'étage inférieur, une ombre se profila sur la muraille. Le vend du nord avait balayé le brouillard, et, à la lueur argentée de la lune, il fut aisé de reconnaître Derville. L'espion le vit s'avancer avec précaution et l'entendit frapper trois coups légers à une porte qui s'entr'ouvrit et se referma aussitôt, pas assez vite cependant pour que le bruit d'un baiser ne montât jusqu'à lui.

— M. de l'Oseraie sera content ; je tiens mon cadavre... se dit celui qu'il est inutile de continuer à appeler Fardin, et auquel nous restituons son nom de Cordat.

Bien qu'ils eussent assurément fort peu dormi l'un et l'autre pendant cette nuit, le peintre et le modèle se retrouvèrent à l'atelier à l'heure matinale que René avait fixée la veille. Il n'était pas nécessaire d'être doué d'une clairvoyance bien subtile pour deviner, dès le premier abord, qu'un sentiment de joie exubérante remplissait le cœur de René. Tout Roméo, quand il sort des bras de sa Juliette, porte sur son front un nimbe lumineux qui le distingue des autres hommes. M. Cordat n'eût pas été témoin du spectacle nocturne auquel il avait assisté, qu'il n'eût pas mis en doute un seul instant le triomphe de René. Ce triomphe se lisait dans les gestes et dans l'attitude du jeune homme ; il éclatait dans ses yeux, dans son sourire, dans les moindres intonations de sa voix.

— Si j'osais, Monsieur, dit Cordat, qui jugeait le moment opportum, j'implorerais deux faveurs.

— Expliquez-vous, maître Fardin.

— Il est possible que le fumiste crève de faim dans la bonne ville de Tours, alors que le modèle trouverait peut-être à y gagner son pain. Si Monsieur est content de la façon dont je lui ai posé son Judas, je lui demanderai un certificat signé de son nom, mentionnant mes aptitudes pour cette nouvelle profession.

René écrivit quelques mots que M. Cordat serra précieusement dans sa poche.

— L'autre faveur vous paraîtra indiscrète, reprit-il ; je voudrais savoir ce qu'il advint des quatre hommes et du caporal qui meurent d'envie de boire la goutte. La Providence accueille-t-elle leurs vœux ? Est-elle sourde à leurs prières, comme c'est volontiers son habitude, quand on la supplie ici-bas ? Je n'ai pas fait autre chose, toute la nuit, que de me poser cette question.

Sans se faire prier autrement, René fredonna le deuxième couplet de cette ineptie populaire encore aujourd'hui dans tous les ateliers de peinture :

La baronn' de Follebiche,
De son balcon les voyait.
Elle se dit : « Je suis riche...
» Si j'exauçais leur souhait ?
» Fantassins, leur cria-t-elle,
» Montez chez moi, sans façon ;
» Essuyez votre semelle,
» En bas sur le paillasson...
» Car un fichu temps comme ça,
» C'est bon pour une grenouille !
» Montez vite, et l'on paiera
» La goutte à la pa, pa, pa ;
» Montez vite, et l'on paiera
» La goutte à la pa, patrouille. »

— Une brave femme, cette excellente baronne de Follebiche ! s'écria M. Cordat avec admiration. Je vous souhaite de la rencontrer un jour et de faire sa connaissance. Après tout, ça n'aurait rien d'extraordinaire. Les beaux garçons sont faits pour fixer l'attention des belles dames. Une d'elles vous aurait appelé du haut de son balcon, vous seriez installé dans son château sans façon, vous iriez même la visiter quand tout le monde dort, que ça ne me surprendrait pas.

Il parlait encore que Derville, pâle de colère, ivre de rage, s'élançait sur lui, l'étreignait dans ses bras et le couchait à ses pieds. Agenouillé sur la poitrine haletante du misérable, il tira de sa gaîne de velours un petit poignard à lame triangulaire et l'appuyant sur la gorge de Cordat :

— Meurs comme un chien enragé ! dit-il en lui crachant au visage.

Déjà la pointe aiguë du poignard piquait la chair lorsqu'une voix s'écria :

— Monsieur Derville... arrêtez... Que faites-vous, monsieur Derville !

C'était M. Pirard que le saisissement et l'effroi tenaient cloué sur le seuil de la chapelle.

— Il vous doit la vie, dit René en lançant le poignard loin de lui. Mais qu'il parte... qu'il parte à l'instant même, et s'il vient rôder autour de La Renaudière, je jure Dieu que je lui mettrai deux balles dans le corps.

Cordat avait disparu.

— Que s'est-il donc passé ? demanda l'intendant qui tremblait de tous ses membres.

— Mme de Morignac avait raison de se défier de cet homme, dit René, qui fit un violent effort pour se calmer. Tandis que je lui payais le prix de ses deux séances, ce bandit a essayé de me terrasser afin de me voler ma bourse. Pas un mot de cette sotte aventure à la vicomtesse. Il est inutile de l'effrayer.

Transportons-nous rue Royale, à Tours ; entrons dans un hôtel de troisième ordre et pénétrons dans une chambre piètrement meublée. Nous y trouverons M. Cordat occupé à écrire. Une enveloppe posée près de lui et préparée d'avance porte le nom de M. de l'Oseraie. Il s'est débarrassé du pantalon effiloqué et de la veste rapiécée qui l'ont aidé à se travestir en ouvrier sans ouvrage ; il a repris le sévère costume noir qui lui donne l'apparence respectable d'un de ces fonctionnaires des pompes funèbres chargés de prononcer la phrase traditionnelle : « Messieurs de la famille, quand cela vous fera plaisir ! » Les reliefs d'un repas plantureux, deux larges bouteilles vides et un flacon d'eau-de-vie fortement entamé démontrent que M. Cordat s'est offert à lui-même un festin réparateur. La pâleur ordinaire de ses joues a fait place à des teintes ensoleillées, et dans ses yeux habituellement atones luisent d'insolites phosphorescences.

« Monsieur le marquis, écrit-il, vous devez être surpris, inquiet même du silence que j'ai gardé depuis mon départ. N'ayant aucune bonne nouvelle à vous transmettre, j'ai préféré me taire. Que l'aspect seul de mon écriture vous rassérène et vous réjouisse. Nos fortunes ont pris une face nouvelle... Mais je vous dois une narration détaillée et j'ai hâte de payer ma dette.

» Lorsque j'arrivai à Nice, la villa Boldini était vide ; Mme Aubérin était parti depuis quarante-huit heures...

» Dans quelle direction ? Pour Paris, me fut-il répondu par le gardien de la villa. Pressé de questions, férocement tenté par le désir de voir quelques pièces d'or passer de ma main dans la sienne, cet homme me révéla que « la signora » devait s'arrêter quelque part en route, dans une de ses terres sise en Touraine, mais qu'elle n'y ferait qu'un séjour très bref.

» Je consultai mes notes et je constatai que Mme de Morignac possède en effet une vaste propriété, connue sous le nom de « La Renaudière », dans le département d'Indre-et-Loire et dans l'arrondissement de Tours. La Touraine a beau être qualifiée « Jardin de la France, » il me parut étrange que Mme la vicomtesse eût choisi le temps où nous sommes pour se promener dans ce jardin particulièrement humide au mois de décembre, qui est un mois de pluies continuelles et d'inondations périodiques.

» Pourquoi, se dirigeant vers Paris, ne s'y était-elle pas rendu directement? Pour quel motif se détournait-elle ainsi de son chemin? Astreinte à un long et fatigant voyage, pour quelle raison s'était-elle condamnée à l'allonger encore?Je me promis que je percerais le motif et que je connaîtrais la raison de cette bifurcation illogique et déraisonnable. Je partis le même soir.

» J'arrive à Tours ; je prends langue ; je m'informe ; j'imagine un plan, je le combine, je le médite, je le mûris, et je vais avoir l'honneur de vous l'exposer fidèlement. Et de même qu'une ligne élogieuse tombée de la plume d'un des maîtres de la critique moderne comble de joie l'acteur consciencieux qui vient de créer avec succès un rôle important dans une pièce nouvelle, de même votre précieuse approbation sera ma plus douce récompense ; comparaison d'autant plus acceptable que moi aussi j'ai joué, non sans succès, ma petite comédie... Or, si elle ne s'est pas transformée en un noir mélodrame, il s'en est fallu de l'épaisseur d'un cheveu blond.

» Mon Dieu ! oui, monsieur le marquis ; il y a eu du sang versé au dénouement, très peu, j'en conviens, à peine quelques gouttes,.. Mais sachez que c'est le mien qui a coulé ! Sachez aussi que si le poignard dont j'ai senti la pointe sur mon épiderme n'est pas entré jusqu'au manche, c'est grâce à une circonstance providentielle. *Qualis artifex pereo !* pensais-je en ce moment, comme disait en mourant Néron, le divin empereur.

Il est à propos de vous faire connaître que le château de La Renaudière est bâti au milieu d'un vaste parc enclos de hautes murailles et gardé par des molosses hostiles aux voyageurs. Ce serait une erreur de croire qu'on y pénètre aussi facilement qu'on entre à la Bourse. Je m'y présentai sous la forme intéressante d'un ouvrier fumiste mourant de faim.

» Quelle mise en scène, monsieur le marquis ! Comme c'était réglé ! Je me condamnai durant deux jours au jeûne le plus rigoureux. A peine vêtu, chaussé de souliers béants, grelottant de froid, je marchai pendant dix-huit kilomètres. Lorsque je me couchai exténué à la grille du parc, je n'avais pas seulement l'air d'un malheureux qui touche à sa dernière heure, j'en avais aussi la chanson. Si, par miracle, on ne m'eût aperçu et ramassé peu de temps après, j'aurais eu la douleur d'expirer sur le seuil de la terre promise.

» Heureusement, la Providence veillait dans la personne d'un honnête intendant, si tant est qu'il existe des intendants honnêtes. Celui dont je parle (il se nomme Pirard, — que son nom soit loué selon ses mérites !) — me fit transporter dans la cuisine du château. Tandis que je réchauffais mes membres glacés et tout en avalant une écuelle de soupe, j'appris diverses choses on ne peut plus instructives et intéressantes.

» 1° Mme de Morignac était encore à La Renaudière.

» 2° Elle n'y était pas seule. Un peintre occupé à barbouiller les murs d'une chapelle était subitement tombé malade et elle avait passé la nuit à son chevet, le veillant comme une sœur de charité,

» 3° Ce peintre est un jeune homme.

» 4° Ce jeune homme est un très joli garçon, « un cavalier accompli, » au dire des chambrières.

» 5° Depuis qu'il est convalescent, il prend ses repas avec la vicomtesse Alice.

» 6° Ces jours derniers, comme il faisait beau, par extraordinaire, ils sont sortis ensemble en voiture découverte et sont restés une demi-journée dehors.

» Jugez de ma vive satisfaction, monsieur le marquis, lorsque l'intendant m'apprit que le susdit peintre était en quête de modèles et me demanda si je serais disposé à poser devant lui !

» Nous n'étions plus qu'à quatre pas de la chapelle où il exécute ses travaux, quand

M. Pirard prononça son nom. Je dois avouer que je restai court et que je fus violemment tenté de battre en retraite. Ce jeune homme, j'en conviens, a quelques petits griefs à me reprocher. Je ne crois pas qu'il m'ait jamais vu ; mais, attendu que nous avons habité la même maison, il se pouvait fort bien que mon visage ne lui fût pas aussi étranger que je le pense et qu'il me reconnût en dépit de mon déguisement, auquel cas je jouais très gros jeu.

» Confiant dans mon étoile, j'entrai bravement dans la chapelle, et je n'eus pas à m'en repentir. Notre tête-à-tête se prolongea cependant tant qu'il fit clair. Une deuxième séance fut jugée indispensable, et mon ancien voisin me congédia en me donnant rendez-vous pour le lendemain.

» Je me retirai plein de joie. J'avais été poursuivi par la crainte d'être forcé de déguerpir le soir même, ce qui eût été la destruction de tous mes plans, l'anéantissement de toutes mes espérances. Il m'était nécessaire, en effet, de passer une nuit sous le même toit que le jeune peintre et Mme de Morignac... Vous allez comprendre pourquoi, monsieur le marquis.

» La confidence qui me reste à faire s'adresse à un homme et à un homme bien trempé. N'allez donc pas vous en émouvoir comme un enfant et en souffrir outre mesure, ce qui serait l'indice d'une âme faible et pusillanime. Si Mme de Morignac était veuve de deux maris, hésiteriez-vous à l'épouser? Assurément non. Quand je vous aurai dit que j'ai vu le peintre se glisser dans la chambre de la vicomtesse à une heure du matin, vous en serez quitte, en sortant de la mairie et de l'église, pour vous figurer qu'elle a été mariée deux fois et que ses deux maris sont morts. C'est sur la connaissance de ce galant mystère que je fonde le succès final de l'entreprise que nous poursuivons tous les deux. Que Mme de Morignac n'ait pas d'amant, et elle vous échappe. Elle a un amant, elle est à vous. Je me charge de vous le prouver mathématiquement, monsieur le marquis.

» La découverte que j'ai faite m'a rendu si joyeux que je me suis laissé aller à commettre une imprudence qui a failli me coûter cher. A peine eût-il deviné que j'étais armé de son secret, le fougueux artiste se précipita sur moi un poignard à la main. Sans l'intervention de M. Pirard, j'étais mort. Je me suis enfui ; mais en fuyant j'emportais deux trésors.

» Le premier consiste en quelques lignes de son écriture, signées de son nom : écriture facilement imitable ; signature qu'on pourra contrefaire aisément, le tout d'un grand secours si, comme je l'entrevois, il est utile que Mme de Morignac reçoive quelque lettre qu'il n'aura pas écrite, mais qu'il sera censé avoir signée.

» Le deuxième trésor est représenté par un paquet de fusains qui traînait dans un coin de l'atelier et que spirituellement j'escamotai sous ma casquette. Ah ! ces crayons, quels services ils m'ont rendus !

» Sur les murs du parc de La Renaudière, sur les portes et sur les volets des maisons isolées semées sur mon chemin, partout enfin où j'ai trouvé l'occasion et tout le long de la route de

Saint-Avertin à Tours, j'ai dessiné de grands cœurs enflammés. — les cœurs classiques percés des deux flèches obligatoires, — et au milieu j'ai écrit le nom du jeune homme et le nom de la jeune femme escortés de cette légende : *Pour la vie !*

» D'ici à demain tout le pays sera en révolution. Attendez-vous donc à voir revenir Mme de Morignac. En présence du tapage que vont provoquer mes petites illustrations, je la mets au défi de prolonger son séjour à La Renaudière... Or sachez qu'elle eût été capable d'y passer tout son hiver, et en ce cas-là nous étions ruinés, tous les deux, monsieur le marquis.

» Quant à moi, je ne vous reverrai pas avant la fin de la semaine. Je veux jouir sur place du succès de mon invention ingénieuse. Donc, gaudissons-nous, et convenez que je vous ai fait de la bonne besogne. Nous touchons au but ; les galions entrent dans le port. L'ivresse la plus vive et la plus pure inonde mon cœur ; que le vôtre et le mien s'unissent dans le même cantique d'actions de grâces !

» Comme dit l'Evangile ou peu s'en faut : « *Sursum Corda !* »

» *Post-scriptum.* En relisant ma lettre, je m'aperçois que je ne vous ai pas dit le nom de l'heureux mortel qui a eu la rare fortune d'être distingué par la vicomtesse Alice. Il se nomme René Derville. Serait-ce lui qu'elle aurait accueilli dans sa loge du Théâtre-Italien, à la représentation de *Lucie,* dans la soirée mémorable du 27 octobre dernier ? Il y a une enquête à faire à cet égard. Je m'en charge. Comptez sur moi et à bientôt. »

Après une journée laborieuse, M. Granger regagnait son domicile : déjà les premières maisons de Saint-Avertin montraient leurs toitures ardoisées au tournant de la route, et sa jument hâtait le pas, toute ragaillardie au souvenir de la belle botte de foin parfumé qui l'attendait dans l'écurie bien close, lorsque subitement le docteur arrêta sa monture, mit pied à terre et marcha rapidement vers une grange en ruine.

Au milieu d'un cœur percé de flèches grossièrement dessiné sur un pan de muraille, il lui avait semblé voir les noms de Mme de Morignac et de René Derville entrelacés, et il se croyait le jouet d'une hallucination monstrueuse. Il ne s'était point trompé !... Il se trouvait en présence de l'infâme charbonnage de Cordat.

Sans réflexion préalable, sans nulle hésitation, M. Granger se remit en selle, tourna bride, s'engagea dans le chemin qui conduisait à La Renaudière et fit sentir à sa jument la pointe de ses éperons. De distance en distance, à droite et à gauche, partout où il avait eu une place pour déposer son venin, l'immonde reptile avait bavé l'outrage et l'injure. Un spécimen du cœur percé de flèches se reproduisait jusque sur les piliers massifs qui encadraient et soutenaient la grille d'honneur.

Quand elle entendit annoncer M. Granger, Mme de Morignac poussa une exclamation joyeuse.

— J'espère que vous êtes venu avec la bonne pensée de me demander à dîner, dit-elle en l'invitant à s'asseoir.

Le docteur s'affaissa bien plus qu'il ne s'assit sur le siège qu'elle lui désignait d'un geste gracieux. Ce fut alors, alors seulement qu'elle s'aperçut du trouble où il était de son extrême agitation. En dépit de la rigoureuse température du dehors, sur les rides de son front perlaient de larges gouttes de sueur; un frissonnement nerveux le secouait de la tête aux pieds.

— Qu'y a-t-il? que se passe-t-il? quelle mauvaise nouvelle m'apportez-vous? demanda la jeune femme en se raidissant contre l'épouvante qui l'envahissait de toute part.

M. Granger resta quelques instants sans pouvoir articuler un son.

— Parlez, murmura-t-elle, parlez; votre silence me tue.

Le docteur dit enfin d'une voix confuse:

— Avez-vous des ennemis dans le pays, Madame?

— Moi! fit-elle.

— Vous-même, Madame.

— Pourquoi aurais-je des ennemis?

— Savons-nous jamais pourquoi nous en avons? Cherchez bien, je vous en prie.

— Je ne m'en connais aucun, dit-elle après un rapide examen de conscience.

— Vous êtes-vous aperçu qu'un vol ait été commis par un de vos gens, et sur votre ordre M. Pirard a-t-il chassé le voleur?

— On n'a rien découvert de semblable et personne n'a été congédié chez moi.

— Avec cette charité imprudente que je me suis souvent permis de blâmer, auriez-vous donné asile à quelque bohémien, à quelque vagabond ?

— Un malheureux souffrant du froid et de la faim a été trouvé évanoui à la porte du parc.

— Quand cela ?

— Il y a trois jours.

— Où est cet homme ?

— Il est parti.

— Depuis quand ?

— Ce matin.

— Où est-il allé ?

— A Tours.

— C'est lui ! s'écria M. Granger ; c'est ce misérable qui a payé par la plus odieuse infamie votre généreuse hospitalité.

— Expliquez-vous, docteur ; en vérité, je ne comprends rien à vos paroles.

— Hélas ! Madame, vous ne me comprendrez que trop bien et que trop tôt. Une inscription outrageante unit votre nom à celui de M. Derville.

— Vous l'avez lue ? dit la vicomtesse dont le visage se couvrit d'une pâleur livide.

— Je l'ai lue.

— Où ?

— En plus de vingt endroits différents ; sur la porte même de votre demeure.

La jeune femme se dressa d'un bond convulsif et se suspendit à un cordon de sonnette.

— Priez M. Derville de venir sans retard, dit-elle au domestique accouru au signal.

— Dois-je me retirer, Madame ? demanda M. Granger. Suis-je indiscret ?

— Non certes ; vos conseils me seront utiles ; j'ai besoin de votre protection et de votre amitié.

Le vieux docteur saisit la main de Mme de Morignac et la baisa dévotement. Cependant Derville était arrivé en grande hâte, et rien qu'à l'attitude de M. Granger et de Mme de Morignac il avait eu l'intuition d'un malheur.

— Monsieur René, lui dit-elle, si je vous annonce qu'on m'a outragée, qui rendrez-vous responsable de l'outrage ?

— L'homme qui m'a servi de modèle, répondit-il sans hésiter.

— Pourquoi lui plutôt qu'un autre ?

— Parce que ce matin il a osé vous insulter devant moi, Madame.

— Et vous ne l'avez pas tué sur place ? s'écria le docteur.

— L'intervention de M. Pirard lui a seule sauvé la vie.

— Quand on a un serpent sous son talon, on l'écrase, jeune homme. C'est une loi rigoureuse.

— Qu'a fait ce misérable ? dit René qui se cramponna au dossier d'un meuble et qui imprima sur l'étoffe la trace de ses ongles crispés.

— M. Granger raconta ce qu'il avait vu et s'empressa d'ajouter :

— Il est inutile de vous dire, Monsieur, que je tiens cette inscription pour mensongère et calomnieuse. Qu'allez-vous faire ? Quelle sera votre conduite dans une circonstance si douloureuse et si grave?

— Que Mme de Morignac prononce mon arrêt, dit René en courbant la tête. Quels que soient ses ordres, je m'y conformerai. Dois-je m'éloigner?

La jeune femme garda le silence; le docteur reprit avec autorité:

— J'estime que vous devez rester et que c'est Madame qui doit partir. Est-ce votre avis, madame la vicomtesse?

Elle fit un signe d'assentiment.

— Dès demain, poursuivit M. Granger, l'injure qui vous a été faite aura disparu. Aidé de mes domestiques, qui ne savent pas lire, je me charge du soin d'effacer ces ignominies, dussé-je y employer la nuit entière... Mais soyez certaine qu'on en conservera le souvenir. Ce n'est pas impunément qu'on porte une couronne au temps où nous vivons; or votre front est ceint de trois couronnes, Madame: elles s'appellent la beauté, la fortune et la jeunesse. Que de raisons de vous haïr! Et vous pensez naïvement que vous n'avez pas d'ennemis! Donc, n'en doutez pas, le scandale sera retentissant et durable. Quel intérêt celui qui l'a provoqué a-t-il eu en vous frappant si lâchement? c'est ce que j'ignore et c'est ce que je vous demande.

— Je me perds en conjectures, docteur.

— Existe-t-il quelque part un homme que la présence de M. Derville et l'intimité fraternelle où vous vivez avec lui aient le droit d'irriter violemment contre vous?

— Je ne reconnais ce droit à personne, dit-elle avec hauteur. D'ailleurs, cet homme existât-il, je ne lui ferais pas l'injure de croire qu'il ait trempé dans un pareil complot. Ainsi votre opinion est que M. Derville doit rester à La Renaudière et y continuer ses travaux ? demanda-t-elle avec un léger tremblement dans la voix.

— Oui, Madame ; si vous disparaissiez tous les deux, alors même que vous mettriez l'Océan entre vous, on ne manquera pas d'insinuer d'abord et d'affirmer ensuite que vous êtes partis ensemble.

— Le docteur a raison, dit René ; je resterai, et malheur à celui qui oserait toucher à votre honneur, Madame.

— Permettez, interrompit vivement M. Granger ; l'honneur de Mme de Morignac ne saurait être défendu par votre épée. Vous n'avez pas le droit d'intervenir dans une semblable querelle. Votre participation dans une affaire où serait mêlé le nom de Mme la vicomtesse Alice produirait les plus fâcheuses complications. Dieu merci, tout vieux que je suis, je puis encore me dévouer à sa cause, dit-il avec une fierté chevaleresque... Et puis, j'ai deux fils qui seraient glorieux de combattre pour elle. Mais l'heure s'écoule, et j'ai une mission à remplir, une mission qui ne doit pas être retardée. Adieu donc, Madame ; que le soleil, en se levant demain, ne vous retrouve pas ici, et, quelle que soit la douleur que j'en ressentirai, ne revenez pas de longtemps à La Renaudière.

L'émotion le suffoquait ; il se leva et sortit

sans retourner la tête. Lorsqu'il passa près de Derville, il murmura ces paroles :

— Soyez prudent pendant ces dernières heures, Monsieur ; l'honneur vous l'ordonne.

Quand ils furent seuls, René dit à la vicomtesse qui le regardait tristement :

— Mon rêve n'aura pas été long... Comme vous devez me détester et me maudire, Madame !

— Vous vous trompez, mon ami, dit-elle avec douceur ; je vous ai fait une place dans mon cœur, ce n'est pas pour vous la reprendre.

— Cependant vous consentez à me fuir !

— Il le faut.

— Où irez-vous ?

— A Paris.

— Pourquoi ne retournez-vous pas à Nice ? Pourquoi ne redevenez-vous pas Madame Aubérin ? J'aurais le droit de vous suivre ; il me serait permis de vous aimer. Alice ! Alice ! je mourrai loin de vous ! gémit-il en se traînant à ses genoux et en couvrant de baisers ses mains glacées.

— Par pitié, René, soupira-t-elle, relevez-vous... Ah ! vous êtes cruel !... Vous ne voyez donc pas que je souffre autant que vous, mon ami !

— Je ne suis pas votre ami, cria-t-il avec des sanglots ; on n'assassine pas ses amis ! Ne dites donc pas que vous souffrez autant que moi ! Si vous souffriez la millième partie de ce que j'endure, vous ne consentiriez pas à une séparation qui me tuera.

— Relevez-vous... Si l'on entrait ! Ne suis-je pas assez perdue ?

— C'est vrai, dit-il en l'entourant de ses bras et en la serrant sur sa poitrine ; c'est vrai... Ma raison s'égare... Il faut que ce départ s'accomplisse... Quand aura-t-il lieu ?

— Ce soir même.

— Oh ! non, fit-il d'une voix suppliante, pas ce soir... Demain seulement. Songe donc : je suis un condamné à mort .. je n'ai plus qu'une seule nuit à vivre... ne me la vole pas !

— Laisse-moi... laisse-moi, dit-elle en se débattant. Ton haleine m'enivre, ton souffle me brûle... Moi aussi je sens que ma raison s'égare ; j'ai besoin de toute ma force et de tout mon courage. Laisse-moi !

Elle parvint à se dégager de ses étreintes passionnées, courut à la sonnette, qu'elle agita violemment, et donna des ordres multipliés et rapides.

A huit heures, elle arrivait à Tours, et le lendemain elle rentrait à Paris, où son persécuteur ne tarda pas à la suivre.

XVI

Lorqu'il était venu prendre les dernières instructions de M. de l'Oseraie, M. Cordat lui avait dit :

— Aussitôt que j'aurai percé les mystères de la villa Boldini, je m'empresserai de vous écrire, Monsieur le marquis.

Le *patito* de Mme de Morignac comptait les heures ; cependant les jours succédaient aux jours et il ne recevait aucune nouvelle de Nice. Les lettres qu'il adressait sans se lasser à la vicomtesse n'obtenaient pas de réponse, et quand il essaya d'attendrir Mme de Balbans au récit de ses infortunes amoureuses, elle s'écria avec un rire moqueur :

— C'est votre faute, mon très cher. Je vous ai donné un bon conseil ; il fallait le suivre scrupuleusement. Au lieu de vous abandonner aux charmes et aux dangers de l'improvisation épistolaire, pourquoi n'avoir pas tout bonnement copié *la Nouvelle Héloïse?* Indifférente à votre prose tempérée, Alice aurait fini par prendre feu aux périodes brûlantes de ce vieux coquin de Rousseau.

La rectification promise par Cordat avait paru dans *la Bouche de bronze* et M. de l'Oseraie avait repris son train de vie ordinaire, montrant à tout venant une gaieté, une insouciance qui étaient loin d'habiter dans son cœur. Assidu aux séances législatives du Luxembourg comme aux séances gastronomiques du café de Paris, il jouait son rôle dans toutes les belles parties de whist de son club et dans toutes les représentations de gala des théâtres en vogue.

M. de La Varenne, qui assistait joyeux à cette renaissance morale, lui dit un soir, au foyer de la danse, à l'Opéra, pendant un entr'acte de *Giselle :*

— Vous semblez satisfait, Gaston ?

— Enchanté, mon ami ! répondit le marquis d'un ton enjoué.

— Les atouts sont revenus dans votre jeu ?

— J'en ai les mains pleines.

— On va bien à Nice ?

— A merveille.

— Quand rentrera-t-on à Paris ?

— Très prochainement.

— Alors nous touchons au dénoûment ?

— Il s'avance à grandes enjambées ?

— Sera-t-il conforme à vos désirs ? comblera-t-il tous vos vœux.

— Je suis fondé à le croire.

— A propos, vous savez que nous chassons ensemble la semaine prochaine dans la forêt de Fontainebleau ?

— Je ne l'ai pas oublié.

— J'imagine que vous ne commetterez aucune imprudence ce jour-là, Gaston ?

— Pas si simple, mon ami !

— Il y a des fourrés épais à traverser, je pense que vous aurez soin de désarmer votre fusil avant de vous aventurer au milieu des branches ?

— N'en doutez pas, mon bon La Varenne.

A peine était-il seul, M. de l'Oseraie arrachait son masque et, si quelque glace lui renvoyait son image, ce n'était pas sans terreur qu'il contemplait les traits bouleversés et la tête farouche qui se dressaient devant lui.

Enfin la lettre de M. Cordat lui parvint et il déchira l'enveloppe d'une main frémissante. Si humilié, si blessé qu'il fût d'apprendre brutalement le triomphe d'un rival, quelle que pût être la violence de ses rancunes contre Mme de Morignac, M. de l'Oseraie dut faire appel à son courage et se reprendre à plusieurs fois pour achever sa lecture commencée avec un empressement avide. A mesure que se déroulaient les cyniques confidences de son infâme correspondant, la honte imprimait ses griffes rouges sur son front et sur ses joues. Non content de mépriser Cordat, à la pensée qu'il avait eu la faiblesse coupable de se faire le complice de ce bandit, il en vint à se mépriser lui-même. Les sentiments d'honneur et de délicatesse endormis au fond de son âme se réveillèrent tous à la fois et se révoltèrent brusquement.

On l'eût entendu murmurer à voix basse :

— Oh ! mon père, au fond de quel bourbier votre fils est-il descendu !

Et il courba la tête, sans oser lever les yeux vers le portrait du vieux gentilhomme, qui semblait le juger et le condamner du haut de son cadre d'or... Puis ses regards se portèrent sur les carabines de la panoplie et s'y fixèrent longuement.

Mme de Morignac avait-elle fui La Renaudière ? S'était-elle réfugiée dans son hôtel de la rue de l'Université ? Il ne se sentit pas la force d'éclaircir ce point douteux. Il simula une indisposition et se cloîtra dans son appartement, persuadé qu'une heure après son entrée à Paris, Cordat se dirigerait vers la rue de Matignon. Avec la conviction qu'il était au pouvoir de cet homme et qu'il périrait dans la lutte, il se promit courageusement de commencer le duel et d'engager le fer aussitôt qu'il serait face à face avec lui.

M. de l'Oseraie se trompait sur un point : quand son valet de chambre annonça M. Cordat, il y avait déjà quarante-huit heures qu'il était arrivé à Paris. S'il n'était pas accouru plutôt, ce n'est point à dire qu'il eût perdu son temps. Une enquête habilement menée lui avait révélé le séjour de Derville à la maison de santé de la rue Marbeuf, et son évasion dans la soirée du 27 octobre. L'établissement ayant changé de propriétaire peu de temps auparavant, Cordat s'était mis en rapport avec le successeur de M. Perrier et lui avait annoncé la réintégration prochaine du pensionnaire fugitif. Comment parviendrait-il à obtenir ce résultat ? il comptait que celui qui « décidément devait être quelque part là-haut » lui viendrait de nouveau en aide et lui prêterait encore une fois son concours tout-puissant.

Or, supprimer Derville, n'était-ce pas assurer le mariage de son client ?

Il entra donc chez M. de l'Oseraie avec la conscience sereine et le cœur joyeux de l'ambassadeur qui a brillamment réussi dans une mission difficile où ses collègues en diplomatie les plus retors eussent échoué piteusement. Aussi sa surprise passa-t-elle sa colère quand il entendit le pair de France l'accueillir en ces termes :

— Je n'ai que peu d'instants à vous accorder. Écoutez-moi avec attention : ne m'interrompez pas et pénétrez-vous bien de mes paroles. Vous avez franchi mon seuil pour la dernière fois ; ne vous présentez plus ici ; n'essayez pas de de me revoir ; mes gens ont ordre de vous jeter dehors par les épaules. Ce sera une honte éternelle pour moi que d'avoir pactisé avec vous. Je renonce à épouser Mme de Morignac. Je suis ruiné ; je reste ruiné ; mon désastre entraîne le vôtre, m'avez-vous dit ; je m'en félicite et m'en réjouis. Cette créance Loriot, dont vous me menacez comme d'un glaive, sans doute vous l'avez achetée à vil prix et je pourrais en vidant mes tiroirs, ou en m'adressant à un ami, vous faire entrer dans vos déboursés et vous assurer un bénéfice. Je ne veux pas que cela soit et cela ne sera pas. Vous recommencerez à m'injurier dans la feuille dont vous disposez en maître, vous chercherez à me déshonorer : je m'y attends et j'y suis préparé. Toute faute s'expie ici-bas, tout crime appelle son châtiment. Plus que personne, je mérite d'être châtié ; si grande que soit l'expiation, elle n'atteindra pas à la hauteur de mes remords.

— Monsieur le marquis a ses nerfs, dit M. Cordat qui avait eu le temps de se calmer.

— Sortez ! ordonna M. de l'Oseraie.

— Je vois ce que c'est : il y a le jeune peintre dont la présence vous incommode et vous chagrine.

— Ne lassez pas ma patience ! cria M. de l'Oseraie qui s'empara d'une cravache et la fit siffler menaçante aux oreilles de l'usurier.

— Si vous m'aviez laissé parler, vous sauriez déjà que le deuxième mari de Mme de Morignac est peut-être mort à l'heure qu'il est, dit-il en ouvrant la porte et en s'éloignant à reculons.

Cette manœuvre stratégique lui permit de voir la cravache tomber des mains du marquis et de constater l'effet foudroyant produit par cette révélation inattendue.

— Ah ! le seuil de ta demeure m'est interdit... Eh bien ! c'est toi qui franchiras le seuil de la mienne, pensa-t-il en descendant l'escalier.

Comme il arrivait sous le vestibule de la porte cochère, il se croisa avec un commissionnaire qui lui demanda :

— Est-ce bien ici qu'habite M. le marquis de l'Oseraie ?

— C'est ici. Que lui voulez-vous ? dit M. Cordat en s'arrangeant de façon à intercepter le passage.

— J'ai une lettre très pressée à lui remettre.

— D'où vient-elle ?

— De la rue de l'Université.

— Qui vous l'a confiée ?

— Un domestique et poudré en habit galonné.

— Votre message est rempli, mon garçon ; donnez-moi cette lettre.

— Vous êtes le marquis ? dit le commisionnaire en regardant son interlocuteur d'un œil soupconneux.

— Mon Dieu, oui, et je n'en suis pas plus fier, mon ami. Votre course est-elle payée ?

— Oui, Monsieur, dit l'honnête fils de l'Auvergne.

— Eh bien ! elle vous sera payée deux fois, dit M. Cordat qui lui remit un louis en échange du billet que le commissionnaire tira des profondeurs d'un portefeuille graisseux.

— Ah ! la vicomtesse écrit à M. de l'Oseraie, se dit-il ; que peut-elle lui écrire ?

Tout en marchant, il décolla l'enveloppe avec précaution et il lut :

« Venez vite ; accourez... je vous attends. »

J'avais besoin d'un miracle, pensa-t-il en sautant dans un fiacre ; voilà le miracle demandé.

Pendant le trajet de l'avenue Gabriel à la rue Vivienne, Cordat étudia avec un soin minutieux l'écriture de Mme de Morignac. Quand il s'enferma dans son cabinet, quand il s'assit à son bureau, il était si plein de son sujet, si certain du succès, que le faussaire eût accompli sa besogne exécrable alors même que le modèle n'eût pas été sous ses yeux.

Immédiatement au-dessous de la ligne que la

plume de la jeune femme avait tracée, la plume de M. Cordat ajouta :

« En quittant La Renaudière aussitôt que ce mot vous sera parvenu, vous pourrez être à Paris demain à minuit. Prenez la diligence Lafitte et Caillard. On vous attendra dans la cour des Messageries. Vous appellerez le cocher Joseph Beirand ; vous monterez dans sa voiture et il vous conduira près de moi. »

Il lui restait une délicate opération à accomplir, et il s'en acquitta avec une adresse infernale. Le large cachet de cire verte, où se voyaient les armes des Morignac, et qui avait scellé le billet destiné à M. de l'Oseraie, passa intact sur l'enveloppe de la lettre que M. Cordat courut mettre à la poste en se disant :

— Je défie le rapin de ne pas s'y tromper... Plus fort que lui s'y laisserait prendre.

La lettre de Cordat plongea René dans des ravissements célestes ; le piège était si habilement préparé qu'il y tomba sans défiance. Ses dispositions furent bientôt prises et il annonça à M. Pirard qu'il allait à Tours renouveler sa provision de couleurs.

— Vous emportez votre malle ? dit l'intendant un peu surpris.

— J'ai de nombreuses emplettes à faire dans la ville.

— Serez-vous revenu pour déjeuner ?

— Ne m'attendez pas.

A Saint-Avertin, il se fit arrêter devant la maison de M. Granger. A son aspect, le vieux docteur dissimula assez mal un mouvement d'impatience et de colère.

— Quel motif me procure l'avantage de votre visite ? demanda-t-il d'un ton sec.

— Je ne pouvais quitter La Renaudière sans prendre congé de mon sauveur, dit René en s'inclinant profondément.

— Vous partez ! s'écria le docteur.

— Oui, Monsieur, je pars.

— Vos travaux seraient-ils achevés ?

— Pas encore.

— Alors pourquoi partez-vous ?

— J'y suis contraint.

— Où allez-vous ?

— A Paris.

— Avez-vous oublié la prière qu'on vous a faite et l'engagement que vous avez pris? dit M. Granger d'une voix sévère.

— Je n'ai point oublié la prière et je me souviens de l'engagement.

— Et votre conscience ne vous crie pas que vous allez commettre une action indigne ? C'est donc que vous avez juré la perte d'une personne qui n'est déjà que trop compromise ? J'ai pu faire disparaître les traces matérielles de l'outrage qu'elle a subi, mais croyez-vous que les traces morales s'effacent si aisément et si vite ? Non, Monsieur ; d'autres que moi ont lu les deux noms enlacés et le scandale est grand dans le pays. Si vous m'avez trouvé ici à cette heure, c'est que je suis retenu près de l'un de mes enfants couché là-haut par un coup d'épée qui lui a troué la poitrine. J'avais dit à Mme de Morignac que mes fils défendraient son honneur.

L'aîné a déjà payé sa dette. Persistez-vous à vouloir partir, Monsieur? Répondez.

René ne répondit pas.

— Si vous accomplissez votre projet, reprit M. Granger, je vous tiens pour un...

— N'achevez pas, interrompit Derville ; avant de m'injurier, écoutez cette lettre que j'ai reçue ce matin.

Lentement et d'une voix émue il lut le billet du faussaire.

— Qui a écrit cela? bégaya M. Granger qui essaya de se lever et retomba lourdement sur son fauteuil.

— Mme de Morignac.

— Allons donc! c'est impossible!

— Voyez vous-même.

— Oui, murmura-il après un long examen ; c'est bien l'écriture de la vicomtesse!

— Considérez le cachet.

— C'est son cachet! ce sont ses armes et sa devise!

— Eh bien! Monsieur, pouvais-je rester sourd à un appel si pressant? Quel danger menace Mme de Morignac? Je ne sais ; mais soyez certain qu'elle est en péril. S'il ne m'est pas permis de la défendre ici, et vous me l'avez démontré avec une logique impitoyable, j'espère qu'il n'en sera pas de même à Paris et que c'est mon droit encore plus que mon devoir de placer à mon tour ma poitrine entre elle et ses ennemis.

— M. Granger reprit après un silence :

— C'est son cachet, j'en conviens; c'est son écriture, je l'avoue... et cependant je doute encore. Retournez sur vos pas; laissez-moi éclaicir ce mystère. En écrivant à Mme la vicomtesse, j'aurai promptement sa réponse. Je vous en conjure, monsieur Derville, accordez-moi ce délai. Vous n'y consentez pas ? Partez donc... et que tous les malheurs que je pressens retombent sur votre tête !

René dit avec une émotion sincère :

— Je voudrais serrer la main de monsieur votre fils, monsieur Grager.

— Je vous le défends ! s'écria le vieux docteur.

— Et d'un geste impérieux il l'invita à sortir.

— Arrivé à Tours, René renvoya la voiture à La Renaudière, et le soir même, à minuit, il débarquait dans la cour des Messageries.

— Le cocher Joseph Beirand ! cria-t-il d'une voix sonore, dominant le tapage assourdissant qui régnait dans cette succursale de la tour de Babel.

Une voix enrouée repondit :

— Par ici, bourgeois ; le numéro 3467, les deux lanternes rouges.

Dissimulé dans une vaste houppelande grise, coiffé d'une casquette de loutre enfoncée jusqu'aux sourcils, le reste du visage enfoui dans une cravate en laine tricotée, Cordat était méconnaissable.

— Minute, dit-il à René qui avait déjà ouvert la portière ; minute... vous connaissez mon nom, mais moi je ne connais pas le vôtre, et je ne sais pas si vous êtes bien le voyageur que je dois conduire.

— Je m'appelle Derville, dit René.

— Derville tout court ?

— René Derville.

— En ce cas montez, mon bourgeois, et excusez mes questions. Après ça, vous concevez : la jeune dame qui m'a envoyé ici ne me donnerait sûrement pas de pourboire, si je lui ramenais un autre à la place du joli garçon qu'elle attend.

Les magasins étaient fermés et le gaz municipal ne projetait que de maigres lueurs ; on roula un quart d'heure dans l'obscurité.

A peine le cheval eut-il cessé de trotter, Derville s'élança hors de la voiture. Il était dans une cour absolument sombre, et tandis qu'il cherchait à s'orienter, il entendit s'éloigner le 3467 et se refermer la porte cochère qui avait donné accès à l'équipage du cocher Joseph Beirand. Un homme parut enfin porteur d'une lanterne, et René reconnut l'infirmier Balthazar.

— Du calme, ou je suis perdu, pensa-t-il en étouffant un rugissement de fureur.

Il marcha droit à l'infirmier qui se débarrassa de son fanal et se mit en garde dans la pose classique du boxeur.

René lui dit, le sourire sur les lèvres et en lui tendant la main :

— Je vois, mon pauvre Balthazar, que vous n'avez pas oublié le rude coup de poing dont je vous ai gratifié le 27 octobre dernier, à neuf heures vingt minutes du soir, dans la rue de la Paix, non loin de la rue Neuve-des-Petits-Champs.

— Tiens ! dit l'infirmier étonné, la mémoire vous est donc revenue ?

— Vous ne vous êtes pas blessé dans la chute que vous avez faite ? Je ne me le pardonnerais pas.

— Vous êtes bien bon... Monsieur Derville... Il n'y a que mon paletot qui ait un peu souffert.

— Voici pour panser ses blessures, dit Derville qui ouvrit son porte-monnaie et lui remit deux pièces d'or.

L'infirmier n'en croyait ni ses oreilles, ni ses yeux.

— Qu'est-ce qu'on disait donc, qu'il était furieux ? murmura-t-il entre ses dents.

— Et ce cher M. Perrier, comment va-t-il ? reprit René. Malgré l'heure avancée, ne puis-je le voir ?

— Vous ne verrez plus M. Perrier, monsieur Derville.

— Il est mort ?

— Non, Dieu merci ; il a cédé son établissement. Monsieur veut-il que j'aille prévenir M. Lardy, son successeur ?

— C'est inutile : je le verrai demain. Conduisez-moi à ma chambre. Est-ce toujours la même ?

— On vous l'a gardée.

— J'en suis ravi ; elle est très gaie et je m'y plais beaucoup.

L'infirmier marcha devant René, qui profita de cet entr'acte pour éponger la sueur qui ruisselait sur sa figure.

Le lit était fait ; les rideaux de la fenêtre

étaient tirés, et un grand feu de charbon de terre brûlait dans la cheminée.

— Décidément, dit René, on m'attendait.

— Vous nous étiez signalé, monsieur Derville.

— Qui donc avait annoncé ma venue ?

— Vous ne le devinez pas ?

— Non.

— Vous ne vous en doutez pas un peu ?

— Pas du tout.

— C'est l'oncle de cette dame qui est venue prévenir M. Lardy.

— Quelle dame, mon ami ?

— Allons ! vous le savez bien : une dame que vous poursuivez au théâtre, à l'église, dans la rue, partout à laquelle vous écrivez des lettres passionnées en vers et en prose... cette dame enfin dont vous croyez avoir été l'amant et dont vous écrivez le nom sur les murs dans des cœurs percés de flèches, ce qui n'est pas gentil de votre part.

— Cette personne accompagnait-elle son parent lors de la visite qu'il a faite à M. Lardy ? demanda Derville en proie à un trouble qu'il parvint à contenir.

— Non ; il était seul.

— Comment est-il fait, cet oncle ? Est-il jeune ? Est-il vieux ?

— Je ne l'ai pas vu.

— Alors, ce serait à sa requête que j'aurais été conduit ici ?

— C'est vraisemblable. La nièce se sera plainte à l'oncle ; l'oncle se sera plaint au préfet de police et la chose aura suivi la filière ordinaire.

— Pourquoi cette dame ne s'est-elle pas plutôt adressée à son mari ?

— Vous savez bien qu'elle est veuve.

Son nom a-t-il été prononcé devant vous ?

— Non, Monsieur. Si je le connaissais, je vous le dirais... Vous m'intéressez... Ce n'est pas à cause des quarante francs, non ; mais, vrai, je m'intéresse à vous... Après tout, vous avez peut-être bien été son amant, à cette dame ! C'est si dur, les femmes, quand ça a cessé d'aimer !

— Je vous remercie de vos renseignements, Balthazar ; je suis fatigué et je vais me coucher. Bonsoir !

— Motus, n'est-ce pas, monsieur Derville ? Si le nouveau patron se doutait de notre conversation, je ne ferais pas de vieux os chez lui. Il ne plaisante pas sur cet article ! Ah ! nous avons bien perdu en perdant M. Perrier ! Prenez garde de vous faire rouler par M. Lardy. Il roulerait le diable.

Il en est de certaines douleurs comme de certaines joies : on doit renoncer à les exprimer et à les peindre. Peu s'en fallut que René ne devînt réellement fou dans cette longue nuit d'angoisses et de tortures. Pendant quelques instants, il se crut enfermé dans un donjon de la tour de Nesle ; il s'appelait Gauthier d'Aulnay ; la vicomtesse était devenue Marguerite de Bourgogne, et il s'apprêtait à mourir sous le fer des assassins. Que de fois il dut mordre son oreiller pour étouffer les hurlements qui lui montaient à la gorge !

Le lendemain, Mme de Morignac recevait de M. Granger une lettre ainsi conçue :

« Avez-vous ordonné à M. Derville de revenir à Paris ? L'avez-vous appelé près de vous ? J'ai vu votre écriture ; j'ai vu votre cachet et pourtant je ne puis croire que vous ayez commis une si grande faute. Que voulez-vous à ce jeune homme ? Au nom du respect et du dévouement que je vous porte, ne le recevez pas. Mon fils, auquel vous avez la bonté de vous intéresser, est hors de tout danger. »

— Mon Dieu ! s'écria la jeune femme, de quels nouveaux malheurs suis-je menacée ? Quels gouffres inconnus sont ouverts sous mes pas ?

XVII

Sa première entrevue avec M. Lardy laissa dans l'esprit de René la conviction que le successeur de l'honorable M. Perrier n'était qu'un vulgaire « marchand de soupe, » préoccupé avant tout du succès de son industrie, heureux de compter un pensionnaire de plus dans son établissement, et nullement disposé à le laisser partir tant que l'allocation ministérielle serait régulièrement payée. Si calme, si lucide, si maître de lui-même que Derville se fût montré dans le long entretien qu'ils eurent ensemble, M. Lardy ne se départit pas de son raisonnement et de ses conclusions. Il dit en le congédiant :

— Vous êtes atteint au plus haut degré de monomanie persécutante. Vous niez la chose, je le conçois ; tout mauvais cas est niable. Si vous semblez aujourd'hui venir à récipiscence, c'est que de hautes murailles et des portes sévèrement gardées vous séparent de la pauvre femme victime de vos obsessions réitérées. Mais que ce soir je vous donne la clef des champs, et dès demain recommenceront vos agissements coupables. Lorsque j'aurai eu le temps de vous examiner, de vous étudier à loisir, — six mois me suffiront, j'espère, — je me prononcerai sur votre état en connaissance de cause. D'ici là, ne tentez pas une nouvelle évasion. Mes mesures sont prises et vous ne m'échapperez pas. Cette maison me coûte extrêmement cher ; j'ai contracté de lourds engagements envers M. Perrier, et vous faites partie intégrante de mon capital... A bon entendeur, salut.

— Je comprends ; nous recauserons de tout cela à Pâques ou à la Trinité, dit René avec une résignation hypocrite.

Mme de Morignac voulait-elle se débarrasser de lui ou était-elle étrangère à son arrestation ? Ainsi que M. Granger inclinait à le croire, le billet reçu à La Renaudière était-il l'œuvre d'un faussaire? Il lui importait d'être fixé sur ce point. Il sentait que l'incertitude effroyable où flottait son esprit finirait par le conduire tout droit à la vraie folie.

Du temps de M. Perrier, il avait observé que les infirmiers prenaient un jour de congé par semaine. René guetta Balthazar au passage et lui demanda si c'était toujours le jeudi qu'il consacrait à ses vacances hebdomadaires.

— Toujours, monsieur Derville, et pas plus tard que demain ce sera à mon tour de me donner de l'air. De midi à minuit, liberté, *libertas!* et vous pouvez être sûr qu'on s'offrira quelques petites consolations bien senties.

— Puis-je compter sur vous, mon ami?

— Allez-y! je vous vois venir; vous avez des commissions à me confier. On s'en acquittera fidèlement.

— Vous pouvez me rendre un grand service.

— Quel service? voulez-vous que je vous achète de bons cigares? Je passe justement devant le bureau de la Civette.

— Il s'agit d'une lettre, dit René en baissant la voix, d'une lettre très importante et très pressée.

— Une lettre! Diable!... c'est que ça nous est expressément défendu! Après ça, je vous l'ai dit et je n'ai qu'une parole: je m'intéresse à votre sort. Pour vous servir, je risquerai le paquet. Où est le papier?

— Vous l'aurez demain. La personne à qui vous le porterez ne demeure pas très loin d'ici. Je pourrai donc être promptement en possession de la réponse.

— Si vous comptez là-dessus, vous comptez sans votre hôte. De mémoire d'homme, le père Balthazar n'est jamais rentré avant minuit. Il a douze heures à dépenser, le gaillard, et il les mange jusqu'à la dernière minute ; c'est connu. Vrai, si le portier me voyait revenir dare-dare, ça lui paraîtrait louche ; il préviendrait le patron ; on serait capable de me fouiller.

— A minuit donc, soupira Derville, et souvenez-vous que je vous attendrai comme l'accusé attend le verdict du jury. C'est un arrêt de vie ou de mort que vous me rapporterez, mon pauvre Balthazar.

Il glissa sous une enveloppe, avec la lettre qu'il attribuait à la vicomtesse, sa carte au dos de laquelle il avait crayonné ces mots :

« Vous m'avez appelé, et je suis accouru. Le cocher Beirand était à son poste. Il m'a conduit rue Marbeuf, n° 10, à la maison de santé du docteur Lardy. On affirme que je suis atteint d'une variété de folie connue sous le nom de monomanie persécutante. Vous plaît-il donc que je disparaisse à jamais ? Faites un signe et vous serez obéie. Il se pourrait cependant que l'ordre auquel j'ai obéi n'émanât pas de vous... Mes yeux me disent : C'est elle qui a écrit. — Non, ce n'est pas elle ! me crie mon cœur révolté. Confiez votre réponse au porteur. Votre silence serait un aveu. »

Elle répondit au milieu des larmes qui tachaient le papier :

« C'est moi qui deviens folle ! Oui, j'ai écrit

la première ligne de ce billet fatal et ce n'est pas à vous qu'il était adressé. Le reste a été ajouté par un faussaire d'une habileté effroyable. Ne doutez pas de moi, René ; je vous aime toujours ; jamais je ne vous ai tant aimé. Ne désespérez pas du présent ; ayez foi dans l'avenir. Je suis à vous, toute à vous ; je ne me prête pas, je me donne. »

A peine le messager s'éloignait-il, emportant le cher message, elle jetait une pelisse sur ses épaules et demandait sa voiture. Une explication avec M. de l'Oseraie pouvait seule la mettre sur la voie de la vérité. Par quel prodige René avait-il reçu ce billet ? Qui donc avait tracé les phrases apocryphes qu'elle lisait et relisait avec terreur ? On annonça Mme de Balbans, et l'accueil glacial qu'elle reçut était bien fait pour la déconcerter ; mais la douairière était « bon cheval de trompette, » comme on dit, et elle ne s'embarrassa pas pour si peu.

— Qu'ai-je appris, Alice, dit-elle d'un ton pincé, vous seriez arrivée à Paris depuis plusieurs jours et je n'en ai pas été avisée ?

— C'est la vérité, Madame.

— Vous alliez sortir... vous veniez sans doute m'informer de votre présence ?

— Vous vous trompez, Madame ; c'est chez M. de l'Oseraie que je me rends. Il est indispensable que je lui parle à l'instant même.

— L'entretien, pour être un peu retardé, ne sera que plus tendre, fit-elle avec ironie. Moi aussi j'ai à vous parler, et ce que j'ai à dire ne manque pas de gravité. Que m'a-t-on mandé de

Touraine ? Qu'est-ce que c'est que cette sotte histoire de cœurs percés de flèches où votre nom figurerait à côté de celui d'un barbouilleur d'enseignes, et qu'on aurait dessinés sur les murs, sur les portes, sur les volets des maisons et des chaumières ?

— Vous êtes parfaitement renseignée, dit la jeune femme qui s'efforçait de boutonner ses gants sans autre résultat que d'arracher les boutons et de déchirer les boutonnières.

— Eh quoi ! véritablement, ces monstruosités se verraient en Touraine ?

— De Saint-Avertin à Tours on n'a pas vu autre chose pendant vingt-quatre heures.

— Vous me ferez mourir de honte ! gémit Mme de Balbans, qui se cacha la tête dans les deux mains.

— Si l'on mourrait de honte, Madame, vous fussiez morte le jour où vous avez eu la pensée de me vendre à M. de Morignac !

— Vous êtes le désespoir de ma vie, ma nièce, convenez-en.

— A raison de cent mille francs par an ; oui, ma tante, j'en conviens.

— Vous supposez bien que vous ne me reverrez plus, n'est-ce pas, Madame ?

Emportée par la colère, la vicomtesse s'écria :

— Je fais mieux que le supposer, Madame, je le désire sincèrement.

Elles sortirent ensemble, marchèrent fièrement coude à coude jusqu'à leurs voitures respectives, échangèrent une révérence cérémonieuse et se tournèrent le dos brusquement.

— A l'hôtel, commanda Mme de Balbans.

— Chez M. de l'Oseraie ! ordonna Mme de Morignac.

Couché sur un divan, abîmé dans la contemplation des petits nuages ambrés qu'il tirait de son cigare et qui montaient en spirales vers le plafond, le marquis se dressa convulsivement et bondit sur ses pieds en entendant annoncer la vicomtesse.

— Vous, Madame ! s'écria-t-il ; vous ici ! vous chez moi !

Sa voix tremblait, son regard fuyait le regard de la jeune femme ; elle fut frappée de l'altération de ses traits ; il n'y avait que deux mois qu'elle l'avait quitté et il lui apparaissait vieilli de vingt ans.

— Seriez-vous souffrant ? demanda-t-elle un peu troublée.

— Oui, je crois qu'en effet j'ai été malade, balbutia-t-il sans lever les yeux.

— Vous semblez étonné de ma visite, repritelle ; il fallait bien que je vinsse vous voir, puisque vous avez refusé de vous déranger.

— J'ignorais votre retour, Madame.

— Cependant j'ai pris soin de vous en informer.

— Votre lettre ne m'est pas parvenue.

— Soit ; mais vous devez connaître celui entre les mains de qui elle est tombée. Marquis, vous êtes un homme d'honneur...c'est à l'homme d'honneur que je fais appel... Voici ce que je vous écrivais, il y cinq jours, dit-elle en lui montrant la première ligne de son billet. Qui donc a ajouté le reste ? Qui donc a eu un intérêt puissant à faire revenir M. Derville à Paris où l'attendaient les dangers les plus sérieux?

M. de l'Oseraie se tut quelques instants; il dit enfin avec effort :

— Ce n'est pas impunément qu'on fait appel à mon honneur, Madame; vous allez tout savoir, et puisse la franchise de mes aveux me rendre digne, sinon de votre estime, du moins de votre pardon. Ce billet a dû être intercepté au passage par un misérable que j'ai chassé de ma présence après avoir commis la faute de m'associer à ses desseins criminels. Par quel moyen a-t-il réussi à s'en emparer? Je ne parviens pas à me l'expliquer. Sa plume, experte en ces habiletés malfaisantes, a tracé les lignes qui ont attiré M. Derville à Paris.

— Dans quel but cet homme a-t-il agi?

— Afin de vous perdre, Madame.

— Quel intérêt ce démon a-t-il à me perdre?

— Pour répondre à votre question, il me faut un courage surhumain. J'aurai ce courage. Je lui appartiens, ou plutôt je lui appartenais. Mon repos, ma liberté, mon honneur sont dans ses mains. En vous amenant à m'épouser, non-seulement il assurait mon salut, dont il se soucie médiocrement, mais il assurait sa propre fortune. Il a pensé que M. Derville était l'obstacle, et il a tenté de supprimer l'obstacle. Cordat, il se nomme Cordat, vous a suivie à Nice et de Nice à La Renaudière, où il s'est introduit, où vous l'avez logé, où il vous a espionnée jour et nuit, et vous savez de quel prix il a payé votre hospitalité généreuse!

— C'est lui qu'on a ramassé à ma porte mourant de faim et de froid?

— Oui, Madame.

— C'est lui qui a couvert les murailles d'infâmes inscriptions ?

— Il a osé m'en faire l'aveu.

— Alors, c'est encore lui qui a conduit M. Derville à la maison de fous où on le tient prisonnier ?

— N'en doutez pas.

— Et vous, un l'Oseraie, un gentilhomme, vous avez été le complice de ce bandit ?

— Ne m'accablez pas, dit-il en devenant livide ; ayez pitié de moi !

— De la pitié, fit-elle avec un geste, indigné, pourquoi en aurais-je pour vous ? en avez-vous eu pour moi ? Ainsi donc, voilà ce que vous avez fait afin de vous procurer l'argent dont vous aviez besoin ? Que ne vous adressiez-vous directement à moi, Monsieur ? Si grande que fût la somme sollicitée, je vous en eusse fait l'aumône.

— Madame ! Madame ! cria M. de l'Oseraie, épargnez-moi !

— M'avez-vous épargnée ?

— Vous ne voyez donc pas que vous me torturez ?

— M'avez-vous ménagé les tortures ?

Elle reprit après un silence que troublait seul le souffle précipité de leurs poitrines haletantes :

— Vous me trouvez cruelle... Mais considérez ce que j'ai souffert, et ce que je souffre encore. Je vous arracherais le cœur lambeau par lambeau que vos souffrances ne seraient pas comparables aux miennes. Vous avez parlé de pardon ; l'heure n'est pas venue de prononcer ce mot. Demandez-moi d'oublier... et si vous voulez que j'oublie, faites-en sorte que M. René Derville soit rendu à la liberté. Il n'est pas fou ; il ne l'a jamais été. Agissez sans perdre une minute. Votre titre de pair de France vous fera ouvrir les portes de sa prison.

— Comme vous l'aimez ! murmura M. de l'Oseraie.

— Je l'adore ! dit-elle avec un élan superbe.

Le marquis chancela ; le coup l'avait atteint en plein cœur ; mais il se raffermit aussitôt et dit avec une mâle énergie :

— Rassurez-vous, Madame ; je ferai mon devoir.

Lorsque M. de l'Oseraie se présenta chez M. Lardy, le docteur était sorti.

— Où est-il ? où le trouverais-je ? demanda-t-il avec impatience. L'affaire dont j'ai à l'entretenir ne saurait être retardée d'une heure.

— Monsieur est allé voir son prédécesseur, M. Perrier, dit le concierge de la maison.

— Où demeure-t-il, ce M. Perrier ?

— Ne pourriez-vous revenir dans la journée ?

— Je vous ordonne de me répondre, dit M. le marquis avec autorité. Je m'appelle M. de l'Oseraie et je suis pair de France ; obéissez.

— Le concierge se hâta de donner l'adresse et se confondit en excuses.

M. Perrier s'était retiré à Passy, dans un joli chalet de la rue de la Pompe.

— Je vous prie de m'excuser, Monsieur, si je pénètre ainsi chez vous, dit le marquis au vieux docteur ; j'espérais me rencontrer avec M. Lardy. Il est urgent que je cause avec lui.

— J'attends en effet sa visite ; mais il n'est pas encore arrivé, dit M. Perrier en invitant M. de l'Oseraie à s'asseoir. Il s'agit sans doute de quelque infortuné que vous désirez placer aujourd'hui même dans la maison de santé de la rue Marbeuf ?

— Tout au contraire, Monsieur. Ce n'est pas une admission que je sollicite, c'est un ordre de sortie que j'exige et qu'il me faut sur-le-champ.

— Est-il indiscret de demander le nom du ou de la pensionnaire à qui vous portez un si vif intérêt ?

— Nullement. C'est un jeune artiste, M. René Derville.

— René Derville ! répéta M. Perrier avec une intonation douloureuse ; il a donc été réintrégé rue Marbeuf ?

— Oui, grâce à un piège odieux, grâce à de criminelles manœuvres. Ce jeune homme n'est pas fou ; je l'affirme hautement, Monsieur, et je réclame sa mise en liberté immédiate.

— A qui ai-je l'honneur de parler ?

— M. de l'Oseraie tendit sa carte à M. Perrier, qui s'écria.

— Seriez-vous allié au marquis de l'Oseraie, décédé subitement en son hôtel, à Paris, le 12 juillet 1830, de la rupture d'un anévrisme ?

— Je suis son fils, dit le marquis d'une voix grave.

— Je m'explique l'intérêt que vous témoignez à M. René Derville, reprit M. Perrier ; je comprends la chaleur avec laquelle vous plaidez sa cause.

— Que voulez-vous dire, Monsieur? balbutia M. de l'Oseraie.

— Je dis que rien n'est plus naturel que la démarche que vous faites en ce moment en faveur de votre frère.

— Mon frère! s'écria le marquis; M. Derville serait mon frère!

— Eh quoi! vous l'ignoriez?

On eût dit que la foudre venait de frapper M. de l'Oseraie.

— La nouvelle de la mort de mon père m'est parvenu à Saint-Pétersbourg, où j'était secrétaire d'ambassade, dit-il en faisant un violent effort pour se remettre. Ma jeûnesse s'est passée dans les chancelleries étrangères; il n'est donc pas étonnant que je ne sache rien... Et comment un tel secret est-il parvenu à votre connaissance, Monsieur?

— Mme Derville habitait le numéro 8 de la rue Marbeuf et j'habitais le numéro 10. Pendant quinze ans j'ai vu la voiture du marquis votre père stationner chaque soir, de neuf heures à minuit, à la porte de l'hôtel de ma voisine.

— Quel était le prénom de cette dame? En avez-vous gardé le souvenir? dit M. de l'Oseraie très ému.

— Elle se nommait Louise.

— Louise Derville... René Derville... Oui... en effet... je me rappelle, murmura M. de l'Oseraie se parlant à lui-même. C'est bien à eux que pensait mon père quand il écrivit les dernières lignes que sa main ait tracées, ces lignes où se manifestait l'intention d'assurer l'avenir de deux personnes restée inconnues, et désignées sous les initiales L. D. et R. D. Qu'est devenue Mme Derville, Monsieur ? le savez-vous ?

— Elle est morte de misère et de désespoir ; elle s'est suicidée.

Cette dernière révélation mit le comble à l'émotion et au trouble qui s'étaient emparés de M. de l'Oseraie.

— Je suis à la veille d'entreprendre un long voyage, dit-il d'une voix altérée ; je partirais plus tranquille si j'emportais la certitude que vous sauverez M. Derville.

— Tranquillisez-vous donc ; il ne couchera pas cette nuit rue Marbeuf. Je vous le garantis.

— Votre successeur consentira-t-il à lui ouvrir la porte de sa prison ?

— Mon successeur ! fit M. Perrier avec un accent significatif ; quand il saura que la pension ministérielle est supprimée, il s'empressera de le congédier.

— Vous me le certifiez ?

— Je vous en donne ma parole.

— Elle me suffit. Docteur, au nom des intérêts les plus sacrés, et quoi qu'il arrive, ne révélez rien à M. Derville ; gardez-moi le secret... un secret éternel.

M. de l'Oseraie entra chez lui, prévint son valet de chambre qu'il irait, le lendemain, chasser dans la forêt de Fontainebleau et passa une partie de la nuit à brûler des papiers.

A une heure avancée de la soirée, M. Cordat

tournait l'angle du boulevard Montmartre et de la rue Vivienne, regagnant tout pensif ses pénates lorqu'il aperçut le valet de chambre de l'Oseraie attablé devant le café Véron.

— Est-ce qu'il y a du nouveau, Bernard? dit-il en s'asseyant à son côté. Est-ce votre maître qui vous envoie près de moi?

— Si M. le marquis soupçonnait que je suis ici en tête-à-tête avec vous, il me casserait une canne sur les reins, répondit le valet de chambre. C'est assez vous dire qu'il ignore où je suis et que je ne viens pas de sa part.

— Je suis donc toujours consigné, avenue de Matignon?

— Plus sévèrement que jamais, mon pauvre monsieur Cordat.

— Alors, pourquoi êtes-vous venu?

— Parce que j'ai besoin de cinq louis et que je vous apporte un renseignement qui vaut cent francs comme un liard.

— Ça dépend du renseignement; quel est le vôtre, Bernard?

— M. de l'Oseraie, invisible pour vous à Paris, sera visible demain dans la forêt de Fontainebleau, où il chasse en compagnie de quelques amis.

— Elle est bien grande, cette forêt, et l'on pourrait passer plusieurs journées à s'y chercher sans avoir la chance de s'y rencontrer.

— Le rendez-vous est à dix heures précises dans le village de Marlotte, où ces Messieurs doivent déjeuner.

— Vous avez raison, Bernard, votre renseignement vaut cinq louis, et je paye comptant.

Le lendemain, après un repas rapide, où M. de l'Oseraie se fit remarquer par une gaieté fiévreuse, et au moment où l'on se mettait en chasse, M. de La Varenne prit le marquis à part et lui dit :

— Vous êtes d'humeur singulièrement folâtre, ce matin, mon cher Gaston !

— C'est vrai, mon ami, il y a longtemps que je ne me suis senti l'esprit et le cœur si joyeux.

— Avez-vous donc sujet de vous réjouir ?

— Certes !

— La vicomtesse a-t-elle enfin rendu les armes?

— Ne m'interrogez pas... Qu'il vous suffise de savoir que tous mes ennuis vont finir.

— Vous touchez au port ?

— Je vogue à pleines voiles vers mon havre de grâce.

— Sacrebleu ! voilà une bonne parole. Je puis rentrer bredouille, ça m'est égal... Je n'aurai pas perdu ma journée... Votre main, Gaston.

— Faisons mieux. Embrassons-nous, mon bon La Varenne. Ça nous portera bonheur à tous les deux.

Précédés par une bande de rabatteurs, les chasseurs entrèrent sous bois et se dispersèrent.

— Je me tuerai à midi, s'était dit M. de l'Oseraie.

Il consulta sa montre ; il avait encore vingt minutes à vivre. Il hâta le pas, s'enfonça dans la forêt et parvint à un endroit où le sol, horriblement convulsé, encombré de fragments de roches énormes, était impraticable pour les chasseurs.

— C'est là que se jouera le cinquième acte de

ma tragédie, pensa-t-il ; le décor est digne du drame.

Il posa sa montre sur une pierre, fixa son regard sur les aiguilles, et lorsqu'elles s'unirent sur le chiffre XII, il arma les deux coups de son fusil, dont il appuya les deux canons sur sa poitrine.

A cet instant, un homme se dressa devant lui, et le saisit au poignet qu'il serra comme dans un étau.

De sa main restée libre, M. de l'Oseraie fit sauter le chapeau de paille dont les vastes ailes cachaient le visage de ce sauveur inattendu, et, à l'aspect de M. Cordat, il poussa un rugissement de fureur.

— Eh bien ! oui, c'est moi, dit M. Cordat ; moi, qui vous emboîte le pas depuis Marlotte ; moi, qui ai été joliment bien inspiré de vous suivre comme votre ombre ! Si je m'étais amusé en chemin à cueillir des violettes, j'aurais eu la douleur de ramasser votre cadavre, Monsieur le marquis.

— Que me voulez-vous ? dit M. de l'Oseraie, qui réussit à se dégager de l'étreinte de Cordat et qui fit deux pas en arrière.

— Ce que je veux ? Parbleu ! je désire vous empêcher de commettre une filouterie doublée d'une bêtise. Vous n'avez pas plus le droit de vous tuer, monsieur le marquis, que vous n'auriez celui de me voler mon portefeuille afin d'y reprendre l'engagement que vous m'avez signé dans des circonstances qu'il est inutile de rappeler.

— Laissez-moi ! Retirez-vous !

— Pas si bête ! un malheur est si vite arrivé !

— Croyez-vous donc que vous m'empêcherez d'accomplir mon dessein ?

— Je nourris ce doux espoir. Voyons, soyez sage ; désarmez votre fusil et causons sérieusement comme deux êtres raisonnables.

— Je ne vous connais pas... Je ne veux pas vous entendre.

— Vous me connaissez parfaitement et vous m'écouterez. Qu'est-ce que je veux, moi, après tout ? Votre bonheur. Comment ! c'est alors que vous n'avez plus rien à craindre de votre rival et que tous les obstacles sont aplanis sur votre route, c'est alors que vous jetteriez le manche après la cognée, métaphore familière que je me permets d'employer eu égard aux lieux silvestres où nous sommes ? Non, monsieur le marquis, vous ne vous ferez pas sauter la cervelle ; je ne le veux pas. Croyez-vous que je vous laisserais, moi présent, mettre le feu à une maison qui serait mienne ? Tant que vous ne m'avez pas payé les trois cent mille francs que vous me devez, il ne vous est pas permis d'attenter à vos jours. Vous êtes mon gage et je ne vous lâche pas.

Tandis qu'il parlait, il s'était approché peu à peu de M. de l'Oseraie. Tout à coup il bondit avec des souplesses de chat-tigre et chercha à s'emparer de l'arme que le marquis tenait toujours dans ses mains crispées. Une lutte acharnée s'engagea entre eux et une détonation se fit entendre. Cordat battit l'air de ses deux bras, pivota sur lui-même et tomba lourdement sur le sol. Le bandit était mort.

— M. de l'Oseraie remercia Dieu qui lui épargnait un crime de plus. On entendit une deuxième détonation et le corps de la victime roula sur le corps du bourreau.

Trois mois après, la vicomtesse Alice s'appelait Mme Derville. Le faubourg Saint-Germain la bouda bien un peu; mais le moyen de tenir rigueur à une si exquise charmeresse?

— A présent que j'ai ma Fornarina, tu verras quels chefs-d'œuvre je ferai! lui dit René en sortant de la chapelle de La Renaudière, où leur union venait d'être bénie par le curé de Saint-Avertin.

On sait combien le chef illustre de la jeune école française a tenu parole. Malheureusement quelques-unes de ses plus belles toiles ont péri dans les incendies allumés par les monstres de la hideuse Commune. C'est le seul deuil qui ait affligé ce couple idéalement fortuné, car la perte douloureuse qu'ils firent dans la personne de Mme de Balbans n'eut pas le privilége de les contrister outre mesure. Le trépas de la vieille dame ne les empêcha point de se montrer au bal et au théâtre, et comme on s'en étonnait un peu :

— Il y a des deuils qui se portent en rose, dit René qui avait lu le journal écrit par sa femme dans sa solitude de l'hôtel des *Iles d'or.*

FIN

Imprimerie DESTENAY, Saint-Amand (Cher.)

LIBRAIRIE DENTU, 78, BOULEVARD SAINT-MICHEL

HUITIÈME SÉRIE (parue).

71	CAMILLE LEMONNIER.	*Un Mâle*	1
72	XAVIER DE MONTÉPIN	*La Maîtresse du Mari.*	1
73	GOURDON de GENOUILLAC	*L'Homme au nez coupé*	1
74	DUBUT DE LAFOREST.	*Les Dames de Lamète*	1
75	G. DE LA LANDELLE.	*Un Corsaire sous la Terreur.*	1
76	BERTOL-GRAIVIL	*Victime d'amour*	1
77	A. ASSOLANT	*Les Crimes de Polichinelle*	1
78	DE LESCURE.	*Les Maîtresses du Régent.*	1
79	CAMILLE DEBANS.	*Guy de Saint-Guy.*	1
80	E. MONTAGNE et L. GALLET	*Jeanne de Soyans.*	1

NEUVIÈME SÉRIE (parue).

81	E. MONTAGNE et L. GALLET	*Saltimbanques.*	1
82	LOUIS JACOLLIOT.	*Un Policier de génie.*	1
83	LÉOPOLD STAPLEAUX	*La Langue de Mme Z.*	1
84	MIE D'AGHONNE.	*La Reine des Batailles.*	1
85	JACQUES DE MARTELS.	*Les Tentations de l'abbé.*	1
86	LUCIEN DESCAVES.	*Une Vieille Rate.*	1
87	GEORGES PEYREBRUNE	*Les Roses d'Arlette*	1
88	JULES DE GASTYNE.	*Premières Caresses.*	1
89	EMMANUEL GONZALÈS	*Les Gardiennes du Trésor.*	1
90	ETIENNE ÉNAULT.	*Histoire d'une Conscience.*	1

DIXIÈME SÉRIE (parue).

91	PAUL ALEXIS.	*Le Collage.*	1
91 bis	PAUL DE MUSSET.	*Une Vie du Diable.*	1
92	ARSÈNE HOUSSAYE.	*La Couronne de bleuets.*	1
93	VAST-RICOUARD.	*La Négresse.*	1
94	JULES CLARETIE.	*Mlle Cachemire.*	1
95	CHINCHOLLE.	*La Ceinture de Clotilde.*	1
96	THÉODORE DE GRAVES	*Les Drames de l'Epée.*	1
97	EUGÈNE MULLER.	*La Mionnette.*	1
98	EMILE FAURE.	*Les Dernières Favorites*	1
99	CARETTE (Mme).	*Passion.*	1

ONZIÈME SÉRIE (parue).

100	EDMOND LEPELLETIER	*Le Capitaine Ango.*	1
101	MIE D'AGHONNE.	*Le Vampire aux yeux bleus.*	1
102	PAUL FÉVAL.	*La Cosaque.*	1
103	MARY SUMMER.	*Un Scandale d'hier.*	1
104	ALFRED ASSOLLANT.	*Mémoires de Gaston Phœbus.*	1
105	CHAMPFLEURY.	*Les Souffrances du professeur Delteil.*	1
106	CHARLES JOLIET.	*Le Train des Maris.*	1
107	ARMAND LAPOINTE.	*Les Sept Hommes Rouges.*	1
108	CHAMPFLEURY.	*La Pasquette.*	1
109	ALFRED ASSOLLANT.	*Le Docteur Judassohn.*	1

PARIS. — IMPRIMERIE NOIZETTE.

www.ingramcontent.com/pod-product-compliance
Lightning Source LLC
LaVergne TN
LVHW020618110826
845149LV00002B/518

* 9 7 8 2 3 2 9 0 3 2 3 0 6 *